Queere Theorien zur Einführung

Mike Laufenberg

Queere Theorien zur Einführung

JUNIUS

Junius Verlag GmbH
Stresemannstraße 375
22761 Hamburg
www.junius-verlag.de

Umschlaggestaltung: Florian Zietz
Titelbild: © bonchan/Shutterstock
Satz: Junius Verlag GmbH
Printed in the EU 2023
ISBN 978-3-96060-329-0
2., verbesserte Auflage 2023

Bibliografische Information der Deutschen Nationalbibliothek
Die Deutsche Nationalbibliothek verzeichnet diese Publikation in der Deutschen Nationalbibliografie; detaillierte bibliografische Daten sind im Internet über http://dnb.dnb.de abrufbar.

Zur Einführung …

… hat diese Taschenbuchreihe seit ihrer Gründung 1977 gedient. Zunächst als sozialistische Initiative gestartet, die philosophisches Wissen allgemein zugänglich machen und so den Marsch durch die Institutionen theoretisch ausrüsten sollte, wurden die Bände in den achtziger Jahren zu einem verlässlichen Leitfaden durch das Labyrinth der neuen Unübersichtlichkeit. Mit der Kombination von Wissensvermittlung und kritischer Analyse haben die Junius-Bände stilbildend gewirkt.

Seit den neunziger Jahren reformierten sich Teile der Geisteswissenschaften als Kulturwissenschaften und brachten neue Fächer und Schwerpunkte wie Medienwissenschaften, Wissenschaftsgeschichte oder Bildwissenschaften hervor. Auch im Verhältnis zu den Naturwissenschaften sahen sich die traditionellen Kernfächer der Geisteswissenschaften neuen Herausforderungen ausgesetzt. Diesen Veränderungen trug eine Neuausrichtung der Junius-Reihe Rechnung, die seit 2003 von der verstorbenen Cornelia Vismann und zwei der Unterzeichnenden (M.H. und D.T.) verantwortet wurde.

Ein Jahrzehnt später erweisen sich die Kulturwissenschaften eher als notwendige Erweiterung denn als Neubegründung der Geisteswissenschaften. In den Fokus sind neue, nicht zuletzt politik- und sozialwissenschaftliche Fragen gerückt, die sich produktiv mit den geistes- und kulturwissenschaftlichen Problemstellungen vermengt haben. So scheint eine erneute Inventur der Reihe sinnvoll, deren Aufgabe unverändert darin besteht, kompetent und anschaulich zu vermitteln, was kritisches Denken und Forschen jenseits naturwissenschaftlicher Zugänge heute zu leisten vermag.

Zur Einführung ist für Leute geschrieben, denen daran gelegen ist, sich über bekannte und manchmal weniger bekannte Autor(inn)en und Themen zu orientieren. Sie wollen klassische Fragen in neuem Licht und neue Forschungsfelder in gültiger Form dargestellt sehen.

Zur Einführung ist von Leuten geschrieben, die nicht nur einen souveränen Überblick geben, sondern ihren eigenen Standpunkt markieren. Vermittlung heißt nicht Verwässerung, Repräsentativität nicht Vollständigkeit. Die Autorinnen und Autoren der Reihe haben eine eigene Perspektive auf ihren Gegenstand, und ihre Handschrift ist in den einzelnen Bänden deutlich erkennbar.

Zur Einführung ist in der Hinsicht traditionell, dass es den Stärken des gedruckten Buchs – die Darstellung baut auf Übersichtlichkeit, Sorgfalt und reflexive Distanz, das Medium auf Handhabbarkeit und Haltbarkeit – auch in Zeiten liquider Netzpublikationen vertraut.

Zur Einführung bleibt seinem ursprünglichen Konzept treu, indem es die Zirkulation von Ideen, Erkenntnissen und Wissen befördert.

Michael Hagner
Ina Kerner
Dieter Thomä

Inhalt

1. Einleitung: Queere Theorien als kritische Theorien für unsere Zeit

Es war Anfang der 1990er Jahre, als die Literaturwissenschaftlerin Eve Kosofsky Sedgwick davon sprach, dass eine *queere* Zeit angebrochen sei. In den lesbischen und schwulen Gegenöffentlichkeiten der USA war ›queer‹ plötzlich omnipräsent. Es zierte die T-Shirts von Aktivist*innen auf Demonstrationen und die Titelseiten einschlägiger Szenemedien. Auch die Mainstreampresse griff den Begriff allmählich auf, und er fand Eingang in den akademischen Diskurs, wo sich Konferenzen, wissenschaftliche Zeitschriften und bald ganze Buchreihen mit queerer Theorieproduktion befassten. *Queer*: Ein Adjektiv, das zu Deutsch so viel wie seltsam, falsch oder pervers bedeutet und das ursprünglich in verleumderischer Absicht verwendet wurde, um Lesben, Schwule und trans Personen verächtlich zu machen, wurde von ebendiesen auf eine konfrontative und selbstbewusste Weise angeeignet. Queer avancierte zum Emblem eines rebellischen Lebensgefühls und einer gegenkulturellen Ästhetik, die sich in Literatur, Clubs und Low-Budget-Filmen niederschlugen. Das Wort verband sich mit einer Reihe von Affekten: mit der Lust, gemeinsam Politik zu machen und dabei das Tanzen nicht zu vergessen; mit der Trauer und Wut angesichts homo- und transfeindlicher Gewalt und der Frustration mit der liberalen homosexuellen Bürgerrechtspolitik, die an den Ursachen dieser Gewalt kaum etwas zu ändern vermochte. Queer stand für das Versprechen, das Leiden an der gesellschaftlichen Normalität zu beenden, ohne selbst normal werden zu müssen. Es war die kompromisslose Bezeichnung für ein Denken, ein Begehren und eine Politik, die sich gegen das richteten, womit man am wenigsten zu schaffen haben wollte: das *straighte* Leben.

Doch »auf dem kurzlebigen amerikanischen Marktplatz der Bilder wird der queere Moment, wenn er heute da ist, vielleicht genau aus diesem Grund morgen schon wieder verschwunden sein«, mutmaßte Sedgwick damals (1993: viii). Auch andere prognostizierten, die Zeit von ›queer‹ werde voraussichtlich schneller vorüber sein, als seine Etablierung gebraucht hatte. Den Begriff werde dasselbe Schicksal wie andere politische Kampfbegriffe und akademische Modewörter ereilen, deren Wert sich schneller abnutzt, als er sich beweisen kann. Jedoch rief Sedgwick die Vergänglichkeitsthese rhetorisch eigens auf den Plan, um ihre Gegenbehauptung aufzustellen, dass nämlich »etwas an queer unauslöschlich ist«. Queer, so Sedgwick, »ist ein anhaltender Moment, eine Bewegung, ein Motiv – wiederkehrend, wirbelnd, beunruhigend« (ebd.).

Dreißig Jahre später stellen wir fest, dass Sedgwick recht behalten hat. Queere Theoriebildung ist aus dem Spektrum der neueren kritischen Theorien nicht mehr wegzudenken. Sie hat sich im angloamerikanischen Raum an den Universitäten fest etabliert: in der Geschlechterforschung, den Gay and Lesbian Studies, den Sexuality Studies sowie natürlich in den Queer und Transgender Studies, die dort mittlerweile in Form von eigenen Studiengängen und Fachzeitschriften verankert sind – aber auch als Bestandteil der allgemeinen Human- und Sozialwissenschaften. Und obschon im deutschsprachigen Raum die Mühlen langsamer mahlen und queere Forschung über einen ungleich schwächeren Institutionalisierungsgrad verfügt, hält das hiesige Interesse an ihr nicht nur an, sondern artikuliert sich zu Beginn der 2020er Jahre stärker denn je.[1]

Vor allem drei Gründe gibt es dafür, dass der queere Moment bislang nicht erloschen ist: Zum einen hat sich queere Theoriebildung seit ihren Anfängen als streitbar, lernfähig und wandelbar erwiesen. Sie ist heute beispielsweise materialistischer und stärker gesellschaftstheoretisch orientiert als um 1990 und hat den Fokus auf die Eigenarten der US-amerikanischen Kultur in den letzten Jahren zunehmend zugunsten von transnationalen Perspektiven dezentriert. Zum anderen halten die gesellschaftlichen und politischen Bedingungen, die ›queer‹ vor mehr als dreißig Jahren als theoretischen Begriff und politischen Horizont hervorgebracht haben, in abgewandelter Form an oder kehren wieder. Der womöglich entscheidende Grund dafür, warum die Zeit von ›queer‹ immer noch die unsrige ist, liegt aber darin, dass die in ihr enthaltenen Möglichkeiten und Wünsche uneingelöst geblieben sind. Eine radikale Umgestaltung der Gesellschaft, die darauf abzielt, queeres Leben in all seinen Erscheinungsformen aktiv zu befördern und auszuweiten, steht noch immer aus. Die Möglichkeiten, ohne Angst vor Gewalt nicht nur am, sondern *im* Leben zu sein und sich in Beziehung zu anderen und zur Welt auf lustvolle Weise zu entfalten, bleiben für diejenigen, deren Sexualität und Geschlechtsausdruck von den herrschenden Normen abweichen, weiterhin drastisch eingeschränkt und in hohem Maße unerfüllt.

Was aber leisten queere Theorien im Vergleich zu anderen Theorien, um diese Situation zu erklären? Womit also befasst sich die Queer Theory konkret? Und welche Erkenntnisse trägt sie zu einer Analyse der gesellschaftlichen Verhältnisse und zu einer Selbstverständigung über die Wünsche und Kämpfe unserer Zeit bei? Wer sich in einschlägigen Einführungstexten zur Queer Theory auf die Suche nach Antworten auf solche naheliegenden Fragen begibt, stößt häufig auf ein eigentümliches Zögern der Autor*innen. Eine genaue Definition des Gegenstandsbereichs queerer Theorie sei »fragwürdig oder gar vergeblich«, heißt es beispielsweise in der ersten buchlangen Einführung von Annamarie Jagose von 1996 (dt. 2001: 13). Jeder Versuch, Queer Theory als ein eingrenzbares Arbeitsfeld mit geteilten Prämissen und identitätsstiftenden Forschungsgegenständen darzustellen, steht im Verdacht, das queere Theorieprojekt zu disziplinieren (Halperin 1995: 113; Butler 1994: 21; Jagose 2001: 13). In der queeren Theoriebildung herrscht sozusagen eine »Einigkeit zur Uneindeutigkeit« (Haberler et al. 2012: 15), die dem allgemeinen akademischen Hang zur Disziplinen- und Paradigmenbildung widerstehen soll.

Die queere Rhetorik der Unbestimmtheit muss im spezifischen institutionellen Kontext des US-amerikanischen Hochschulsystems um 1990 betrachtet werden. Wie Kadji Amin (2020: 18) jüngst in Erinnerung gerufen hat, stand am Anfang der Queer Theory keinesfalls die Ambition, sich als ein weiteres Spezialgebiet – als *Studies* – zu institutionalisieren. Amin führt das auf drei Faktoren zurück: Erstens fiel die Formationsphase des akademischen Queer-Diskurses in den USA mit der Blütezeit der »high theory« in den dortigen Human- und Geisteswissenschaften zusammen. Queere Theorie habe sich promiskuitiv der verschiedenen, unter anderem postmarxistischen und poststrukturalistischen, Theorien bedient und sie ins Gespräch mit zeitgenössischen dissidenten Geschlechterpraktiken und neuen Formen der Politisierung von Sexualität im Kontext der Aids-Krise und des neoliberalen Umbaus der Gesellschaft gebracht. Zweitens war die frühe Queer Theory vor allem an den philologischen English-Departments verankert und nicht in gegenstandsbezogenen Feldern wie den Women's Studies oder in Regionalwissenschaften wie der Amerikanistik und den Afrikawissenschaften; es handelte sich demnach in der Tat um eine Institutionalisierung von Theorien und nicht eines konkreten Forschungsgebiets.

Drittens standen zum Zeitpunkt der Entstehung des queertheoretischen Diskurses mit den Women's Studies, Black Studies und Latino Studies sowie den Gay and Lesbian Studies bereits andere bewegungsnahe Forschungsfelder in der Kritik, deren Institutionalisierung seit den 1970er Jahren in vollem Gange war. Anstoß für Kontroversen war hier zum einen die Frage, ob Formen des Wissens und der Kritik, die im Kontext von sozialen und politischen Kämpfen entstanden waren, durch ihre akademische Institutionalisierung eingehegt und ihrer Radikalität beraubt werden. Zum anderen wurden die Grenzen und Fallstricke von Forschungsfeldern wie den Gay and Lesbian Studies diskutiert, die sich an Identitätslogiken orientierten und damit unnötigerweise auf einen eng begrenzten Forschungsgegenstand – hier die Geschichte und Gegenwart von Schwulen und Lesben – kaprizierten.

In dem einflussreichen Text *What's Queer about Queer Studies Now?* von 2005 charakterisiert der Queer-Theoretiker David L. Eng zusammen mit Jack Halberstam und José Esteban Muñoz queere Kritik in Abgrenzung zu diesem identitätsbasierten Zugang der Gay and Lesbian Studies als »gegenstandslos« (*subjectless*) (ebd.: 3). In der Weigerung, sich auf ein konkretes Subjekt oder Objekt der Theorie festzulegen, sehen sie den zentralen Grund für die Fähigkeit queerer Theorien, sich durch die Berücksichtigung von zuvor ausgeschlossenen Perspektiven und Themen beständig umzuorientieren und weiterzuentwickeln. Daraus folgt, dass Queerness und das, was mit dem Begriff beschrieben wird oder erreicht werden soll, in der Zukunft womöglich etwas ganz anderes umfasst als in der Gegenwart. Um ›queer‹ als Begriff für neue Aneignungen offenzuhalten, ihn als einen »Ort kollektiver Auseinandersetzung« zu erhalten, so auch Judith Butler (1995: 313), »wird er das bleiben müssen, was in der Gegenwart niemals vollständig in Besitz ist, sondern immer nur neu eingesetzt wird, umgedreht wird, durchkreuzt wird [queered] von einem früheren Gebrauch her und in die Richtung dringlicher und erweiterungsfähiger politischer Zwecke«.

Viele der Argumente, die sich gegen eine identitätslogische Fixierung der Bedeutung von ›queer‹ aussprechen, sind überzeugend. Weil die theoretischen und politischen Bezüge auf ›queer‹ vielfältig und teilweise unvereinbar miteinander sind, ist es zudem sinnvoll, Queerness vielstimmig zu denken und daraus resultierende Dissonanzen nicht nachträglich zu glätten. Auf der anderen Seite verleitet das Insistieren auf der Unbestimmtheit und Uneindeutigkeit von ›queer‹ dazu, den Begriff zu vergötzen. Im schlechtesten Fall dient es Theoretiker*innen und Aktivist*innen dazu, sich unangreifbar zu machen, konzeptuelle Schwächen zu kaschieren oder der Aufgabe auszuweichen, queere Theorien auf verständliche Weise zu erklären. Denn natürlich verhält es sich mit der Queer Theory so, wie mit jedem anderen Arbeitsgebiet auch, insofern sich in ihr – bei aller Heterogenität und Dynamik in den vergangenen dreißig Jahren – theoretische Konjunkturen, gegenstandsbezogene Schwerpunkte und Abgrenzungen zu anderen Theorien und Positionen identifizieren lassen (vgl. Richardson 2006: 20). Wie in allen theoretischen Strömungen gibt es auch hier dominante und vernachlässigte Fragestellungen, originelle und redundante Arbeiten, brillante und fragwürdige Konzepte und auch mal etwas heiße Luft. Auch wenn mit ›queer‹ keine einheitliche Theorie, sondern ein Ensemble heterogener, teilweise widerstreitender Ansätze und Perspektiven bezeichnet wird, handelt es sich jedenfalls nicht um einen »vollständig leeren Signifikanten« (McKee 1999: 237), dessen Bedeutungen frei flottieren würden. Wie jede Theorie ist auch die queere von dieser Welt. Es ist genauso schwer oder leicht, in sie einzuführen, wie in andere Theorien.

Wie bei jedem dynamischen Theoriediskurs besteht die größte Herausforderung für eine Einführung in die Queer Theory darin, sinnvolle Eingrenzungen vorzunehmen und eine Auswahl an Themen, Begriffen und Theorien zu treffen, deren Erläuterung es den Leser*innen erlaubt, sich in dem unübersichtlichen Feld zu orientieren und nach dem Zuklappen des Bandes die Auseinandersetzung mit queerer Theorie auf eigene Rechnung zu vertiefen.

Wie einführen in Queer Theory?

Die Queer Theory hat sich in den vergangenen Jahrzehnten theoretisch und konzeptionell in einer Weise ausdifferenziert, die eine auch nur annähernd vollständige Darstellung aller wichtigen Diskussionsstränge, geschweige denn aller relevanten Autor*innen und Veröffentlichungen, im Rahmen eines Einführungsbandes unmöglich macht. Auch das Spektrum der Disziplinen, in denen queere Theorien heute verankert sind und weiterentwickelt werden, ist längst unübersichtlich geworden; queere Arbeiten finden sich in Philosophie, Geschichts- und Sozialwissenschaften, in Literatur-, Medien- und Sprachwissenschaften, in den Erziehungswissenschaften und in der Sozialarbeitswissenschaft, den Natur-, Umwelt- und Lebenswissenschaften oder auch in neueren interdisziplinären Feldern wie den Science and Technologies Studies und den Digital Humanities. Das Repertoire der Bezugstheorien für die Queer Theory reicht von phänomenologischen und psychoanalytischen über poststrukturalistische und posthumanistische bis zu marxistischen und anderen materialistischen Theorietraditionen. Nicht zuletzt sind die konkreten Forschungsgegenstände, mit denen sich Queer-Theoretiker*innen befassen, breit gefächert. Eine Einführung in ein solch heterogenes und multidisziplinäres Feld steht daher vor der Aufgabe, nachvollziehbare Kriterien zu definieren, nach denen eine Auswahl der zu behandelnden Autor*innen und theoretischen Problemstellungen getroffen wird. Drei Überlegungen sind hierfür entscheidend gewesen.

Erstens geht es mir darum, die groben, durchaus disparaten und teilweise diskontinuierlichen Linien der queeren Theorieentwicklung von den 1970er Jahren bis heute nachzuzeichnen. Hierbei sind wichtige theoretische Tendenzen und Konzepte zu diskutieren, die sowohl innerhalb des akademischen Feldes als auch darüber hinaus (in sozialen Bewegungskontexten und im Kulturbereich) eine breitere Resonanz erfahren und die Entwicklung der Queer Theory maßgeblich geprägt haben. Die Einführung konzentriert sich somit auf die allgemeineren gesellschafts- und kulturtheoretischen Fragestellungen und Prämissen der Queer Theory. Im Gegenzug wird darauf verzichtet, tiefer in disziplinäre und anwendungsbezogene Spezialgebiete der Queer Studies einzutauchen, die ohnehin jenseits meiner fachlichen Expertise lägen. Meine Hoffnung ist, dass die Rechnung aufgeht und diese Einführung trotz unvermeidbarer Lücken und Leerstellen einen theoretischen Werkzeugkasten bereitstellt, von dem viele etwas haben.

Zweitens will der Band einen Beitrag leisten, der selektiven Rezeption und verzerrten öffentlichen Wahrnehmung der Queer Theory im deutschsprachigen Raum mit differenzierteren und zugleich pointierten Darstellungen zu begegnen. Im Zentrum stehen daher neben Bekanntem auch wichtige Theorieentwicklungen, die außerhalb von kleinen akademischen Blasen im deutschsprachigen Raum bislang kaum oder nur unvollständig zur Kenntnis genommen worden sind. Dies umfasst nicht lediglich neuere Arbeiten der letzten Jahre. Vielmehr wird mit dem ausführlichen Kapitel zur Genealogie queerer Theorien veranschaulicht, dass dort Anknüpfungspunkte liegen, die zwischenzeitlich in Vergessenheit geraten und nicht fortgeführt wurden, heute mit dem Blickwinkel unserer Gegenwart aber wieder aufgenommen, neu gelesen und aktualisiert werden. Das mit diesem Einführungsband verfolgte Ziel einer Rekonstruktion der Queer Theory auf der Höhe der Zeit schließt daher mit ein, den Blick vertiefend auf die Vergangenheit zu richten und das breite Fundament queerer Theorie und Politik freizulegen.

Die letzte auf deutsch erschienene buchlange Einführung, die für sich beanspruchte, eine umfassende Überblicksdarstellung über die wichtigsten Debatten und Theorieentwicklungen des Feldes zu bieten, ist die 2001 erschienene Übersetzung von Annamarie Jagoses bereits erwähntem Klassiker *Queer Theory: An Introduction* von 1996. Wichtige Entwicklungen, welche die queere Theoriebildung nach 1996 maßgeblich geprägt haben – von der Debatte über den Status von Negativität über eine vertiefte Auseinandersetzung mit Migration, Rassismus und (Neo-)Kolonialismus bis hin zur Wiederzusammenführung von queeren mit marxistischen und historisch-materialistischen Theorien –, wurden von Jagose entsprechend nicht behandelt. Wie die Übersetzer*innen und Herausgeber*innen des Bandes, Corinna Genschel, Caren Lay, Nancy Wagenknecht und Volker Woltersdorff, in ihrem Nachwort zum Buch einräumen mussten, war Jagoses Einführungsband allerdings schon zum Zeitpunkt seines Erscheinens nicht mehr zeitgemäß. Ganz ohne Häme können wir feststellen, dass Jagoses Buch in eine Form der Queer Theory einführt, die im anglophonen Raum Mitte der 1990er Jahre bereits ihren Zenit erreicht hatte. Es handelt sich um eine vorrangig in den US-amerikanischen Literatur- und Geisteswissenschaften beheimatete Queer Theory, die von zeichen- und diskurstheoretischen Prämissen ausging und eine seinerzeit bedeutsame poststrukturalistische Kritik der erkenntnistheoretischen Grundlagen des Differenzfeminismus und des Denkens in binären Identitätskategorien (Mann/Frau, hetero-/homosexuell) betreibt. Diese Variante, als deren wichtigste Vertreter*innen Eve Kosofksy Sedgwick und Judith Butler, aber auch David Halperin und Lee Edelman gelten, war für die queere Theoriebildung seit Beginn der 1990er Jahre bedeutsam, sie wurde innerhalb des sich konstituierenden queertheoretischen Feldes aber auch von Anfang an kritisiert. Bemängelt wurden gesellschaftstheoretische Defizite, eine zu starke Abstraktion von den konkreten Lebensrealitäten und den Kämpfen sexueller und anderer marginalisierter Gruppen sowie Versäumnisse in der Analyse von Rassismus, Klassenverhältnissen und Kapitalismus als materiellen Bedingungen, unter denen sich diskursive Verschiebungen ereignen und Sexualitäts- und Geschlechternormen artikulieren.

In der zweiten Hälfte der 1990er Jahre formierten sich diese kritischen Einwände allmählich zu einem heterogenen Gegendiskurs, der eine neue Variante queerer Theoriebildung hervorbrachte. Für diese waren weniger Michel Foucault und Jacques Derrida sowie Judith Butlers Auseinandersetzung mit der Theorie des französischen Differenzfeminismus prägend, sondern vor allem der Rückgriff auf Theorien des Schwarzen und Women-of-Color-Feminismus sowie andere materialistische Analysen von Herrschaft im Kapitalismus. Ein erster Meilenstein in diese Richtung war der von Phillip Brian Harper, Anne McClintock, José Esteban Muñoz und Trish Rosen herausgegebene *Social Text*-Sonderband: *Queer Transsexions of Race, Nation, and Gender* (1997). Dieser verstand sich als »Intervention in das noch frühe Stadium queertheoretischer Arbeit«, indem »queer als Ausgangspunkt für eine breite Kritik« bestimmt wurde, die den »gesellschaftlichen Antagonismen von Nationalität, race, Geschlecht und Klasse *sowie* Sexualität Rechnung trägt« (ebd.: i, Hervorhebung im Original). Wo die erste Variante der Queer Theory geschlechtliche und sexuelle Identität zentriert und diese maßgeblich durch die Differenz von Hetero-/Homosexualität organisiert sieht, dezentriert die zweite Variante diese Differenz. Sie erweitert sie um Fragen, die die einseitige Orientierung an der Unterscheidung von Hetero-/Homosexualität sprengen. So geraten nun etwa die staatliche Lenkung der Sexualität und Reproduktion von (auch heterosexuell lebenden) Schwarzen, die Wohn- und Arbeitsbedingungen von Migrant*innen oder die Polizeigewalt gegen queere Jugendliche of Color als Untersuchungsgegenstände queerer Theorie in den Fokus. Die Mehrheit lesbischer, schwuler und queerer Subjekte sei global gesehen weder weiß noch mit Klassenprivilegien ausgestattet; queere Theorien müssten diesem Umstand Rechnung tragen und ihre provinzielle Selbstbeschränkung auf die urbanen lesbisch-schwulen Mittelschichten ›des Westens‹ aufgeben, die sie in ihren Anfangsjahren prägte.

Mit dem Begriff der »Queer-of-Color-Kritik« findet der Soziologe Roderick Ferguson (2004) Anfang der 2000er Jahre einen Namen, der sich für die Bezeichnung dieser zweiten Variante queerer Theoriebildung etabliert hat. Beide Varianten haben sich seit Mitte der 1990er Jahre nicht unabhängig voneinander weiterentwickelt, sondern in Relation zueinander. Sie haben sich mal voneinander abgestoßen, mal miteinander verbunden und auf diese Weise kein oppositionelles, sondern ein dialektisches Verhältnis zueinander ausgebildet. So nimmt die Queer-of-Color-Kritik beispielsweise verschiedene poststrukturalistische Prämissen wie die Kritik an einem statischen und geschlossenen Konzept von Identität auf, verbindet diese aber systematischer mit materialistischen und intersektionalen Analysen von Kapitalismus und politischer Ökonomie (vgl. Ferguson 2018). Für die Entwicklung der anglophonen queeren Theoriebildung lässt sich seit Beginn der 2000er Jahre beobachten, dass diese Richtung queerer Theorie allmählich die Oberhand gewinnt und von der marginalisierten zur dominanten Variante aufsteigt.[2] Auch Theorieentwicklungen, die im engeren Sinne nicht der Queer-of-Color-Kritik zugerechnet werden wie die seit der Weltwirtschaftskrise 2008 an Bedeutung gewinnende Zusammenführung von queerer mit marxistischer und materialistisch-feministischer Theorie bauen explizit auf den Analysen der Queer-of-Color-Kritik auf und integrieren diese (vgl. z.B. Drucker 2015; Floyd 2009; Rosenberg/Villarejo 2012). Wie in diesem Einführungsband deutlich werden soll, hat die Queer-of-Color-Kritik maßgeblich dazu beigetragen, dass Queer Theory als eine *kritische* Theorie auf der Höhe ihrer Zeit betrachtet werden kann. Damit komme ich zum dritten Kriterium, das der Auswahl der Schwerpunkte in diesem Band zugrunde gelegt wurde.

In der vorliegenden Einführung werden queere Theorien, *drittens*, als kritische Theorien rekonstruiert. Die Darstellung der verschiedenen Ansätze – von den genealogischen Entstehungskontexten der Queer Theory über die Formierungsphase in den 1990er Jahren bis zu aktuellen Entwicklungen seit den 2010er Jahren – nimmt demnach bestimmte Schwerpunktsetzungen vor, die einen Zusammenhang zwischen den einzelnen Kapiteln herstellen. Hierzu zählen übergreifende Fragen danach, wie queere Theorien das Verhältnis von Theorie und Praxis denken, wie sie Macht und Herrschaft konzipieren, was als Emanzipation verstanden wird und wo Ansatzpunkte für praktische Kritik und gesellschaftliche Veränderung gesehen werden. Auch das Problem, wie aus queerer Perspektive die Subjekte gesellschaftlicher Veränderung zu denken wären, spielt in diesem Zusammenhang eine Rolle. Queere Theorien sind an einer praktischen Veränderung der Gesellschaft orientiert und müssen entsprechend an diesem Anspruch gemessen werden. Wie bei allen kritischen Theorien bestätigt sich ihre Richtigkeit (oder Nicht-Richtigkeit) erst »diesseitig« von theoretischen Gedankenübungen, denn »die Frage, ob dem menschlichen Denken gegenständliche Wahrheit zukomme, ist keine Frage der Theorie, sondern eine praktische Frage« (Marx 1990, MEW 3: 5). Zwei grundsätzliche Charakteristika kritischer Theorien sind für die Darstellung der Queer Theory in diesem Band relevant: eine Parteinahme für emanzipatorische Kämpfe und die Annahme, dass Fragen der Sexualität, des Geschlechts und des Begehrens – und ›queer‹ als Teil davon – nicht isoliert behandelt werden können, sondern im Gesamtzusammenhang der gesellschaftlichen Verhältnisse zu betrachten sind. Das erste Charakteristikum berührt die Orientierung an Solidarität, das zweite die Ausrichtung an einem Begriff von Totalität.

Zur Solidarität: Queere Theorien entwickeln sich in Relation zu sozialen, politischen und kulturellen Kämpfen, die diese Welt für alle bewohnbarer und – für diejenigen, die das wollen – rauschender machen wollen. Sie zentrieren hierfür die Interessen derjenigen, die durch die gegenwärtige Einrichtung von Gesellschaft verloren gehen und an den Rand gedrängt werden, die in ihren Handlungs- und Entfaltungsvermögen systematisch eingeschränkt werden und die vielfältigen Formen von subtiler bis unermesslicher Gewalt ausgesetzt sind. Das Verhältnis zwischen Theorie und Praxis ist aber keine Einbahnstraße, und das gilt für beide Seiten: Zum einen statten queere Theorien politische Bewegungen nicht mit fertigen Begriffen und Denkwerkzeugen aus, die nur mehr in die Praxis zu übersetzen wären; zum anderen verdoppelt die Theorie umgekehrt nicht einfach Erkenntnisse und Deutungen, die in der politischen und kulturellen Praxis gebildet werden, sondern reflektiert und kritisiert diese auch. Täte sie das nicht, bräuchte es sie nicht.

Zur Totalität: Die Queer Theory steht in der Tradition von kritischen Theorien nach 1968. Diese gehen angesichts der globalen Durchsetzung des Kapitalismus von der Vorstellung eines zu Totalität tendierenden gesellschaftlichen Zusammenhangs aus.

Die Mehrzahl der Menschen wird im Kapitalismus von der Verfügung über ihre Lebensgrundlagen abgeschnitten, während Verwertungs- und Tauschlogiken sämtliche Lebensbereiche, bis in die Körper und Subjekte hinein, immer mehr durchdringen. Sexualität und Begehren stehen nicht außerhalb dieses Totalisierungszusammenhangs, sondern werden durch ihn mit strukturiert. Das bedeutet aber nicht, dass es sich bei Totalität um ein einheitliches und geschlossenes System handelte (ein verbreitetes Missverständnis von Kritiker*innen des Totalitätsbegriffs). Vielmehr sind Widersprüche und Unstimmigkeiten sowie die Zerlegung der sozialen Welt in verschiedene Sphären (etwa privat und öffentlich) und Tätigkeitsformen (intellektuelle und händische, produktive und reproduktive Arbeit etc.) gerade ein Effekt von Totalisierung unter den Bedingungen der Kapitalverwertung. Dasselbe gilt für das Heraustrennen von bestimmten Dimensionen menschlichen Erlebens aus dem Kontinuum des Lebenszusammenhangs wie im Falle der Sexualität, die innerhalb des sozialen Zusammenhangs isoliert und als ein ab- und eingrenzbares Objekt gedacht und behandelt wird (vgl. Floyd 2009).

Die fortschreitende Fragmentierung und Parzellierung des sozialen Lebens bringt mit sich, dass es keine singuläre privilegierte Perspektive gibt, von der aus sich das Ganze erkennen oder gar überwinden ließe. Es zählt zu den grundsätzlichen Annahmen poststrukturalistischer und postmarxistischer Theorie nach 1968, dass sich die heterogenen Subjektpositionen und Kämpfe im fortgeschrittenen Kapitalismus nicht auf *einen* Widerspruch – den zwischen Kapital und Arbeit – reduzieren lassen, der sich politisch in *einem* Antagonismus – dem Klassenkonflikt zwischen Lohnabhängigen und Kapitalist*innen – artikulieren würde. Für die Queer Theory war und ist diese Dezentrierung der Widersprüche und Antagonismen elementar, weil durch sie die alltäglichen und teils verstreuten und unorganisierten

Kämpfe von einer Vielzahl von Gruppen sichtbar gemacht und theoretisch wie politisch gewürdigt werden können, darunter solche von (oft mehrfachdiskriminierten) Lesben und Schwulen, Queers, trans und inter Personen. Kritische Theorien zielen nun aber nicht selbstzweckartig auf eine unendliche Pluralisierung der Erkenntnis- und Kritikperspektiven, und entsprechend besteht für sie der Endzweck auch nicht in einer maßlosen Vervielfältigung politischer Strategien und Kämpfe. Stattdessen geht es ihnen, theoretisch und politisch, um das Herstellen von Verbindungslinien und Zusammenhängen zwischen diesen. Die synthetisierende Arbeit einer solchen kritischen queeren Theorie wird heute mehr denn je gebraucht, wenn wir den Blick auf aktuelle gesellschaftliche Entwicklungen richten.

Wozu Queer Theory heute?

Wenn sich der praktische Gebrauchswert und die theoretische Überzeugungskraft queerer Theorien in den nachfolgenden Kapiteln erst noch erweisen müssen, so steht doch fest, dass es gegenwärtig am Bedarf an queerer Theorie jedenfalls nicht mangelt. Wirtschaftskrisen und Krisen der demokratischen Institutionen, Klimawandel und Erdzerstörung, Care- und Reproduktionskrisen, das Anwachsen eines globalen »Surplus-Proletariats«[3], Krieg und geopolitische Konflikte, das Erstarken nationalistischer und migrationsfeindlicher Kräfte, eine globale Pandemie – wir befinden uns in einer Zeit großer sozialer Verwerfungen und Polarisierungen, die auf den ersten Blick wenig mit den Kernthemen queerer Theorien zu tun zu haben scheinen. Doch wenn wir uns die Entstehungsbedingungen des frühen queeren Diskurses vergegenwärtigen, so stellen wir fest, dass unsere heutige Situation der in den späten 1980er und 1990er Jahren in vielem ähnlich ist.

Queere Theorie entstand inmitten der gesellschaftlichen Umwälzungen von Arbeit, Wohlfahrtsstaat und Familie, die die globale Durchsetzung der neoliberalen Ökonomie und des krisenanfälligen finanzmarktdominierten Kapitalismus begleiteten. Sie konsolidierte sich als Theorieprojekt in einer Zeit, in der mit HIV/Aids eine Pandemie wütete, deren Kosten und Opfer höchst ungleich verteilt waren und die vielerorts ein Versagen der Regierungen offenbar werden ließ, das Millionen von Menschen mit ihrem Leben bezahlten und bis heute, trotz inzwischen verfügbarer Präventions- und Therapiemittel, weiterhin bezahlen. Der queere Moment, den Sedgwick in den USA um 1990 bemerkte, lag in einer Zeit des kulturellen Backlashs und der orchestrierten politischen Reaktion gegen die Errungenschaften antirassistischer, feministischer und homosexueller Kämpfe. Die religiöse Rechte und andere sozialkonservative Kräfte organisierten sich und verstanden es in den Reagan-Jahren, im Bündnis mit neoliberalen Akteuren an die Prekaritätserfahrungen und Ressentiments der politisch geschwächten Arbeiter*innenschaft anzuschließen. Es wurde ein Kulturkrieg um die Werte der Nation, den »American Way of Life«, ausgerufen, in dem eine so genannte »schweigende Mehrheit« gegen das Phantasma einer sozialistischen Diktatur der Minderheiten mobilisiert wurde. Die sozialen Abstiegs- und Desintegrationsängste der Mittelschicht wurden in dieser Zeit nicht nur projektiv gegen Arme und rassifizierte Gruppen gewendet, was eine lange historische Vorgeschichte hatte, sondern zudem affektiv auf das sexuelle Feld und den Bereich der Familienwerte und Geschlechterbilder umgelenkt. Schwuler Sex, Abtreibung, sexuelle Jugendaufklärung und die Sexualität von Schwarzen und Migrant*innen wurden symbolisch zu Schicksalsthemen aufgeladen, in denen sich die Zukunft einer ganzen Nation entscheidet (vgl. Berlant 1997).

Der Kulturkrieg um Sexualität und Geschlechterverhältnisse erfasste hierbei nicht nur die allgemeine Öffentlichkeit, sondern fand seine Nebenschauplätze auch in den sozialen Bewegungen. Der Moment von ›queer‹ fällt in eine Zeit, in der sich feministische und sex-dissidente Bewegungszusammenhänge nicht nur als Folge der Konflikte und Herausforderungen in der Aids-Krise umsortierten und neu zusammensetzten. In den Jahren unmittelbar vor der Artikulation von ›queer‹ tobten die so genannten feministischen *Sex Wars*. Die aufgeheizten Auseinandersetzungen um Pornografie, BDSM und Sexarbeit sowie um neue geschlechtliche Ausdrucksweisen in der lesbischen Subkultur eskalierten und schlugen nachhaltig tiefe Gräben in den Feminismus. Auch die Schwulenbewegung war in der Aids-Krise zerrissen, und die bereits seit den 1960er Jahren schwelenden Konflikte zwischen linken und bürgerlichen Fraktionen eskalierten, als konservative Schwule in den Chor der homophoben Mehrheitsgesellschaft einstimmten und ein Ende von Promiskuität und öffentlicher Sexkultur forderten.

Der für den frühen Queer-Diskurs einflussreiche Text *Thinking Sex: Anmerkungen zu einer radikalen Theorie der sexuellen Politik* (2003 [1984]) der US-amerikanischen Anthropologin Gayle Rubin setzt mit einer Reflexion auf diese so genannten »Sex-Kriege« in den 1980er Jahren ein. Jenen, denen das Sexualitätsthema als unwichtig erscheint und denen die Befassung mit Sex »als frivole Ablenkung« von wichtigeren Problemen wie Hunger, Armut oder der Bedrohung durch einen atomaren Krieg gilt, hält Rubin entgegen: »Genau in Zeiten wie diesen, in denen wir mit der Möglichkeit unvorstellbarer Zerstörung leben, flüchten sich die Menschen leicht in gefährlicher Weise in die Sexualität.« Sexuellen Themen werde ein symbolisches Gewicht beigemessen, das an die Aufladung religiöser Konflikte früherer Jahrhunderte erinnert, so dass ihnen kritische Theoretiker*innen gerade in Zeiten der Krise und der sozialen Anspannung erhöhte Aufmerksamkeit schenken sollten. Rubin wurde in den 1980er Jahren massiv von Feminist*innen angefeindet, weil sie als BDSM-praktizierende *Butch*[4] im Verdacht stand, Männlichkeit zu glorifizieren und weibliche Unterordnung zu fetischisieren. Ihr steckten die feministischen »Sex-Kriege« noch merklich in den Knochen, als sie in besagtem Aufsatz erklärte, dass das Instrumentarium der ihr zeitgenössischen feministischen Theorie zu reduktiv sei, um die gesellschaftlichen und politischen Dimensionen der Sexualität in all ihrer Ambivalenz und Widersprüchlichkeit zu theoretisieren. Es bedurfte für Rubin daher einer Theorie des Sexuellen, die Fragen des Begehrens, der Erotik und der Sexualität sowie damit in Verbindung stehender Formen des Geschlechtsausdrucks und Körpererlebens nicht alleinig auf einen Reproduktionsmechanismus männlicher Herrschaft verengt.

Heute stehen wir erneut vor der Möglichkeit unvorstellbarer Zerstörungen und bezeugen eine Zeit großer sozialer Anspannungen und politischer Instabilität. Diese schlägt sich nicht zuletzt im Siegeszug rechter Bewegungen und antidemokratischer Staatsprojekte nieder, welche aus den Ruinen des Neoliberalismus ein autoritäreres Double seiner selbst zu errichten suchen. Wie in der Formierungsphase der Queer Theory brechen auch heute Konflikte über Sexualität und Geschlecht offen auf; gesellschaftliche Fortschritte und politische Forderungen von feministischen und LGBTIQ-Bewegungen treffen auf lautstarke Reaktion. Wie damals beobachten wir heute erneut – wie besonders drastisch im Falle des Konfliktes um das Selbstbestimmungsrecht von nicht-binären und trans Personen – unheilige Allianzen zwischen politisch disparaten Akteur*innen wie linken (und ex-linken) Feministinnen und Lesben- und Schwulenbewegten auf der einen sowie rechten und autoritären Kräften auf der anderen Seite. Gemeinsam agieren sie mit vereinten Kräften gegen die Schreckgespenster der »Gender-Ideologie« und des »Queerismus« als Zerfallsformen der Zweigeschlechterordnung oder gleich der gesamten abendländischen Tradition. Doch Phänomene wie ein dezidiert trans Frauen ausschließender Feminismusbegriff, der unter dem Euphemismus »genderkritisch« firmiert, oder lesbisch-schwule Verlagshäuser, die Werke verlegen, die Queerfeminismus und Antirassismus bis zur Unkenntlichkeit karikieren, um sie dann zu denunzieren, bilden nur einen kleinen (wenn auch lautstarken) Teil der aktuellen politischen Lage ab. In den letzten Jahren wurden wir Zeug*innen von weltweiten Streikbewegungen und einigen der größten Erfolge emanzipatorischer Bündnispolitiken in der bisherigen Geschichte, die von Black Lives Matter bis zu Ni Una Menos explizit queer- und transinklusiv ausgerichtet waren. Hier deutet sich an, was die Queer Theory im kritischen Dialog mit sozialen Bewegungen und gegenkulturellen Akteur*innen seit langem antizipiert hat: Die Zukunft erfolgreicher sozialer Bewegungen liegt dort, wo feministische, antirassistische und LGBTIQ-politische Belange mit klassenpolitischen Interessen und antikapitalistischen Perspektiven zusammengedacht werden – und wo notwendig auftretende politische Konflikte und Differenzen in der Analyse auf konstruktive Weise ausgetragen und diskutiert werden, um auch über Unterschiede hinweg gemeinsame Interessen auszubilden.

2. Genealogien queerer Theorie

2.1 Lesbisch-feministische Theorien

Die im Kontext des lesbischen Feminismus der 1970er und 1980er Jahre ausgetragenen Debatten über den Zusammenhang von Frauenunterdrückung und Sexualität bilden bis heute einen wichtigen Referenzpunkt für die Queer Theory. In diesem Kontext sind Theorien entstanden, die Heterosexualität nicht länger als selbstverständlich und naturgegeben sehen, sondern als machtgesättigte Institution fassen. Der lesbische Feminismus ist allerdings keine einheitliche Position, sondern eher als diskursive Formation zu verstehen, die sich über verschiedene Streitfragen im Spannungsfeld von Frauenbewegung und lesbisch-schwuler Befreiungsbewegung konstituierte. Solche Streitfragen sind u.a. der politische Separatismus, die Besonderheit lesbischer Unterdrückungserfahrungen sowie die damit verknüpfte Frage nach dem Verhältnis zur heterosexuell dominierten Frauenbewegung und zur Schwulenbewegung. Die im Rahmen der sogenannten *Sex Wars* aufbrechenden innerfeministischen Konflikte um Pornografie, Sexarbeit und BDSM (BDSM ist die Kurzform für Bondage, Disziplin und Sado-Masochismus) haben seit Ende der 1970er Jahre tiefe Gräben durch den lesbischen Feminismus gezogen, die sich auch in der Theoriebildung abzeichnen.

Nachfolgend werden Ansätze von Adrienne Rich, Monique Wittig und Gayle Rubin vorgestellt (der Beitrag von Gloria Anzaldúa und Audre Lorde zur Queer Theory wird in nachfolgenden Kapiteln behandelt). Die Darstellung fokussiert darauf, wie die Autor*innen Heterosexualität und das Verhältnis von Sexualität und Geschlecht theoretisieren, wie sie das lesbische Subjekt denken und welche politischen Strategien dadurch ermöglicht bzw. erschwert werden.

Politischer Lesbianismus: Zwangsheterosexualität und lesbisches Kontinuum

Die US-amerikanische jüdische Dichterin und Autorin Adrienne Rich veröffentlicht 1980 den Aufsatz *Zwangsheterosexualität und lesbische Existenz* (dt. 1989), in dem sie eine »längst überfällige [...] feministische Kritik an der zwangsheterosexuellen Ausrichtung der Frauen« (ebd.: 245) entwickelt. Rich argumentiert in diesem Grundlagentext der Lesbenforschung, dass die heterosexuelle Objektwahl für Frauen weder selbstverständlich sei, noch allein psychologisch erklärt werden könne. Vielmehr gebe es historisch gewachsene ökonomische, rechtliche und ideologische Faktoren, die Frauen Heterosexualität regelrecht verordnen würden und lesbische Existenzweisen erschwerten bzw. unsichtbar machten. Hierzu zählen die vergeschlechtlichte Arbeitsteilung und Lohngefälle, die mit einer finanziellen Abhängigkeit von Männern einhergehen, genauso wie ideologische Assoziationen von Weiblichkeit mit auf Kinder und Männer ausgerichteter Fürsorglichkeit. Rich betrachtet Heterosexualität analog zur Mutterschaft als eine *»politische Institution«* (ebd.: 250 f., Herv. i.O.), die aus der Norm der biologischen Reproduktion ein soziales, emotionales und erotisches Passungsverhältnis zwischen Frauen und Männern ableite. Dass Heterosexualität nicht natürlich sein kann, ergibt sich für sie allein schon aus der Beobachtung, dass der Staat (z.B. mittels Sozial- und Familienpolitik) einen hohen finanziellen und administrativen Aufwand betreiben muss, um den Glauben an die fraglose Gegebenheit und Alternativlosigkeit der heterosexuellen Lebensweise aufrechtzuerhalten. Das von Rich dargelegte Konzept der Zwangsheterosexualität ist in erster Linie patriarchatstheoretisch grundiert: Heterosexualität zielt als Institution darauf ab, die Macht von Männern zu stärken und die von Frauen zu schwächen, Letzteres nicht zuletzt, indem die »Leidenschaft von Frauen für Frauen geleugnet und ihnen die Wahl von Frauen als Verbündete, Lebensgefährtinnen und Glieder einer Gemeinschaft versagt« wird (ebd.: 270).

Richs politischer Lesbianismus ist im Kontext innerfeministischer Auseinandersetzungen um Differenzen entlang von Sexualität, Klasse und race zu sehen, welche die Bewegung in den 1980er Jahren zu zerreißen drohten. Sie bekräftigt vor diesem Hintergrund eine Kultur der Schwesternschaft als Bindemittel für kollektive weibliche Handlungsmacht. Konzeptionell manifestiert sich dieser Versuch in ihrem Schlüsselbegriff des »lesbischen Kontinuums« (ebd.: 264), mit dem sie die Unterschiede zwischen Lesben und Heteras zu überbrücken sucht. Denn: »Die Lesbe in der Falle des ›closet‹ und die in den vorgeschriebenen Vorstellungen von ›Normalität‹ gefangene Frau teilen beide den Schmerz verbauter Möglichkeiten und abgerissener Verbindungen und Zusammenhänge, den Schmerz über den Verlust ihres Zugangs zu freier, machtvoller Selbstbestimmung« (ebd.: 271).

Rich ist davon überzeugt, dass lesbische Strategien, sich dem Patriarchat zu verweigern und »Überlebensbeziehungen« (ebd.: 267) jenseits von Heterosexualität zu entwickeln, eine kraftvolle Quelle für weibliche Emanzipation insgesamt darstellen. Ihren heterosexuellen Schwestern wird dabei einiges abverlangt: Sie sollen sich eingestehen, dass ihre Beziehungen zu Männern der »Lüge der Zwangsheterosexualität« (ebd.: 270) geschuldet sind, welche Frauen »mit allen Mitteln von frauenidentifizierten Werten« abhält (ebd.: 251). Doch auch für Lesben beinhaltet das Konzept des Kontinuums kontroverse grundbegriffliche Verschiebungen (vgl. Nestle 2003). Um eine Brücke zwischen lesbischen und heterosexuellen Frauen zu schlagen, wird Lesbischsein von Rich fast ausschließlich als *geschlechts*spezifische Erfahrung verhandelt, während sie das *sexual*spezifische Erleben als sekundär betrachtet. Den Begriff des »Lesbianismus« will Rich aufgrund seiner auf sexuelle Handlungen enggeführten Konnotationen (Rich 1989: 264) gleich ganz hinter sich lassen. An seine Stelle tritt in Anlehnung an Audre Lorde ein Verständnis von weiblicher Erotik als emotionaler und kommunikativer Quelle von Kraft und Wissen; eine Ressource, die Frauen durch das System der Zwangsheterosexualität genommen werde.[5]

Die Priorisierung der geschlechtlichen über die sexualitätsspezifische Erfahrung hat nicht nur theoretische, sondern auch politische Implikationen. So wird dem lesbischen Kontinuum als Kehrseite ein patriarchales Kontinuum gegenübergestellt, in das Rich auch Schwule ausdrücklich einschließt. Ihre Skepsis gegenüber lesbisch-schwulen Koalitionen rührt unter anderem daher, dass der Begriff der Homosexualität historisch am Modell mannmännlicher Sexualität entwickelt wurde, so dass er die geschlechtsspezifischen Aspekte der Sexualität und auch die Spezifik lesbischer Diskriminierung nivelliere (ebd.: 265). Zwar hätten Lesben »in Ermangelung einer tragfähigen Frauengemeinschaft eine Art gesellschaftliches Leben und gemeinsame Anliegen mit homosexuellen Männern geteilt«, doch stellten neben ökonomischen Ungleichheiten insbesondere die »qualitativen Unterschiede« zwischen lesbischen und schwulen Beziehungen eine zu große Hürde für tragfähige Gemeinschaften mit Schwulen dar: »der vorherrschend anonyme Sex und die Rechtfertigung der Päderastie unter männlichen Homosexuellen, der ausgesprochene Jugendkult in den männlichhomosexuellen Maßstäben für sexuelle Attraktivität« (ebd.: 265).

Für die Queer-Theoretikerin Eve Kosofsky Sedgwick sind solche pauschalen und wenig schmeichelhaften Darstellungen schwuler Sexualität Ausdruck eines grundsätzlichen Problems der theoretischen Rahmung des politischen Lesbianismus. Dieser neigt ihr zufolge nämlich zu einem geschlechtspolarisierenden Schema, das durch eine »zutiefst anti-homophobe Lesart des lesbischen Begehrens (als Quintessenz des Weiblichen) eine entsprechend homophobe Lesart des schwulen männlichen Begehrens (als Quintessenz des Männlichen) fördert« (Sedgwick 1990: 37).[6]

Eine Kritik am differenzfeministischen Separatismus, der Richs lesbisches Kontinuum zweifelsohne prägt, darf allerdings dessen Rahmenbedingungen nicht unbeachtet lassen. Rich entwickelt das Konzept vor dem Hintergrund ihrer historischen Rekonstruktion eines Systems der Zwangsheterosexualität, das Männern eine weitgehende ökonomische und sexuelle Kontrolle über Frauen verlieh. Solidarische sowie emotionale und sexuelle Begegnungen und Beziehungen zwischen Frauen waren somit auf Räume angewiesen, die sich dem Einfluss von Männern entzogen oder ihnen verborgen blieben.

Lesbischer Materialismus und die Aufhebung des Geschlechts

Mit den materiellen Bedingungen von Lesbischsein und dem Zwangscharakter von Heterosexualität befasste sich in den 1970er und 1980er Jahren auch die französische Schriftstellerin und Philosophin Monique Wittig, die allerdings zu konträren Schlussfolgerungen wie Rich kommt. Wittig war eine Schlüsselfigur der französischen Frauen-Lesben-Bewegung nach 1968. Nachdem sie gemeinsam mit anderen Lesben dem von ihr mitbegründeten Mouvement de libération des femmes (MLF) wegen unüberbrückbarer Differenzen den Rücken kehrte, rief sie zu Beginn der 1970er Jahre unter anderem den Front homosexuel d'action révolutionnaire (FHAR) mit ins Leben (eine linkskommunistische Lesben- und Schwulenorganisation, der auch der Aktivist und Theoretiker Guy Hocquenghem angehörte, siehe Kapitel 2.3). Theoriegeschichtlich ist Wittig dem französischen feministischen Materialismus[7] zuzuordnen, der Differenzkategorien als Resultat von Herrschaftsverhältnissen denkt. So wenig wie es »Rassen« ohne Rassismus und Klassen ohne Klassenausbeutung gebe, existierten Geschlechter unabhängig von patriarchalen Verhältnissen. In dieser Perspektive bilden Frauen nicht aufgrund geteilter substanzieller Eigenschaften eine Gruppe, sondern weil sie denselben Herrschaftsmechanismen unterworfen sind: »Es ist die Unterdrückung, die Geschlecht hervorbringt, und nicht umgekehrt.« (Wittig 1992: 2)

Anders als in der feministischen Theorie seit Simone de Beauvoir verbreitet, unterscheidet Wittig nicht kategorisch zwischen einer sozialen und einer natürlichen Dimension von Geschlecht. Die Annahme einer vorgesellschaftlichen, in biologischen Körpermerkmalen verankerten Geschlechterdifferenz sei Ideologie, da dabei Arbeitsteilung, Dominanz und Ausbeutung als die Produktionsweisen der Geschlechtskategorien ausgeblendet werden. In dem vorherrschenden Gedanken, wonach es von Natur aus Mann und Frau gibt, die komplementär füreinander geschaffen sind – Wittig spricht hier vom »straight mind« (ebd.: 21) –, drückt sich ein Interesse an der Unterordnung von Frauen aus, das durch die Naturalisierung von Geschlecht gestützt wird.[8] Indem Wittig die Unterscheidung eines biologischen (sex) und eines sozialen Geschlechts (gender) dekonstruiert, antizipiert sie eine theoretische Operation, die Judith Butler einige Jahre später in *Gender Trouble* (1990) weiterentwickeln wird: Für Wittig ist sex immer auch schon gender, weil die soziale Konstruktion ›der Frau‹ das Mittel darstellt, um dem Körper ein Zeichen aufzuzwingen, das Dominanz und Ausbeutung rechtfertigt (Griffin Crowder 2007: 492).

Anhand des für die Frauenbewegung zentralen Themas der körperlichen Autonomie erläutert Wittig, warum die zur Beschreibung der Natur der Frau verwendeten Kategorien nicht von der Aneignung und Verfügbarmachung des weiblichen Körpers getrennt werden können. Das Gebären sei kein schlicht biologischer Prozess, sondern eine biopolitisch regulierte und gesellschaftlich forcierte »Produktion« (Wittig 1992: 11). Wittig spricht entsprechend von Heterosexualität als einem »politischen Regime« (ebd.: xiii). Innerhalb dieses Regimes die Kontrolle über die Produktionsmittel des Kindergebärens zu erlangen heißt, neben einer rechtlich garantierten körperlichen Autonomie auch die Möglichkeit zu haben, sich dem gesellschaftlichen Druck zum Kinderbekommen ohne negative Folgen entziehen zu können.[9] Weil Frausein grundlegend mit Kindergebären identifiziert sei, vollziehe der Gebärstreik letztlich eine Ablösung von der Kategorie ›Frau‹ (ebd.).

Diese Loslösung von Geschlecht fasst Wittig in klassentheoretischen Begriffen. Das Regime der Heterosexualität (re-)produziert ein von hierarchischer Arbeitsteilung strukturiertes Geschlechterverhältnis, das zu einem Verkehrsweg für die Kapitalverwertung wird. Aus diesem Grund investierte das Bürgertum als herrschende Klasse seit Beginn des 20. Jahrhunderts so vehement in die Vorstellung von einem sich qua Natur wechselseitig ergänzenden Geschlechterverhältnis als Fundament der vergeschlechtlichten Arbeitsteilung. Wittig geht hier in ihrer klassentheoretischen Bestimmung des Geschlechterverhältnisses jedoch einen Schritt weiter als andere feministische Marxist*innen. Weil sie von Ausbeutung und Unterordnung unzertrennlich ist, wird die Kategorie ›Frau‹ selbst als eine kapitalistische Akkumulationsstrategie gefasst. Folgerichtig ist Wittigs Kritik auf den Horizont der Aufhebung von Geschlecht ausgerichtet. Nach der marxistischen Theorie sind Klassen dann revolutionär, wenn sie danach streben, sich selbst als Klasse abzuschaffen. Während sich Adel und Bourgeoisie als herrschende Klassen zu erhalten suchen, zielt das proletarische Klassenhandeln auf die Zerstörung des Klassenverhältnisses und damit in letzter Instanz auf die Auflösung der eigenen Gruppenidentität. Analog dazu bestimmt Wittig das Ziel des Feminismus darin, den Klassenkonflikt zwischen Frauen und Männern so weit zuzuspitzen, bis die beiden Geschlechterkategorien »politisch, philosophisch und symbolisch zerstört sind« (ebd.: xiii). Denn ohne die Dominanz der Männer über die Frauen hätten die Kategorien ›Frau‹ und ›Mann‹ keinen Bestand und keine Bedeutung mehr.

Die Lesbe nimmt an dieser Stelle eine Schlüsselrolle ein. Sie ist eine Flüchtende aus dem heterosexuellen Zwangssystem, die sich mit dem Kollektivsingular ›Frau‹ desidentifiziert. Denn, so Wittigs berühmte Formulierung, »es wäre inkorrekt zu sagen, dass Lesben mit Frauen verkehren, Liebe machen und leben, denn ›Frau‹ erlangt bloß innerhalb heterosexueller Denksysteme und heterosexueller ökonomischer Systeme Bedeutung. Lesben sind keine Frauen.« (ebd.: 32) Wittig positioniert sich damit explizit gegen den Tenor des politischen Lesbianismus ihrer Zeit, der – wie oben bei Rich veranschaulicht – die Lesbe als mit Frauen identifizierende Frau konzipierte. Die Figur der Lesbe firmiert in ihren Texten nicht als die authentischere, weniger entfremdete Frau.[10] Stattdessen theoretisiert sie den »Lesbianismus« als strategisches Verhältnis, das »für den Moment die einzige soziale Form [bietet], in der wir frei (d.h. nicht in Abhängigkeit zum Mann) leben können« (ebd.: 20). Dieses Verhältnis ist negativ und anti-essenzialistisch bestimmt: Die Lesbe ist *keine* Frau, weil sie sich weigert, im Verhältnis zum Mann definiert zu werden.

Wittigs postheterosexuelle Utopie erweist sich anders als bei Rich nicht als weiblichere, sondern als geschlechtslose Welt, in der folglich auch ›die Lesbe‹ als Übergangsstufe nicht mehr existieren wird. Ihr literarisches Werk bezeugt gleichwohl, dass der Weg dorthin ein riskanter und entbehrungsreicher ist. Die Lesbenbar in *Virgile, non* ist ein unwirtlicher und prekärer Ort, der verdeutlicht, dass ein Leben abseits der heterosexuellen Institutionen mit sozialer Ächtung und materieller Unsicherheit einhergeht (Griffin Crowder 2007: 493). Wittig hat sich an dieser Stelle keinen Illusionen hingegeben: Der Exodus aus der Heterosexualität mündet nicht automatisch ins Glück. Vielmehr müssen für ein Leben jenseits der Heterosexualität die geeigneten Rahmenbedingungen erst noch hergestellt werden. Theoretisch oszillieren Wittigs Texte hier zwischen einem radikalen Utopismus der Flucht sowie des Neuanfangs im Exil und einem Realismus der Unmöglichkeit eines radikalen Außen, der die wiederholte und kleinteilige Verhandlung der Geschlechterverhältnisse im Hier und Jetzt notwendig macht (vgl. z.B. Wittig 1992: xiii). Die Negation der sozialen Position ›Frau‹ und das kontinuierliche und kleinteilige Durcharbeiten und Verändern des heterosexuellen Sozialvertrags *als Frauen* (im Sinne der Kampfform einer Klasse der Frauen) schließen sich bei Wittig nicht aus, sondern sie stehen in einem produktiven Spannungsverhältnis.[11]

Wie Teresa de Lauretis (2003b) betont, hat Wittig mit ihrer Verlautbarung, Lesben seien keine Frauen, einen neuen konzeptuellen Denkraum eröffnet, der durch die Hegemonie des »straighten« Denkens bis dato unvorstellbar gewesen war – auch für das feministische Denken. Wittigs historisch-materialistisch situierte Konzeption der Lesbe als »exzentrische« (ebd.: o.S.) – d.h. innerhalb der heteronormativen Institutionen randständige – Figur bleibt bis heute interessant für queeres Denken. Wittig stattet die Lesbe mit einem Universalisierungsimpuls aus, der sie zur

Genderabolitionistin, das heißt zur Vermittlerin der Aufhebung von Geschlecht, werden lässt. Sie trachtet nicht nach einem ruhigen Platz innerhalb der bestehenden Gesellschaft, sondern wünscht die gesellschaftlichen Verhältnisse umzustürzen. Damit öffnet sie die Vorstellungskraft für ein verändertes, ›nicht-straightes‹ Verhältnis, das Frauen zu sich, zueinander, zur Körperlichkeit, zur Sprache und zur Gesellschaft einnehmen können.

Von den feministischen Sex Wars zu einer radikalen Theorie sexueller Politik

Die 1980er Jahre waren auch die Zeit der so genannten feministischen *Sex Wars*, in denen innerfeministische Konflikte um Pornografie, Sexarbeit und BDSM aufbrachen und tiefe Wunden in die Frauen- und Lesbenbewegung rissen. ›Sexpositive‹ Feminist*innen erlebten massive Anfeindungen durch Pornografiegegner*innen, die ihnen Komplizenschaft mit dem Patriarchat und somit Verrat am Feminismus vorwarfen. In den Auseinandersetzungen ging es nicht lediglich um abstrakte Positionen, sondern um konkrete Körper- und Sexualpraktiken, die dezidiert Eingang in feministische Medien und lesbisch-queere Gegenkulturen gefunden hatten. Radikalfeministische Pornografie-Gegnerinnen wie Catharine MacKinnon und Andrea Dworkin gingen gar so weit, das Bündnis mit konservativen und rechten Politiker*innen zu suchen, um ein gesetzliches Verbot von öffentlichen Repräsentationen von Sex durchzusetzen.[12]

MacKinnon (1987) und Dworkin (1987) zufolge wird geschlechtsbasierte Gewalt in der phallozentrischen Kultur dermaßen erotisiert, dass eine gewaltfreie Sexualität mit Männern kaum möglich sei. Die Erotisierung von männlicher Dominanz/weiblicher Unterordnung stelle vielmehr einen konstitutiven Aspekt von Sexualität dar und trage damit zur Verfestigung geschlechtlicher Herrschaftsverhältnisse bei. Neben Forderungen nach einem allgemeinen Pornografieverbot empfahlen MacKinnon und Dworkin vor diesem Hintergrund sogar, Frauen sollten am besten ganz auf penetrativen Sex mit Männern verzichten. Sexpositive Feminist*innen konterten damit, dass (weibliche) Sexualität grundsätzlich als ambivalenter anzusehen sei (vgl. Vance 1984; Duggan 2021).[13] Gesetzliche Pornografieverbote seien ohnehin das falsche Mittel der Auseinandersetzung, weil selbst unter Feminist*innen Uneinigkeit herrsche, welche sexuellen Darstellungen als herabsetzend gelten. Innerhalb einer feministischen Kultur seien explizite Darstellungen von Sex zudem prinzipiell wünschenswert, erst recht, wenn sie außerhalb des heterosexuellen Phallozentrismus neue Handlungs- und Lustquellen eröffneten.[14]

Der für den queeren Diskurs der 1990er Jahre einflussreiche Aufsatz *Sex denken. Anmerkungen zu einer radikalen Theorie der sexuellen Politik* von Gayle Rubin ist Anfang der 1980er Jahre im Kontext dieser feministischen Grabenkämpfe entstanden. Rubin, die 1978 in San Francisco Gründungsmitglied der ersten Vereinigung für die Rechte von lesbischen Sadomasochist*innen war, kritisiert die feministische Theorie dafür, Sexualität auf ein Instrument männlicher Herrschaft reduziert zu haben. »Die konzeptionellen Instrumentarien des Feminismus wurden entwickelt, um geschlechtsbedingte Hierarchien aufzudecken und zu analysieren.« (2003: 76) Dass der Sexualität »eine eigene Politik, eigene Ungerechtigkeiten und eigene Formen der Unterdrückung« (ebd., 31) innewohnen, wurde derweil verkannt. Rubin hinterfragt auf dieser Basis »die Annahme, dass der Feminismus den privilegierten Rahmen einer Theorie der Sexualität bildet oder bilden sollte« (ebd.: 73), und plädiert stattdessen dafür, »eine autonome Theorie und Politik der Sexualität zu entwickeln« (ebd.: 77). Teil davon ist auch eine Dezentrierung des Paradigmas der Heterosexualität. Dieses bildete bei Rich und Wittig noch die Kontrastfolie, vor der sie ihre Gegenentwürfe eines »lesbischen Kontinuums« (Rich) bzw. eines »materialistischen Lesbianismus« (Wittig) ausbuchstabierten. Für Rubin stellt die Hierarchie zwischen Hetero-/Homosexualität (so wie die zwischen Mann und Frau) jedoch nur eine von mehreren Machtlinien dar, die den Bereich der Sexualität durchziehen. Von Bisexuellen über Fetischistinnen bis zu Sexarbeiter*innen würden vielfältige Gruppen durch die Gesetzgebung kriminalisiert, von der Polizei drangsaliert und von »den Hauptproduzenten sexueller Ideologie – den Kirchen, der Familie, den Analytikern, den Medien« pathologisiert und diskriminiert (Rubin 2003: 63).

Anschließend an Foucault denkt Rubin diese Diskriminierung entlang der Unterscheidung von normativen/nicht-normativen Sexualitäten. Das gesellschaftliche System der sexuellen Normativität visualisiert sie durch zwei konzentrische Kreise, die sich um den Mittelpunkt der Norm einer guten, normalen, gesunden und frommen Sexualität drehen (vgl. ebd.: 43). Der innere, näher am Mittelpunkt gelegene Kreis umfasst hierbei die akzeptierten sexuellen Praktiken (z.B. heterosexuell, monogam, nicht käuflich, in Paaren, mit Partner*in derselben Generation, zuhause, nur mit dem Körper). Die von der Norm weiter entfernten – als schlecht, abnorm, unnatürlich, krank, sündhaft etc. geltenden – sexuellen Handlungen befinden sich im Randbereich des äußeren Kreises (z.B. homosexuell, promiskuitiv, käuflich, allein oder in Gruppen, mit Partner*in anderer Generation, mit künstlichen Objekten). Auf Basis dieser Grenzziehungen entsteht eine Rangordnung, die Subjekte nach ihrer Nähe bzw. Distanz zu hegemonialen sexuellen und geschlechtlichen Normen hierarchisiert. Je niedriger die Position innerhalb der Rangordnung, desto geringer falle der Grad institutioneller Unterstützung aus und desto wahrscheinlicher wird ein Leben in ökonomischer Prekarität.

Was auf den ersten Blick recht statisch wirkt, entpuppt sich als durchaus dynamisches Modell, das Ambivalenzen und Veränderungen in der gesellschaftlichen Wahrnehmung und Bewertung unterschiedlicher sexueller Praktiken Rechnung trägt. So konzipiert Rubin den Grenzbereich des inneren und äußeren Kreises als besonders umkämpftes Mittelfeld. In ihm befinden sich beispielsweise aus der Randzone näher ans Zentrum der Norm vorgerückte Lesben und Schwule, die sich durch die Entscheidung für ein Leben in monogamen stabilen Langzeitbeziehungen einen Platz an der Grenze des Akzeptablen erarbeitet haben. Ihnen gelang es, Staat und Gesellschaft Errungenschaften wie eine verbesserte Rechtsstellung oder eine erhöhte Sichtbarkeit abzutrotzen. Doch können diese Errungenschaften nicht per se auf Dauer gestellt werden. Sie bleiben umkämpft, rufen neue Wellen von sexualitätsbezogenen Ängsten und Abwehrreaktionen hervor. Auf diese Weise werden sexualpolitische Terraingewinne auch immer wieder zurückgedrängt.

Was diese sexuellen Konflikte erzeugt und permanent aktualisiert, lässt Rubin einigermaßen offen. Ihre in diesem Zusammenhang vertretene Hauptthese (die aus heutiger Sicht ein Allgemeinplatz, aber dafür nicht weniger plausibel ist) lautet, dass kulturelle Ängste vor nicht-normativer Sexualität als Reaktionen auf Erfahrungen sozialen Wandels und sozialer Desintegration verstanden werden können. Rubins Stärke liegt hier weniger in gesellschaftstheoretisch fundierten Erklärungen als darin, die Formen und Auswirkungen gesellschaftlich verbreiteter Sexnegativität empirisch zu kartieren. Dadurch gelingt es ihr, Verbindungslinien zwischen der Situation von Gruppen herzustellen, die oft als unverbunden wahrgenommen wurden, zum Beispiel Homosexuelle und Sexarbeiter*innen (vgl. ebd.: 49–52). Wenngleich Rubins Fokus (der Gesetzeslage in den USA der 1980er Jahre geschuldet) auf den repressiven Staatsapparaten als Instanzen sexueller Unterdrückung liegt, geht sie doch auch auf die ideologischen Institutionen von Familie, Schule und Arbeitsplatz ein. Auf diese Weise gelingt es ihr, die Umrisse eines dezentralen Regimes sexueller Kontrolle und Zurichtung zu zeichnen, das auf die Herstellung sozialer Konformität abzielt. Zwar sind ihr zufolge mehrfachdiskriminierte Personen wie beispielsweise Schwarze Lesben durch das Zusammenwirken von Rassismus, Sexismus und sexueller Stratifizierung besonders von Benachteiligungen und Unterordnung betroffen. Doch »selbst die Privilegiertesten sind nicht immun gegen sexuelle Unterdrückung« (ebd.: 61).

Politisch münden die Überlegungen zum System sexueller Stratifikation bei Rubin in eine Präferenz für sexualpolitische Koalitionsbildungen gegenüber separatistischen und eindimensionalen Politikansätzen. Rubins Auseinandersetzung mit den Anti-Pornografie-Feministinnen führt sie somit zu einem ganz ähnlichen Schluss wie die Protagonist*innen des Schwarzen Feminismus (vgl. 2.2) und der Aids-Bewegung (vgl. 2.4), die im selben Zeitraum ebenfalls die Möglichkeitsräume heterogener Bündnisse ausloteten.

2.2 Theorien des Schwarzen Feminismus und Women-of-Color-Feminismus

Seit Mitte der 1970er Jahre entstanden in den USA vermehrt Gruppen und Buchprojekte, die die Erkenntnisse und politischen Strategien von lesbischen Schwarzen Frauen und Frauen of Color aus der Arbeiter*innenklasse in den Mittelpunkt ruckten. Neben dem Wirken von Audre Lorde und dem Combahee River Collective sind hier die von Cherríe Moraga und Gloria Anzaldúa herausgegebene Aufsatzsammlung *This Bridge Called My Back: Writings by Radical Women of Color* (1981) und die Anthologie *All the Women are White, All the Blacks are Men, But some of Us are brave: Black Women's Studies* (Hull/Scott/Smith1982) zu nennen. Sie trugen in den 1970er und 1980er Jahren in den USA zusammen mit Intellektuellen wie Angela Davis, Frances Beal und Hortense Spillers zur Formierung des Schwarzen Feminismus und Third-World- bzw. Women-of-Color-Feminismus bei.[15] Es handelt sich bei ihnen Roderick Ferguson und Grace Kyungwon Hong (2011: 3) zufolge um eine Queer-of-Color-Kritik *avant la lettre*, sofern sie Sexualität stets im Zusammenhang mit anderen Herrschaftsverhältnissen im Kontext des kapitalistischen Weltsystems und des Nachlebens von Versklavung und Kolonialismus betrachten. In diesem Rahmen wurden auch Fragen von lesbischer Identität und Politik verhandelt, allerdings in deutlicher Abgrenzung von Spielarten des lesbischen Separatismus und zugunsten einer Politik differenzübergreifender Koalitionen.

Der Beitrag des Schwarzen und Women-of-Color-Feminismus zum sich formierenden US-amerikanischen Queer-Diskurs wird im Folgenden an drei zentralen Punkten festgemacht: an einer mehrdimensionalen Theoretisierung von Herrschaft, an einem materialistischen, nicht-binären Identitätsverständnis sowie an einem Konzept von Identitätspolitik als relationaler Verortung, das an Strategien der Koalitionsbildung geknüpft und auf einen sozialistischen Horizont ausgerichtet ist.

Mehrdimensionale Herrschaftskritik

Der Schwarze Feminismus bildete sich in einem politischen Vakuum heraus, das durch die Ignoranz anderer sozialer Bewegungen gegenüber der besonderen gesellschaftlichen Lage Schwarzer Frauen und anderer Frauen of Color produziert wurde. So klammerte der Arbeiterbewegungsmarxismus ihre spezifische Situation und Ausbeutung in den Produktionsverhältnissen des kapitalistischen Weltsystems aus (Combahee River Collective 1979: 212 f.). Die Schwarze Bürgerrechtsbewegung und der Schwarze Befreiungsnationalismus legten dagegen einen ausgeprägten Androzentrismus an den Tag. Feministischen Anliegen wurde nur widerwillig entsprochen oder gar offen ablehnend begegnet; hierzu zählten die Besserstellung von Schwarzen Frauen auf dem Arbeitsmarkt, Forderungen nach reproduktiver Autonomie (Recht auf Abtreibung, Verbot von Zwangssterilisierung), verbesserter Gesundheitsversorgung und der Kampf gegen geschlechtsbasierte Gewalt (Hill Collins 1996: 84). Die Frauenbewegung der 1970er Jahre verallgemeinerte wiederum die gesellschaftliche Lage von weißen Frauen aus kleinfamiliären Mittelklassehaushalten. Deren besondere sozio-ökonomische Voraussetzungen wurden dadurch implizit einem universellen Verständnis von feministischer Politik zugrunde gelegt, das auf individuellen Emanzipations- und Autonomiegewinn abzielt. Die Bedeutung, welche die Parole »Das Private ist politisch« für die Frauenbewegung nach 1968 erlangte, demonstriert, dass die Hürden für weibliche Emanzipation zunehmend in den verborgenen Machtstrukturen der Privatsphäre identifiziert wurden, insbesondere in dem patriarchalen Gebaren von Männern (Väter, Ehepartner, Kollegen, Chefs). Politisch wurden hiervon ausgehend Strategien priorisiert, die auf Forderungen nach individuellen Freiheitsrechten setzten und eine Gleichstellung mit Männern derselben Klassenzugehörigkeit einklagten.

Auch der sozialistische Feminismus, für den die Befreiung der Frauen über liberale Freiheitsgewinne hinausging und an eine Überwindung des Kapitalismus geknüpft war, wies oft einen weißen Mittelschichtsbias auf. So definierte die internationale Kampagne *Wages for Housework* (dt. »Lohn für Hausarbeit«) die Feminisierung unbezahlter Haus- und Care-Arbeit als wesentlichen Ausdruck der für die Reproduktion des Kapitalismus funktionalen Unterdrückung der Frau. Angela Davis (1981) und andere Schwarze Feministinnen kritisierten, dass sich die Figur der unterdrückten Hausfrau nicht als feministisches Universalsubjekt eigne, weil sie die partikulare soziale Lage von weißen Frauen mit Klassenprivilegien verallgemeinere. Durch den Ausschluss aus dem regulären Lohnverhältnis war (und ist) Schwarzen in der Regel das Familienernährermodell und damit dessen Kehrseite, das Hausfrauenmodell, unzugänglich; die materiellen Bedingungen für die Kernfamilienbildung nach bürgerlichem Vorbild bleiben dadurch verstellt. Davis argumentiert, dass die Forderung nach Löhnen für Hausarbeit für Schwarze und migrantische Frauen in den USA daher keine erfolgversprechende politische Strategie darstellt. Schließlich seien diese schon lange als bezahlte Hausangestellte für Weiße tätig und hätten dies keineswegs als befreiend erlebt. Abweichend vom dominanten feministischen Narrativ erfahren Schwarze Frauen Davis zufolge ihre Unterdrückung nicht primär durch ihre Rolle in der Familie und im Verhältnis zu Schwarzen Männern. Viel schwerer wiege die Abwertung ihrer Arbeitskraft in einem nicht nur vergeschlechtlichten, sondern gleichfalls rassifizierten System der Arbeitsteilung, in dem sie als ›Kindermädchen‹ und Hausangestellte oft dem Kommando von weißen Frauen unterstellt waren.

Von ihrer spezifischen sozialen Position aus erwies es sich für weiße Feministinnen mit Klassenprivilegien als durchaus naheliegend, sich auf individuelle Freiheitsrechte zu kaprizieren, die dem Staat abgerungen werden sollen. Aufgrund von sexistischer Gewalt und patriarchalen Familienstrukturen kamen ihnen »die Freiheiten der individuellen häuslichen Privatsphäre und der Schutz des Individuums in der öffentlichen Sphäre nur theoretisch zu«, die ihnen qua Weißsein und Klassenprivilegien in der rassistisch imprägnierten Klassengesellschaft sonst zugefallen wären (Hill Collins 1996: 88). In der Familie erlebten sie Bevormundung und ökonomische Abhängigkeit vom Mann, auf der Straße und auf dem Arbeitsmarkt Einschränkungen und sexualisierte Gewalt aufgrund ihrer Geschlechtszugehörigkeit. Folglich erhoben sie, wie ihre männlichen Pendants, Anspruch auf die private und öffentliche Sphäre als vor dem Eingreifen Dritter geschützte Räume für individuelle Entfaltung und Selbstbestimmung.

Das politische Subjekt eines solchen Feminismus der individuellen Rechte stellt sich als eine Assoziation weiblicher Individuen dar, die sich zur Durchsetzung ihrer Interessen als Gruppe organisieren (ebd.). Die Einwände des Schwarzen und Women-of-Color-Feminismus gegen eine Politik der individuellen Rechte sind weniger normativ als materialistisch: Subjektive Gleichheits- und Freiheitsrechte sind Menschenrechte, und ihre Durchsetzung ist unbenommen eine Errungenschaft. Die Bedingungen, die darüber entscheiden, ob sie praktisch wahrgenommen werden können oder nicht, ob sie nicht nur formell bleiben, sondern substanziell werden, sind jedoch äußerst voraussetzungsreich. Vor allem zwei Gründe sprechen dafür, warum sich Schwarze Frauen und andere Frauen of Color in der Regel nicht in einen feministischen Universalismus eingemeinden lassen, der politisch den Kampf um individuelle Rechte priorisiert.

Erstens unterscheiden sich ihre materiellen Lebensbedingungen fundamental von denen weißer Mittelschichtsfrauen. Frauen of Color bilden in der kapitalistischen Ökonomie eine Reservearmee für Industrie und Dienstleistungssektor, die überproportional häufig von Armut, Nicht- und Unterbeschäftigung betroffen ist. Neben dem Rassismus in der Mehrheitsgesellschaft verstärkt das in besonderem Maße ihre Angewiesenheit auf kollektive (familiäre, nachbarschaftliche, communitybasierte) Netzwerke der sozialen Reproduktion. Historisch wurde ihnen innerhalb der westlichen Nationalstaaten der Rechtsstatus des

Individuums – wie der allgemeinere Status des Menschen – lange Zeit formell abgesprochen. In den USA wurden die letzten Gesetze der rassistischen Segregation erst mit dem *Civil Rights Act* von 1964 aufgehoben. Anhaltende rassistische Strukturen führten diese Entindividualisierung nach dem Ende von Kolonialismus, Versklavung und Segregation mit anderen Mitteln fort. Es handelt sich hierbei um Strukturen der systematischen Unterordnung, die ›race‹ nicht zu einer abstrakten Konstruktion, sondern zu einer institutionell forcierten und im Alltag reproduzierten konkreten Erfahrung der Abwertung und des Ausschlusses werden ließ. Anders als weiße Feministinnen mit Klassenprivilegien traten Schwarze Frauen laut Hill Collins daher »in den politischen Kampf traditionellerweise nicht bloß als eine Ansammlung von Individuen ein, die erst eine Gruppe bilden mußten, sondern als Mitglieder einer historisch als ›Rasse‹ konstituierten Gruppe, die im Recht, in der Wissenschaft und im Alltag als solche identifiziert wurde. Durch das klar spezifizierte historische Erbe dieser Gruppe, das auf Sklaverei, Kolonialismus und rassistischer Segregation beruhte, entstand eine Widerstandstradition auf Gruppenbasis.« (ebd.: 76). Diese Widerstandstradition zeichnet sich durch eine hohe Skepsis gegenüber rechte- und staatszentrierten politischen Strategien aus, weil Schwarze im Alltag weit häufiger als Weiße die repressiven Apparate des Staates vor Augen geführt bekommen. Der Staat wird folglich weniger als Ermöglicher denn als Hürde für Freiheitsverwirklichung erlebt.[16]

Zweitens erweist sich das liberale Recht als unfähig, die Verschränkung unterschiedlicher Herrschafts- und Unterdrückungsformen angemessen zu adressieren, worin neben der gruppenbasierten Widerstandstradition der zweite zentrale Grund liegt, aus dem Feministinnen of Color politisch und epistemologisch andere Wege eingeschlagen haben als Vertreterinnen des rechtezentrierten Feminismus. So heißt es in dem berühmten *Black Feminist Statement* des Combahee River Collective[17] (CRC) von 1977: »Wir [...] finden es schwierig, race von Klasse und geschlechtlicher Unterdrückung zu trennen, weil wir sie in unseren Leben zumeist simultan erleben.« (Combahee River Collective 1979: 213) Durch die Synthese verschiedener Herrschaftsverhältnisse würden die spezifischen Lebensbedingungen von Schwarzen Frauen/Frauen of Color geformt, ihre Körper, Arbeitsleistungen und Subjektivitäten würden in Relation zu anderen Gruppen für wertlos(er) erklärt und auf diese Weise grenzenlos ausbeutbar gemacht. Entscheidend an dem Konzept der Mehrfachunterdrückung ist hierbei, dass sich die zusammenwirkenden Dimensionen nicht einfach aufsummieren, sondern konstitutiv zusammenfallen. Schwarze Frauen erfahren Rassismus demnach nicht geschlechtsneutral und Sexismus in der Regel nicht in Abwesenheit von »Rasse«. Der von Moira Bailey (2018) geprägte Neologismus »misogynoir« stellt einen Vorschlag dar, wie diese als unzertrennlich erfahrene Simultaneität auf den Begriff gebracht werden kann.

Theorien und Konzepte der Simultaneität von sozialen Herrschaftsverhältnissen haben eine lange Tradition im Schwarzen Feminismus und werden heute zumeist mit dem von Kimberlé Crenshaw (1989) geprägten Begriff der Intersektionalität gefasst. Mit dem Begriff der »Herrschaftsmatrix« (engl. *matrix of domination*) hat zeitgleich mit Crenshaw auch Patricia Hill Collins (1990) ein bekanntes theoretisches Konzept zur Analyse von Mehrfachunterdrückung ausgearbeitet. Ein Problem von Metaphern wie ›Intersektionalität‹ ist allerdings, dass sie dazu verleiten, auf eine Weise rezipiert zu werden, die den Absichten ihrer Autor*innen diametral entgegensteht. So suggeriert das von Crenshaw aufgerufene Bild der Straßenkreuzung (engl. *intersection*), Sexismus und Rassismus verhielten sich wie zwei Autos, die sich an einem bestimmten Punkt kreuzen, während sie davor und danach auf getrennten Straßen fahren (vgl. Rao 2020: 12f.). Genau diese Vorstellung der nur punktuellen Überkreuzung will Crenshaw aber gerade überwinden, wenn sie die Eindimensionalität des liberalen Antidiskriminierungsrechts kritisiert. Im Rahmen dieses Rechts können Erfahrungen von Mehrfachdiskriminierung allenfalls additiv gedacht werden, was sich jedoch aus der Perspektive von Mehrfachdiskriminierten nicht nur als unzureichend erweist, sondern ihre Erfahrung von Herrschaft als multiplem Phänomen unaussprechlich macht. Durch eine Analyse verschiedener Rechtsprechungen, in denen die Klagen Schwarzer Frauen vor Gericht abgewiesen wurden, weist Crenshaw nach, dass der Rechtsanspruch auf Schutz vor Sexismus und Rassismus jeweils die Diskriminierungserfahrungen von weißen Frauen mit Klassenprivilegien (im Falle des Sexismus) und Schwarzen Männern mit Klassenprivilegien (im Falle des Rassismus) repräsentiert, nicht aber diejenigen von Schwarzen Frauen (Crenshaw 2010). Hier wird deutlich, wie unsinnig es wäre, »misogynoire« Diskriminierungserfahrung additiv, sozusagen als Summe der Diskriminierungserfahrungen von weißen Frauen und Schwarzen Männern, zu modellieren (vgl. Rao 2020: 13). Im liberalen Recht und auch in den Epistemologien von Feminismus und Antirassismus stellt die gesellschaftliche Lage von Schwarzen Frauen als Verdichtung multipler Herrschaftsverhältnisse aus diesem Grund eine Leerstelle dar.

Crenshaw bezeichnet mit Intersektionalität demzufolge nicht, wie oft missverstanden wird, den Kreuzungspunkt, an dem die Erfahrungen Schwarzer Frauen *benannt* und *repräsentiert* werden können, sondern ganz im Gegenteil: Es handelt sich um den Ort, an dem diese Erfahrungen durch gesellschaftliche Herrschaft ausradiert und zum Verschwinden gebracht werden und der sich infolgedessen der Repräsentation und dem Erzählen widersetzt (vgl. hierzu Rao 2020: 13f.).

Identitätspolitik als Politik der relationalen Verortung

Identität stellt für Women-of-Color-Feminismen eine zentrale Kategorie dar, wenn es darum geht, unter den Bedingungen der oben skizzierten nicht-repräsentierten Simultaneität von Herrschaftsverhältnissen Handlungsfähigkeit zu denken und herzustellen. Der heute geläufige Begriff der Identitätspolitik wurde erstmals in dem schon erwähnten *Black Feminist Statement* des Combahee River Collective entwickelt. Das Konzept der Identitätspolitik stellt eine Strategie der subalternen Wissensproduktion und Selbstermächtigung dar. So heißt es im Statement des CRC:

> »Es ist offensichtlich, dass keine andere angeblich fortschrittliche Bewegung jemals unsere spezifische Unterdrückung als Priorität betrachtet oder ernsthaft für die Beendigung dieser Unterdrückung gearbeitet hat. Die bloße Benennung der abwertenden Stereotype, die Schwarzen Frauen zugeschrieben werden (z.B. Mama, Matriarchin, Saphir, Hure, Bulldagger), ganz zu schweigen von der Aufgliederung der grausamen, oft mörderischen Behandlung, die wir erfahren, zeigt, wie wenig Wert unserem Leben während vier Jahrhunderten der Knechtschaft in der westlichen Hemisphäre beigemessen wurde. Wir erkennen, dass wir die einzigen Menschen sind, die sich genug um uns kümmern, um konsequent für unsere Befreiung zu arbeiten. Unsere Politik entwickelt sich aus einer gesunden Liebe zu uns selbst, unseren Schwestern und unserer Gemeinschaft, die es uns ermöglicht, unseren Kampf und unsere Arbeit fortzusetzen.« (Combahee River Collective 1979: 212)

Wie das Zitat verdeutlicht, stellte Identitätspolitik in den 1970er und 1980er Jahren für Women of Color eine Praxis der Selbstaffirmierung dar, die zugleich der politischen Mobilisierung diente. Sie sollte mehr von ihnen in die Lage versetzen, sich zu organisieren und an politischen und sozialen Kämpfen zu partizipieren. Die Identitätspolitik des Women-of-Color-Feminismus war dezidiert antikapitalistisch und von einem Begehren nach einer herrschaftsfreien Gesellschaft durchdrungen. Das eine war ohne das andere nicht denkbar: Weil multiple Herrschaftsverhältnisse im Erleben von Schwarzen Frauen einen Zusammenhang bilden, ist das Ende der Unterdrückung für sie nur durch die Überwindung sämtlicher Herrschaft erreichbar. Wenn Schwarze lesbische Frauen frei von Herrschaft sind, so der Umkehrschluss, dann sind es alle anderen auch.

Keeanga-Yamahtta Taylor zufolge politisierten sich Schwarze Frauen in den 1970er Jahren in der Regel nicht aufgrund von abstrakten linken Doktrinen, sondern weil ihre eigene gesellschaftliche Position sie »überproportional verwundbar für die Verheerungen des Kapitalismus, für Armut, Krankheit, Gewalt, sexuelle Übergriffe und unzureichende Gesundheitsversorgung und Unterbringung« machen (Taylor 2017: 8). Identitätspolitik rückte hier erstmals (von anderen Bewegungen vernachlässigte) politische Themen in den Fokus, die die Lebenssituation vieler Schwarzer Frauen prägten, etwa der Kampf gegen Zwangssterilisation, spezifische Muster von Armut und Unterbeschäftigung sowie intersektionale Formen von sexueller Degradierung. Zum anderen zielte Identitätspolitik auf einen Prozess der Bewusstwerdung der besonderen gesellschaftlichen Lage von Schwarzen Frauen und Schwarzen Lesben ab. Die kollektive Erfahrung von Ohnmacht und Gewalt wurde in einen gesellschaftlichen und historischen Zusammenhang gestellt, um darauf basierend politische Gegenstrategien zu entwickeln. Weil feministische, antirassistische und sozialistische Bewegungen in dieser Beziehung eine Leerstelle produzierten, bedurfte es hierfür einer neuen Sprache, neuer Erklärungsansätze, aber auch neuer politischer Horizonte.

Audre Lordes berühmte Losung, dass es keine »Single-Issue-Politik« geben könne, weil »wir keine Single-Issue-Leben führen« (Lorde 1982), ist charakteristisch für das Verständnis von

Identitätspolitik im Women-of-Color-Feminismus und eine deutliche Absage an den politischen Separatismus. Angesichts der eigenen gesellschaftlichen Mehrfachmarginalisierung wurde es als überlebensnotwendig verstanden, das Bündnis mit anderen Bewegungen zu suchen. Die Textsammlung *This Bridge Called My Back* trägt die hieraus erwachsende Aufgabe, Brücken der Solidarität zu bauen, prägnant im Titel. Ausgangspunkt war hierbei nicht nur die Suche nach Gemeinsamkeiten, sondern immer auch das Ergründen von Unterschieden – zwischen Schwarzen Frauen und Schwarzen Männern, zwischen Frauen of Color und weißen Frauen, aber vor allem auch zwischen Frauen of Color untereinander. Hierin zeigt sich neben dem Abrücken von separatistischen Politikansätzen ein weiterer Unterschied zum weiß dominierten lesbischen Differenzfeminismus. Wo letzterer im Erscheinungszeitraum von *This Bridge* damit befasst war, die »Grenzen lesbischer Identität« (Hark 1996) essenzialistisch zu vereindeutigen, wie Sabine Hark für den deutschen Kontext aufgezeigt hat, erhöhten Lesbians of Color die Komplexität der Kategorien Frau und Lesbe und ließen deren innere Widersprüche sichtbar werden. Neben den feministischen *Sex Wars* gilt der hierdurch ausgelöste Streit über Separatismus, Rassismus und Klasse im Feminismus als zentraler Schauplatz, auf dem in den 1980er Jahren Fragen von lesbischer Identität und Politik verhandelt wurden (vgl. Garber 2001: 20 f.).

Identität wird im intersektionalen Feminismus nicht essenzialistisch verstanden, sondern als ein Verhältnis zu sich und zur Welt, das sich innerhalb von ausbeuterischen und unterdrückerischen gesellschaftlichen Strukturen herausbildet. Identitäten sind gesellschaftlich vermittelt und deshalb nie gänzlich transparent und verfügbar. Trotz dieser allgemeinen Einsicht ist im Sinne der Identitätspolitik dennoch der konkrete Handlungsspielraum auszureizen, in dem aus einer Position gesellschaftlicher Unterordnung heraus Identität *auch* zu einer Quelle der Kraft und Selbstermächtigung umgearbeitet werden kann. Eine Strategie ist hierbei, eigene Narrative und Selbstbezeichnungen zu entwickeln, die den abwertenden Zuschreibungen entgegengesetzt werden. Sich aus einer subalternen Lage heraus einen neuen Namen zu geben ist für Lorde eine subversive widerständige Praxis, die Unvernehmbares vernehmbar macht und Zusammenhänge ins Bewusstsein rückt, die zuvor unerkannt blieben. So nennt sich Lorde ›Zami‹, eine Carriacou-Bezeichnung aus der westafrikanischen Yoruba-Tradition, mit der Frauen in Granada (der Heimat ihrer Mutter) bezeichnet werden, die als Freundinnen und Geliebte zusammenarbeiten. Die Chicana-Feministin Gloria Anzaldúa nennt sich die »neue Mestiza« und artikuliert damit eine hybride Subjektposition im mexikanisch-US-amerikanischen Grenzgebiet, in der sich Anteile indigener Kultur und Spiritualität mit weißer Dominanzkultur mischen und in ihrer Konfliktualität hervorgekehrt werden (ebd.: 10).

Zami und die neue Mestiza stellen nicht einfach alternative Bezeichnungen für dieselbe Identität dar, die in der westlichen Epistemologie als ›lesbisch‹ bezeichnet wird. Sie räumen den wirkmächtigen Genealogien des Kolonialismus, der Versklavung, des Nationalstaats und der Grenzregime Platz ein, die im dominanten Diskurs über lesbische Identität eine Leerstelle bleiben. Weil Lesben of Color die anhaltenden unterdrückerischen und einschränkenden Folgen dieser Genealogien alltäglich erleben, können sie deren Einfluss auf das geschlechtliche und sexuelle Leben nicht in dem Maße ignorieren, wie es weiße Lesben mit Klassenprivilegien können. Ihre geschlechtlichen und sexuellen Selbstverhältnisse und Beziehungen werden oft als mehrdeutiger, widersprüchlicher und komplexer erfahren, als es die Geschichtsschreibung und Epistemologie des weißen lesbischen Feminismus zuließe (vgl. Castro Varela/Gutiérrez Rodríguez 2000).

Chela Sandoval (1991) argumentiert, dass sich die Identitäten und Identitätspolitiken von Women of Color daher auch nicht einfach in den westlichen Feminismus integrieren ließen. Sie zielten nicht auf die Inklusion einer weiteren (Sub-)Identität in die Frauenbewegung ab, sondern sprengten durch die innere Ausdifferenzierung und Komplexitätssteigerung von Identität feministische Identitätsentwürfe von Weiblichkeit, die allein auf der Achse der Geschlechterdifferenz (weiblich/männlich) verortet sind. In diesem Sinne transzendieren Women of Color die dem Feminismus zugrunde gelegte Kategorie der Frau, allerdings nicht – wie bei Monique Wittig – im Sinne eines Ausbruchs aus dem Frausein (vgl. 2.1). Wenn Geschlecht nicht von »Rasse«, Klasse und Sexualität entkoppelt existiert, so ist die Überschreitung von Geschlecht vielmehr Ausdruck der Unmöglichkeit, *nur* Frau zu sein, ohne zugleich etwas anderes zu verkörpern, das dieses ›Frausein‹ (als soziale und kulturelle Idealvorstellung) konterkariert und infrage stellt (vgl. Barnard 2004: 3). So wie Herrschaftsverhältnisse aus einer intersektionalen Perspektive nicht additiv in Beziehung zueinander stehen, ist die Kategorie Woman of Color keine Aggregation von Teilidentitäten; sie lässt sich folglich auch nicht in einzelne Dimensionen zerlegen.

Intersektionalen Feminismen wird oft vorgeworfen, zu partikularistisch zu sein und damit Spaltungen in politischen Bewegungen herbeizuführen. Für Lorde stand jedoch fest, dass die Praxis, Unterschiede zu benennen und zu verstehen und auf dieser Grundlage voneinander zu lernen, eine Voraussetzung für starke Bewegungen ist. Nicht die Kenntnisnahme dessen, dass Subjekte unterschiedlich in der Gesellschaft verortet sind und dies ihre Perspektiven und Wünsche prägt, spalte Bewegungen, sondern die Ignoranz gegenüber dieser Tatsache. Indem Identitätspolitik die Erforschung von Differenzen durch Praktiken des Erzählens, Lernens und Verstehens zu Voraussetzungen kollektiven politischen Handelns erhebt, steht sie der Politik des kleinsten Nenners gerade entgegen, als die sie häufig karikiert wird. Die Idee ist vielmehr, von den Besonderheiten auszugehen, um von dort zu einem robusteren Verständnis des Allgemeinen zu kommen – statt, umgekehrt, das Allgemeinverbindliche um den Preis vorauszusetzen, dass besondere Lebenslagen ausgeblendet werden.

Als mehrfachdiskriminierte Subjekte sind Frauen of Color prädestiniert dafür, multiple Herrschaft und Zusammenhänge zwischen verschiedenen Unterdrückungsformen zu erkennen (vgl. Sandoval 1991). Durch die politische Orientierung an Bündnispolitik weiten sich diese Fähigkeiten noch weiter aus: Feministinnen of Color haben sich als Mehrfachpositionierte oft simultan an getrennt voneinander agierenden Bewegungen beteiligt, etwa an feministischen, Schwarzen, queeren und Arbeiter*innenkämpfen. Laut Karma Chávez (2013) erzeugt dies eine politische Subjektivität, durch die sich ein nicht-reduktives Verständnis davon, wie Macht funktioniert und wie unterschiedliche Problemlagen miteinander verwoben sind, verbreitern und vertiefen kann. Solche »Koalitionssubjekte« tendieren dazu, Identitätspolitik von einer feministischen »Politik der Verortung« (engl. *politics of location*) in eine »Politik der Verbindungen« (engl. *politics of relation*) zu überführen (ebd.: 32). Und in der Tat befördern aktuelle koalitionäre Bewegungen wie Black Lives Matter (BLM) keine trennende, sondern eine verbindende Identitätspolitik, eine, die um ein Bewusstsein des Differenziellen kreist, wie ein vom CRC inspiriertes Statement von BLM deutlich macht:

»Black Lives Matter bejaht das Leben Schwarzer Queer- und Trans-Personen, behinderter Menschen, Schwarzer Menschen ohne Papiere, Menschen mit Vorstrafen, Schwarzer Frauen und aller Schwarzen Leben entlang des Genderspektrums. Sie stellt diejenigen in den Mittelpunkt, die innerhalb der Schwarzen Befreiungsbewegungen an den Rand gedrängt wurden. Es ist eine Taktik, um die Schwarze Befreiungsbewegung (wieder) aufzubauen.« (BLM 2017)

2.3 Schwule Befreiungstheorien

Schwule Befreiungstheorien der 1970er und 1980er Jahre standen lange im Schatten des überragenden Einflusses der Arbeiten von Michel Foucault, werden seit einiger Zeit jedoch als für die Genealogie queerer Theoriebildung wichtige Strömung wiederentdeckt.[18] Charakteristisch für sie sind Anschlüsse an den Freudomarxismus aus homosexueller Perspektive sowie Diskussionen über das Verhältnis von Begehren und Politik im Umfeld der Neuen Linken nach 1968. Schwulen Befreiungstheorien ist gemeinsam, dass sie ein Ende von sexueller Unterdrückung und Entfremdung an die Überwindung des Kapitalismus und die Aufhebung der bürgerlichen Familienform koppeln. Sie bilden sich im Kontext der ihnen zeitgenössischen kommunistischen Theorie- und Politikdebatten heraus, zu denen sie allerdings ein häretisches Verhältnis einnahmen. Denn nicht nur der staatliche Realsozialismus und die westlichen Kommunistischen Parteien, sondern auch die marxistische Theoriebildung erwies sich bestenfalls als ignorant, weit öfter aber als offen ablehnend und feindselig gegenüber dem homosexuellen Befreiungsgedanken.[19] Die Schlüsseltexte von schwulen Befreiungstheoretikern wie Guy Hocquenghem und Mario Mieli zeugen vor diesem Hintergrund nicht zuletzt auch vom politischen und theoretischen Niedergang der ›alten‹ Arbeiterbewegung und des leninistischen Revolutionsmodells. Denn der Traditionsmarxismus konnte die sich 1968 weltweit ereignenden kollektiven Erhebungen, die auch zur Geburtsstunde der radikalen Schwulen- und Lesbenbewegungen wurden, theoretisch so wenig fassen, wie er ihre anti-autoritäre, sozialrevolutionäre Energie politisch nicht zu kanalisieren vermochte.

Mieli und Hocquenghem zählten in den 1970er und 1980er Jahren zu den bekanntesten und schillerndsten Figuren der westeuropäischen linken Schwulenbewegung. Mit der Aktionsgruppe FHAR, der Hocquenghem wie Monique Wittig angehörte, brachte diese Bewegung in Frankreich 1971 erstmals eine sichtbare Gruppierung hervor. Ein Jahr später gründete Mieli in Mailand den Fronte Unitario Omosessuale Rivoluzionario Italiano (die Kurzform »Fuori!« bedeutet »Komm raus!«, eine Anspielung auf die Praxis des Coming-out und eine Aufforderung, die Politik auf die Straße zu tragen). Die schwul-lesbische Organisation stellte mit ihrer Nähe zur kommunistischen Autonomia-Bewegung das italienische Pendant zum französischen FHAR dar. Mitgerissen von den globalen Erhebungen 1968, den New Yorker Stonewall-Aufständen 1969 und nach dem Vorbild der Gay Liberation Front in den USA und in Großbritannien politisierten FHAR und Fuori! die ›homosexuelle Frage‹ von links und boten damit eine politische Alternative zur liberalen Anerkennungsagenda der bis dato als Stimme der Homosexuellen in Erscheinung tretenden bürgerlichen Homophilenorganisationen.

Vom homosexuellen Begehren zum schwulen Kommunismus

»Wenn wir uns selbst eine ›revolutionäre homosexuelle Aktionsfront‹ nannten, dann deshalb, weil das Wesentliche für uns nicht die Homosexualität, sondern die revolutionäre Aktion war«, erinnert sich Hocquenghem 1987: »Es war eine Art zu sagen, nicht nur, dass ein*e Revolutionär*in auch homosexuell sein kann, sondern dass Homosexualität die beste Weise sein könnte, revolutionär zu sein.« (zit. nach Has 2004: o.S.) Hier klingt an, dass

Homosexuellsein im Liberationismus nicht als Identität kultiviert werden sollte, sondern es galt, das politische Potenzial dessen auszuloten, was die FHAR die *homosexuelle Situation* nannte: eine durch die bürgerliche Gesellschaft produzierte unglückliche Lage. Diese Lage sollte überwunden werden, aber es galt sie auch aktionsreich und strategisch zu nutzen, um von dort aus den Aufstand gegen die herrschende Ordnung zu proben. Charakteristisch für die schwule Befreiungsbewegung und eine Reihe anderer Bewegungen, die im Gefolge von 1968 die politische Praxis neu erfanden, war hierbei die Betonung der spontanen und lustvollen Dimensionen kollektiver Aufsässigkeit. Damit vollzog sie nicht nur politisch, sondern auch affektiv einen Bruch, sowohl mit der bürokratisch geführten und soziokulturell konservativen (bis reaktionären) Arbeiterbewegung als auch mit der sauertöpfisch auftretenden Autonomenbewegung. Wie hat die schwule Befreiungstheorie aber das in ihren Augen umstürzlerische Potenzial der Homosexualität bzw. der homosexuellen Politik begründet? Um diese Frage zu beantworten, müssen zunächst einige ihrer zentralen politischen und theoretischen Prämissen geklärt werden.

Kennzeichnend für die schwule Theoriebildung der 1970er Jahre ist die Vorstellung, dass die Unterdrückung des homosexuellen Begehrens sowohl dem Kapitalismus als auch dem Patriarchat nützt. Sie ging davon aus, dass eine befreite Homosexualität die Gesellschaft insgesamt befreien würde, und zwar nicht nur von der Zwangsheterosexualität, sondern auch vom Kapitalismus. Diese Annahme beruht im Wesentlichen auf der Prämisse, dass sich in der Unterdrückung der Homosexualität eine allgemeine Sublimierung des Begehrens/Eros ausdrückt, die sowohl das System der Zwangsheterosexualität als auch »die Aufrechterhaltung der entfremdeten Arbeit und somit die Herrschaft des Kapitals« garantiert (Mieli 2018: 285).

Ein frei zirkulierendes homosexuelles Begehren würde demgegenüber horizontalere Formen von nicht-entfremdeter Sozialität stiften, die sich weder durch das Kapital noch durch die heteropatriarchale Ordnung und den Familialismus einhegen ließen. Der »sexuelle Urkommunismus« bei Hocquenghem (2019: 94) und der »schwule Kommunismus« bei Mieli (2018) sind Namen für eine herrschaftsfreie Gesellschaft, die weder hetero- und cisnormativ noch kapitalistisch organisiert ist. In ihr sollen alle Menschen die materiellen und sozialen Bedingungen vorfinden, um ihre Leidenschaften und geschlechtlichen Ausdrucksweisen frei ausleben zu können. Mieli und Hocquenghem formulieren damit ein Gegenmodell zu einer Gesellschaft, die Menschen in geschlechtlich und sexuell eindeutige Kategorien zwängt und auf dieser Basis beschämt, ausgrenzt und ausbeutet; zugleich widerstrebt diese Gegengemeinschaft dem Prinzip einer den Interessen der Kapitalverwertung *reell subsumierten* Gesellschaft, in der Arbeit und Leben, aber auch Sexualität und Begehren entfremdet sind.

Unter der Herrschaft von Kapital und Heteronormativität stellt Homosexualität für die schwule Befreiungstheorie eine fremdbestimmte Daseinsweise dar. Homosexuelle würden sich von den herrschenden Trugbildern leiten lassen, die sich die Gesellschaft von der Homosexualität macht – und die mehr über die unbewussten Wünsche und Ängste der Heterosexuellen preisgäben, als sie das homosexuelle Begehren angemessen repräsentieren könnten (Hocquenghem 2019: 12). Schwule Befreiungstheoretiker plädierten stattdessen dafür, sich die Situation der Homosexualität kollektiv anzueignen und in eine emanzipatorische Kraft zu verwandeln. Dies schloss nicht nur eine aktive Opposition gegen die repressiven Institutionen ein, die, wie im Falle des Polizei- und Justizapparates, die Freiheit von Homosexuellen ganz direkt behinderten.[20] Die Kritik griff zudem über auf die ideologischen Institutionen, welche die gesellschaftliche Unfreiheit von Homosexuellen auch unter formal (relativ) freien Bedingungen legitimatorisch abzusichern halfen, indem sie diese als unnatürlich, krankhaft und gefährlich erscheinen ließen, vor allem Medizin, Psychiatrie, Kirche und Familie. Hocquenghem theoretisierte die repressiven wie ideologischen Institutionen gleichermaßen als gesellschaftliche Abwehrmechanismen gegen das homosexuelle Begehren. Sie sollten durch Rationalisierung die paranoische »Angst vor der Homosexualität« (ebd.: 15) bannen. Die Produktion der Homosexualität als diskrete und vereinheitlichende Kategorie sei ein Ergebnis dieser Rationalisierungsbemühungen. Eine Identifizierung mit der Kategorie der Homosexualität führe daher unweigerlich in die Selbstmarginalisierung und setze Schwule und Lesben einem sozialen Druck aus, sich der »heuchlerischen Moral der heterosexuellen Idiotie« anzupassen und die herrschenden Normalitätsvorstellungen als die eigenen Vorstellungen zu übernehmen (Mieli 2018: 136).

Hier wird deutlich: Die Homosexualität zu befreien bedeutet im Kontext der schwulen Befreiungstheorie etwas anderes, als der Liberalismus darunter versteht. Das Ziel ist letztlich nicht, die Homosexualität als eigene Identität zu affirmieren und für Anerkennung und Integration in die bestehende Gesellschaft zu kämpfen. Die Befreiung der Homosexualität ist vielmehr ein existenzialistisches Projekt, bei dem sich Lesben und Schwule den herrschenden Bedingungen der Anerkennbarkeit widersetzen, die durch den Goldstandard der »eindimensionalen Regel der Hetero-Monosexualität« (ebd.) festgelegt werden. An die Stelle der Heteronomie soll »Homonomie« (ebd.) – die Orientierung an selbstgegebenen Standards und Regeln – treten. Schwule Befreiungstheoretiker verstanden dieses Projekt allerdings nicht als minderheitenpolitisches Unterfangen, sondern versahen es mit einem Verallgemeinerungsimpuls. Man wollte sich nicht in gesellschaftlichen Nischen oder ›Ghettos‹ einrichten, geschützt vor den Blicken der herrschenden Moral, sondern die herrschende Moral sollte umgestoßen werden. Das homosexuelle Begehren und das Ausleben homosexueller Wünsche sollten nicht länger als persönliche Schicksalsfrage behandelt, sondern zu einer universellen gesellschaftlichen Erfahrung erhoben werden, zu der alle Menschen Zugang haben. In der sexuell befreiten Gesellschaft würde die Kategorie ›homosexuell‹ als partikulare Gruppenbezeichnung folglich absterben, da sie nur innerhalb einer unfreien Gesellschaft Sinn ergibt, die den Universalismusanspruch des homosexuellen Begehrens abzuwehren pflegt. In einem queeren Kommunismus wären gewissermaßen alle schwul (Hocquenghem) bzw. transsexuell (Mieli), insofern in ihm die binäre Unterscheidung von Hetero- und Homosexualität sowie von Männlichkeit und Weiblichkeit aufgehoben sein würde.

Mieli und Hocquenghem waren beide der Vorstellung verhaftet, dass die Bewegung hin zum queeren Kommunismus bereits in der ›Natur‹ des Begehrens angelegt sei. Sie knüpfen dabei an Freuds Theorem des sexuellen Polymorphismus an, das dieser in den *Drei Abhandlungen zur Sexualtheorie* (2000 [1905]) entwickelte. Freud stellte hier die Libido als ursprünglich undifferenzierte, ziellose und damit nicht auf ein bestimmtes Sexualobjekt festgelegte Kraft dar. Vor diesem Hintergrund konnte er behaupten, »daß alle Menschen der gleichgeschlechtlichen Objektwahl fähig sind und dieselbe auch im Unbewußten vollzogen haben« (ebd.: 56). Es handele sich bei der Homosexualität demnach nicht, wie seinerzeit, etwa von Magnus Hirschfeld, zumeist behauptet wurde, um eine »Sondernatur« – und bei den Homosexuellen entsprechend nicht um eine »besonders geartete Gruppe«, die »von den anderen Menschen abzutrennen« wäre (ebd.). Eine Unterscheidung in ein substanziell männliches oder weibliches bzw. hetero- oder homosexuelles Begehren stelle daher allenfalls ein Produkt gesellschaftlicher Erwartungen und Konventionen dar.

An der Frage, warum die bürgerliche Gesellschaft den Polymorphismus des Begehrens unterbindet und das Spiel des Eros in die Schranken weist, scheiden sich allerdings die Argumentationswege von Mieli und Hocquenghem. Zwar denken beide, dass (nicht nur) homosexuelle Subjekte durch eine schuldzuweisende Psycho-Politik der Scham in einem fremdbestimmten und unterworfenen Zustand gehalten werden, womit sich die herrschende gesellschaftliche Ordnung auch ohne Anwendung direkten Zwangs durch die Subjekte hindurch reproduziert. Allerdings erklärt sich Mieli die Robustheit dieses Mechanismus letztlich kapitalismusanalytisch mit der fortgeschrittenen »realen Herrschaft des Kapitals« (Mieli 2018: 126) über das Leben. Mieli legt seinem Subjektverständnis demnach die objektiven ökonomischen Verhältnisse zugrunde, innerhalb derer sich Subjekte konstituieren, während Hocquenghem Homophobie vor allem als psycho-soziale Abwehrreaktion gegen die desintegrierenden Ströme des Begehrens fasst. Hocquenghem neigt daher stärker als Mieli zum Subjektivismus, auch was seine Schlussfolgerungen für die politische Praxis betrifft. Dieser Unterschied lässt sich an den für sie jeweils zentralen Begriffen, der Ödipalisierung (Hocquenghem) und der repressiven Sublimierung (Mieli), gut veranschaulichen.

Kapitalismus, Ödipalisierung und repressive Sublimierung

Hocquenghem war stark von der Vorstellung von Deleuze und Guattari beeinflusst, dass dem Begehren eine revolutionäre Kraft innewohnt. Selbst die Idee, dass Homosexualität sich in besonderer Weise eignet, um diese Kraft zu entfesseln, findet sich bereits im *Anti-Ödipus*. Das Revolutionäre am Begehren wird von ihnen ontologisch bestimmt. Es ist revolutionär, weil es, wie das Kapital bei Marx, niemals stillsteht, sondern produktiv und in Bewegung ist; es prozessiert unentwegt, wodurch immerzu neue, zufällige Verbindungen entstehen und alte aufgelöst werden. In seiner transgressiven Eigenschaft wirkt das Begehren *deterritorialisierend*. Das ›Territorium‹, das vom Begehren erschüttert wird, kann sinngemäß als die soziale Umwelt des Subjekts verstanden werden: Institutionen, Praktiken, Gewohnheiten, tradierte Deutungsweisen und Beziehungen, die es in Raum und Zeit ›erden‹. Der Wunsch der Lesbe bei Wittig (vgl. 2.1), dem heterosexuellen Lebensmodell zu entfliehen, oder der Wunsch des Proletariats, dem kapitalistischen Arbeitsprozess zu entkommen, ist in diesem Sinne deterritorialisierend, weil er dominante Formen der Erdung (in diesem Fall die Hausfrauenehe und die Lohnabhängigkeit) destabilisiert und damit den Weg oder jedenfalls die Vorstellungskraft für andere Lebens- und Arbeitsweisen frei macht. Das ist der Grund, warum Deleuze und Guattari das Begehren als »umstürzlerisch« und »in seinem Innersten revolutionär« definieren (Deleuze/Guattari 2000 [1972]: 150).

Die konzeptionellen Ähnlichkeiten, die das Begehren bei Deleuze/Guattari und Hocquenghem mit dem Konzept des Kapitals bei Marx aufweist, verdeutlichen, dass sich das Begehren ihnen zufolge nicht widersprüchlich zum Kapital verhält. Im Gegenteil schafft das Kapital, indem es die Territorien der Menschen permanent zerrüttet und die Beziehungen und Strukturen der sozialen Reproduktion von Arbeit und Leben untergräbt, selbst die materiellen Bedingungen, in denen das Begehren fließen und sich realisieren kann. In seinem bahnbrechenden Aufsatz *Capitalism and Gay Identity* (1983) zeigt der Sozialhistoriker John D'Emilio, wie die Durchsetzung kapitalistischer Verhältnisse im Laufe des 18. und 19. Jahrhunderts erst die materiellen Bedingungen schuf, in denen das homosexuelle Begehren gedeihen und neue Verbindungen hervorbringen konnte. Die Zerstörung der subsistenzbasierten bäuerlichen Familie und die damit verknüpfte Freisetzung von Arbeiter*innen, die fortan gezwungen waren, in den Städten ihre Arbeitskraft zu Markte zu tragen, eröffnete einen sozioökonomischen Raum, der es einer wachsenden Anzahl von (i.d.R. männlichen und weißen) Individuen ermöglichte, außerhalb eines Familienhaushalts zu (über-)leben. Gleichgeschlechtliches Begehren konnte sich dadurch D'Emilio zufolge in der Anonymität der Städte nicht nur zu einer Identität, sondern auch zu einer Subkultur und einer Lebensweise verdichten.

Hocquenghem und auch Mieli waren sich sehr wohl darüber bewusst, dass sich nach 1968 eine vergleichbare Situation abspielte. Die radikalen Lesben- und Schwulenbewegungen ließen das homosexuelle Begehren zu einem Zeitpunkt aufflammen, da sich tradierte Lebensformen abermals in einem Zerfallsprozess befanden. Die kapitalistischen Produktionsverhältnisse wurden umstrukturiert, Familien- und Geschlechterverhältnisse begannen sich fundamental zu wandeln. Die »normale Sexualität«, stellte Hocquenghem fest, sei angesichts einer Sichtbarwerdung und politischen Artikulation von Alternativen »von allen Seiten umstellt, und in unaufhörlicher Bewegung wird sie von ihren Rändern her unterspült« (Hocquenghem 2019: 15).

Hocquenghem und Mieli bewerteten das Verhältnis von homosexuellem Begehren und Kapitalismus vor dieser historischen Kulisse allerdings recht unterschiedlich. Hoquenghem war 1972 mit Deleuze/Guattari noch der Ansicht, dass der Kapitalismus aufgrund seiner deterritorialisierenden Wirkungen Begehren erzeugt und verstärkt, die er schließlich selbst nicht mehr befriedigen – in ihren Worten: *reterritorialisieren* – können wird. »Es bedarf des Schubs [...], der die Bewegung in Schwung bringt.« (Deleuze/Guattari 2000: 415) Diese Perspektive mündet schließlich bei Hocquenghem in die Vorstellung von einer homosexuellen Politik, die sich nicht antagonistisch zum Kapitalismus verhält, sondern seine Deterritorialisierungen affirmiert und von ihnen mitreißen lässt. Die »Decodierung des Begehrensstroms bis zum Äußersten« zu treiben (Hocquenghem 2019: 141) sei daher das vorrangige Ziel der homosexuellen Politik. Die bereits objektiv in Gang befindliche Veränderung der Geschlechterbilder sollte auf die Spitze der Auflösung der Geschlechtersignifikanten getrieben werden (die »Tunten wollen ebensowenig Männer wie Frauen sein«, ebd.). Die durchlässiger werdende Sexualmoral sollte gänzlich umgestoßen werden, indem die ganze Welt sexualisiert wird (ebd.: 142).

Der große Gegner des schwulen Befreiungsdenkens ist das moderne *Ödipus-Subjekt*, in dem das Begehren blockiert ist und nur in sublimierter, entsexualisierter Weise existiert. Das ödipalisierte Subjekt ist von Scham und Schuld bezwungen, es hat seinen libidinösen Wünschen nicht aus freien Stücken, sondern aus Angst vor Bestrafung oder Ächtung entsagt. Die damit verbundene Konflikthaftigkeit sei nicht zuletzt der Nährboden für autoritäre Abwehrreflexe und repressive Verhärtungen, die soziale Hierarchien befestigen. Das Negativbild, das sich die Gesellschaft von der Homosexualität macht – Schwule leben nur für Sex, sind der Liebe und Reproduktion unfähig und erweisen sich darin als unzivilisiert – habe auch Schwule aus Schamangst in die Falle der Ödipalisierung getrieben, so Hocquenghem. Im neurotischen Homosexuellen, der sich seiner Sexualität schämt, der sich aus Angst vor dem Hass der Gesellschaft an soziale Konventionen anpasst und seine Wünsche als sein kleines schmutziges Geheimnis wahrt, äußern sich für Hocquenghem die subjektseitigen Deformationen, die die Ödipalisierung des Sozialen mit sich bringt.

Den Ausweg aus dieser Situation erblickt Hocquenghem schließlich in der Affirmation der nicht-sublimierten, vorödipalen Qualitäten des Begehrens, die Freud in seiner Theorie der psychosexuellen Entwicklung auf ihren Platz im *analen* Stadium, das dem ödipalen phallischen Stadium vorausgeht, verwies.[21] Die »Gruppalisierung des Anus« ist sein Vorschlag für eine kollektive Überwindung der Ödipalisierung (ebd.: 92 ff.). In der Rezeption wird dieser Punkt oft verkürzt, so als wäre die sexuelle Besetzung der analen Körperöffnung an sich bereits revolutionär, weil es eine tabuisierte Körperzone integriert. Die »Gruppalisierung des Anus« muss aber als Gegenmodell zur ödipalen Struktur des Sozialen in der bürgerlichen Gesellschaft gelesen werden. Sie ist im ödipalen Sinne unsozial, weil das Begehren in ihr nicht sublimiert, d.h. in die als kulturell höherwertig begriffene Form phallisch-reproduktiver Heterosexualität kanalisiert wird. Analität steht bei Hocquenghem entsprechend für ein Experimentieren mit Körpern und Lüsten ohne Schuldgefühle und ohne Anpassungsdruck an gesellschaftlich vorherrschende sexuelle und geschlechtliche Normen. Im schwulen Cruising und der entstehenden schwulen Sexkultur sieht Hocquenghem »erste Anzeichen eines derartigen sexuellen Urkommunismus« (ebd.: 94). Hier könnten sich »die homosexuellen Begehren anonym verkoppeln, ungeachtet der Angst vor der jederzeit möglichen Anwesenheit der Polizei« (ebd.). Die schwule Sexwelt sei hierbei um Unlängen komplexer, weniger neurotisch und weniger von Konkurrenz und Eifersucht geprägt als das ödipale Drama der heterosexuellen Liebeswelt.

Der Sexualwissenschaftler Martin Dannecker hat Hocquenghem vorgeworfen, sich mit solchen unkritischen Bezügen auf die anonyme und weitgehend bindungsarme schwule Sexkultur zum »Lobsänger eines typisch männlichen Umgangs mit der Sexualität« zu machen (zit. nach Betzler/Branding 2019: 172). Das ist sicherlich nicht falsch, doch scheint der gewichtigere Einwand an dieser Stelle zu sein, dass eine homosexuelle Mikropolitik des Begehrens entgegen anderslautenden Absichten nur wenig konkrete Anknüpfungspunkte für eine revolutionäre Praxis bietet. Die von Deleuze und Guattari übernommene, weitgehend spekulative – und nicht weiter plausibilisierte – These, dass die Bereitschaft, sich von den Strömen des Begehrens mitreißen zu lassen, die gesellschaftliche Ordnung umstürzen wird, hat sich jedenfalls historisch nicht bewahrheitet. Das schamlose Cruisen in öffentlichen Parks und die Hingabe an den Drogenrausch der Clubnächte ist unter spätkapitalistischen Bedingungen keineswegs unvereinbar mit einer sozialen Ordnung, die die Prinzipien des Privateigentums und der Warenförmigkeit intakt hält.

Was das betrifft, sind Mielis *Elemente einer homosexuellen Kritik* besser gealtert als Hocquenghems *Homosexuelles Begehren.* Er sah 1977, dass die Freisetzung des schwulen Begehrens aus den sublimierten Formen der ödipalen Sozialität durch den Kapitalismus – anders als Hocquenghem es vorhersah – leicht reterritorialisiert werden konnte. Nach einer Nacht in einem Mailänder Schwulenclub erinnert sich Mieli an die gar nicht kommunistisch anmutende Realität der schwulen Sub- und Sexkultur. Sie sei von einem virilen Männlichkeitskult durchdrungen, der tuntige Männer wie ihn abwerte. Ihre libidinöse Ökonomie bleibe auf genitale Sexualität zentriert und zeuge von einer weitgehenden Kommodifizierung der schwulen Lebensweise. Mit Herbert Marcuse (1994 [1964]) spricht Mieli hier von einer »repressiven Entsublimierung« der Homosexualität. Ihre Liberalisierung wurde seit den 1970er Jahren damit verbunden, sie in soziale Formen zu kanalisieren, die gesellschaftliche Herrschaftsverhältnisse perpetuieren, etwa indem die gesellschaftliche Form der Homosexualität ökonomisch verwertbar gemacht und an die Reproduktion sexistischer und rassistischer Strukturen geknüpft wird.

In der jüngeren Wiederentdeckung von Hocquenghem und Mieli werden die beiden Theoretiker oft als Vordenker der Queer

Theory in Anschlag gebracht, denen es im Kern noch um Sex und radikale Identitätskritik gegangen sei, während mit der Konsolidierung des queeren Diskurses in den 1990er Jahren eine gewisse Sexvergessenheit und Identitätsversessenheit eingesetzt habe. Diese Kritik richtet sich häufig explizit oder implizit gegen poststrukturalistische Strömungen in der Queer Theory: Sexualität werde nur noch als Diskurs, als Dispositiv oder soziale Konstruktion untersucht, aber nicht mehr in ihrer somatischen, körperlichen, psychischen Dimension. Wenn der Vorwurf der Sexvergessenheit auch nicht ganz von der Hand zu weisen ist, bleiben diejenigen, die die These einer inhärenten Radikalität des Sexes wiederbeleben wollen, bislang jedoch eine überzeugende Antwort schuldig, was diese Radikalität heute nicht nur im individuellen, sondern auch im gesellschaftlichen Sinne noch ausmachen soll. Ironischerweise bezeugen gerade die Texte schwuler Befreiungstheoretiker wie Mieli und Hocquenghem, dass sich die von ihnen betriebene Hypostasierung des queeren Begehrens zu einer die Gesellschaft transformierenden Kraft historisch nicht bewahrheitet hat – und angesichts einer weitgehend fehlenden praktisch-revolutionären Perspektive auch nicht bewahrheiten konnte.

2.4 Wissen Macht Sex: Michel Foucaults Genealogie der Sexualität

Die Arbeiten des französischen Philosophen und Historikers Michel Foucault zur Geschichte der Sexualität, zu Biomacht und zur Normalisierungsgesellschaft haben der Queer Theory starke Impulse gegeben.[22] An den US-amerikanischen Universitäten befand sich die französische poststrukturalistische Theorie, der neben Foucault Namen wie Jacques Derrida, Gilles Deleuze und

Jacques Lacan zugerechnet werden, um 1990 auf einem Höhepunkt der Popularität. Dass das akademisch randständige Thema der Sexualität, insbesondere die Befassung mit nonkonformen sexuellen Praktiken und Identitäten, dank Foucault mit dem intellektuellen Nimbus der angesagten *french theory* versehen werden konnte, war sicher nicht ganz unschuldig an der außergewöhnlich breiten Rezeption seiner Thesen. Die Idee, dass Sexualität und mithin die Differenz von Homo- und Heterosexualität eine Geschichte habe, war jedenfalls keineswegs neu und beschäftigte seit Ende der 1960er Jahre eine wachsende Zahl an Historiker*innen und Sozialwissenschaftler*innen im Bereich der Gay and Lesbian Studies. Für Foucaults Herangehensweise sprach allerdings, dass er sich von seinerzeit dominanten Prämissen in der Sexualitätsforschung loslöste und dem gesellschaftskritischen Blick auf Sexualität damit ein neues Feld von Fragen und Erkenntnissen eröffnete (Laufenberg 2014).

So entzieht sich Foucaults Nominalismus der polarisierten Konstruktivismus/Essenzialismus-Debatte, die in den 1970er und 1980er Jahren weite Teile der Sexualitäts- und Geschlechterforschung bestimmt. Die Frage eines Interviewers etwa, ob Homosexualität angeboren oder das Ergebnis sozialer Faktoren sei, lässt Foucault unbeantwortet, weil sie jenseits seines »Kompetenzbereichs« liege (Foucault 2005b: 384). Erkenntnistheoretisch steht er dem Naturalismus und Kulturrelativismus gleichermaßen ablehnend gegenüber, seine nominalistische Kritik gilt der Verwendung von Begriffen wie ›Sexualität‹, ›Bevölkerung‹ oder ›Staat‹ im Sinne von Universalkategorien. Das Problem an Universalien ist aus nominalistischer Sicht, dass sie uns etwas als Einheit wahrnehmen lassen, was in Wirklichkeit zusammengesetzt und heterogen ist. Es handelt sich mit Marx gesprochen um chaotische Abstraktionen, die so tun, als ob das, was sie bezeichnen, in dieser Form schlicht *existiert*. Demgegenüber fragt

Foucault nach dem historischen Gewordensein von Erkenntnisobjekten. Dies führt ihn zum Wechselverhältnis von Wissen und Macht, mit dem er sich zeitlebens befasst hat. Für Foucault war es auf Basis seiner historischen Analysen zur Geschichte der Medizin und der bürgerlichen Human- und Sozialwissenschaften kaum möglich, deren Wissensproduktion getrennt zu sehen von der gesellschaftlichen Funktion der Institutionen, die sich dieses Wissen zunutze machen, um Einfluss auf Individuen, Körper und Gesellschaft zu nehmen (der moderne Staat ist ohne die Sozial- und Bevölkerungswissenschaft nicht denkbar, die Polizei des 19. Jahrhunderts bedarf der Polizeiwissenschaft, die Gesundheitspolitik der Lebenswissenschaften usw.).

Eines der Beispiele, anhand derer Foucault den für ihn unauflöslichen Zusammenhang von Macht und Wissen veranschaulicht, ist die im letzten Drittel des 19. Jahrhunderts aufkeimende Vorstellung von den Homosexuellen als eigener Menschengattung. In einer vielzitierten Passage im *Willen zum Wissen* unterscheidet er die neuzeitliche Kategorie des (männlichen) Homosexuellen von der älteren Kategorie des Sodomiten:

> »Die Sodomie – so wie die alten zivilen oder kanonischen Rechte sie kannten – war ein Typ von verbotener Handlung, deren Urheber nur als ihr Rechtssubjekt in Betracht kam. Der Homosexuelle des 19. Jahrhunderts ist zu einer Persönlichkeit geworden, die über eine Vergangenheit und eine Kindheit verfügt, einen Charakter, eine Lebensform, und die schließlich eine Morphologie mit indiskreter Anatomie und möglicherweise rätselhafter Physiologie besitzt. Nichts von alledem, was er ist, entrinnt seiner Sexualität. [...] Als eine der Gestalten der Sexualität ist die Homosexualität aufgetaucht, als sie von der Praktik der Sodomie zu einer Art innerer Androgynie, einem Hermaphroditismus der Seele herabgedrückt worden ist. Der Sodomit war ein Gestrauchelter, der Homosexuelle ist eine Spezies.« (Foucault 1979: 58)

In der Foucault-Rezeption wird diese Stelle häufig als Beleg für Foucaults vermeintlichen Poststrukturalismus interpretiert, wonach machtvolle Diskurse erst hervorbrächten, was sie thematisieren. Wo die Sodomie eine der Fortpflanzung undienliche sexuelle *Handlung* war, handele es sich bei der Homosexualität um eine allumfassende *Identität.* Foucault selbst hat sich allerdings wiederholt gegen die Vorstellung gewendet, dass Sprache und Diskurse auf magische Weise produzieren, was sie benennen. So ist seine Pointe an der zitierten Stelle auch eine andere, nämlich eine machttheoretische. An der Gegenüberstellung von Sodomie und Homosexualität veranschaulicht er, wie verschiedene Machtformen auf ein und dieselbe (sexuelle) Handlung unterschiedlich einwirken. Wo das mittelalterliche Recht die verschmähten Handlungen verfolgte und bestrafte, um sie zu unterbinden, untersuchten moderne Problematisierungsformen, die eng an die modernen Sexualwissenschaften geknüpft sind, dieselben Handlungen, um ihren Ursprüngen auf den Grund zu gehen. Im ersten Fall interessiert man sich für die Betroffenen als Rechtspersonen, die mutmaßlich gegen geltendes Gesetz verstoßen haben. Hingegen rückt im zweiten Fall die ganze Person in ihrer körperlichen Materialität, ihrer Biografie und psychischen Disposition als Urheberin ihrer sexuellen Handlungen in den Blick. Wo sich die Sodomie im Register erlaubt/verboten bewegt, befindet sich die Homosexualität in einem biologischen Normalitätsspektrum, in dem normale von anormalen Phänomenen des Körpers und der Psyche unterschieden werden. In dem einen Fall richtet das Gesetz des Souveräns darüber, was richtig und was falsch ist, im anderen Fall befinden darüber wissenschaftlich legitimierte Normen.

Für die Queer Theory erwies sich Foucaults Unterscheidung zwischen einer souveränen Macht des Gesetzes und einer am lebendigen Körper vollzogenen Macht der Normen als äußerst produktiv. Seine Analytik war hilfreich, um zu verstehen, wie Normen und Normalitätsanforderungen das sexuelle und geschlechtliche Leben noch dort beherrschen, wo Homosexualität entkriminalisiert ist und eine Liberalisierung des Rechts voranschreitet. Foucaults Machtanalytik zeigt, dass die Entscheidung, wer leben kann und wer stirbt, in liberalen kapitalistischen Gesellschaften oft nicht auf ein Gesetz oder auf das intentionale Handeln eines konkreten Akteurs (eine Person oder Institution) zurückgeführt werden kann. Während letzteres fortbesteht, etwa wenn staatliche Behörden über die Abschiebung von Menschen entscheiden, wirkt Macht in vielen Fällen anonymer, dezentraler und struktureller. Mehr noch, sie wirkt, so ein zentrales Argument Foucaults, nicht nur und nicht mal vorrangig über Unterdrückung und Einschränkungen, sondern auch über subtilere Wege durch (verinnerlichten) Anpassungs- und Leistungsdruck, Anerkennungsordnungen, Partizipation, Verführung oder Lustgewinn.

Foucault verfolgt seine Analyse der Sexualität mit einem gesellschaftstheoretischen Erklärungsanspruch. Die Gründe für die prekäre Lage von Lesben und Schwulen sucht er weder in einer zweitausendjährigen Geschichte der Homophobie noch in einer genuin sexualfeindlichen Kultur der Moderne. Vielmehr weist er als deren Entstehungskontext die tiefgreifenden Veränderungen in der Ausübung von Macht an der Schwelle zur bürgerlichen Gesellschaft aus, die sich simultan auf den Körper der Individuen (»Anatomo-Politik«) und auf die Bevölkerung (»Biopolitik«) richtet. Der Sex wird im Laufe des 19. Jahrhunderts laut Foucault zum wichtigsten Scharnier zwischen Körper- und Biopolitik. Es wird – unter wachsendem Einfluss von Malthusianismus und Eugenik – auf individuelle sexuelle Verhaltensweisen eingewirkt, um bestimmte Effekte auf der Ebene der Bevölkerung zu erzielen, etwa die Senkung der Geburtenraten von Armen und Kolonisierten. Foucault prägt den Begriff des »Sexualitätsdispositivs«, um das Netz aus »Diskursen, Institutionen, architektonischen Einrichtungen, reglementierenden Entscheidungen, Gesetzen, administrativen Maßnahmen, wissenschaftlichen Aussagen« zu bezeichnen, das an diesem Kreuzungspunkt von Körperdisziplin und Bevölkerungspolitik errichtet wird (Foucault 2003: 392).[23]

Eine von Foucaults Hauptthesen lautet, dass »die Sexualität in ihrem historischen Ursprung bürgerlich ist« und erst danach, mit anderen Methoden und Effekten, auf andere Klassen ausgeweitet worden sei (Foucault 1979: 153). Die seinerzeit unter Linken populäre »Repressionshypothese«, wonach aus ökonomischen Gründen eine »Unterdrückungsmacht« auf den Sex ausgeübt wird (ebd.: 92), weist Foucault zurück. Im Gegenteil zeuge die bürgerliche Kultur seit Anbeginn von einem System des forcierten Sprechens über Sexualität, das der christlichen Tradition des Geständniszwangs entspringe und die Sexualität einer permanenten Prüfung und (Selbst-)Befragung aussetze. Foucault identifiziert als Motor dahinter eine »Intensivierung des Körpers – seine Aufwertung als Wissensgegenstand und als Element in den Machtverhältnissen« seit dem 18. Jahrhundert (ebd.: 129).

Die am Körper vollzogene Problematisierung des Sex diente zuallererst der bürgerlichen »Selbstaffirmation«: »Nicht um eine Unterdrückung am Sex der auszubeutenden Klassen ging es, sondern um den Körper, die Stärke, die Langlebigkeit, die Zeugungskraft und die Nachkommenschaft der ›herrschenden‹ Klassen« (ebd.: 148). Foucault interpretiert die Hinwendung zur eigenen Sexualität als Ansinnen der bürgerlichen Klasse, ihre Hegemonie nicht nur kulturell, sondern geradezu biologisch zu befestigen. Die klassenspezifische Ausbildung einer weißen, überlegenen und fruchtbaren Sexualität versprach, die eigene Stellung in der Gesellschaft auszubauen und über einen langen Zeitraum zu stabilisieren. Die entstehenden Sexualwissenschaften reflektierten die bürgerliche Selbstsorge in epistemischer Hinsicht.[24] Sexualwissenschaftliche Diskurse über sexuelle Perversionen (vor allem Homosexualität), hysterische Frauen, masturbierende Kinder und unfruchtbare Ehepaare führten nicht vorrangig dazu, die Sexualität zu unterdrücken. Eher markierten sie die Abirrungen und Gefahren, die aus Sicht der herrschenden Klassen in der Sexualität lauern, und dienten der erstrebten Normalsexualität des Bürgertums als Abgrenzungsfolie. In der Praxis und im Imaginären fungierten sie als Ankerpunkte für das sich ausdehnende Sexualitätsdispositiv, das sich auf diese Weise in den Köpfen und Alltagshandlungen der bürgerlichen Subjekte festsetzte.

Sosehr das Bürgertum um seine eigene Gesundheit besorgt war, so gleichgültig zeigte es sich in der Anfangsphase der Industrialisierung gegenüber den verheerenden Lebensumständen des verarmten Proletariats. Die bürgerliche Klasse war demnach weit davon entfernt, sich um den Sex und den Körper des Proletariats zu sorgen, wie Foucault mit Marx feststellt (ebd.: 152). Das änderte sich erst, als spezifische Probleme rund um Hygiene, Epidemien, Geschlechtskrankheiten, Arbeitssicherheit und demografische Entwicklungen aktuell wurden, die als Gefahr für den Wohlstand und die Gesundheit der eigenen Klasse gewertet wurden. Sexuelle Ausschweifungen, Promiskuität und ausgeprägte homosexuelle Aktivitäten unter Arbeiter*innen in den industriellen Zentren sorgten zunehmend für Empörung beim Bürgertum (Chitty 2020). Erst jetzt wurde das Sexualitätsdispositiv auf das Proletariat ausgeweitet, allerdings ungleich barscher und fremdbestimmter als im Falle der bürgerlichen Selbstsorge: Mittels eines »administrativen und technischen Apparates« der medizinisch-erzieherischen Kontrolle wurden Arbeiter*innen mit hohem Aufwand bürgerliche Sexualitätsnormen wie sexuelle Enthaltsamkeit, Monogamie, Privatheit und Heterosexualität eingehämmert (Foucault 1979: 152 f.).[25]

Es gehört zu den großen Versäumnissen Foucaults, dass er bei seinen Analysen den Blick nicht auf die Geschichte des europäischen Kolonialismus und die Beziehungen zwischen Metropolen und Kolonien richtete. So konstituierte sich die europäische bürgerliche Klassensexualität in Kontinentaleuropa wie in den europäischen Siedlungskolonien auf systematische Weise *negativ* in Relation zu kolonialrassistischen Bildern und Unterwerfungspraktiken der Sexualität von Versklavten und Kolonisierten (Stoler 1995; zu Post-/Kolonialismus und Sexualität vgl. 7). Die als Geschichte der Gegenwart angelegte Genealogie der Sexualität von Foucault besticht am Ende aber ohnehin weniger durch ihre historische Akkuratheit als durch die Einführung neuer theoretischer Perspektiven auf Sexualität.

Für den queeren Theoriediskurs erwies sich nicht zuletzt eine sexualpolitische Pointe Foucaults als besonders anschlussfähig: Vor dem Hintergrund des Befunds, wonach die bürgerliche Gesellschaft weniger ein »Zeitalter der sexuellen Restriktion« einläutet (Foucault 1979: 179), sondern das geständnisartige Sprechen über den eigenen Sex politisch und ökonomisch anreizt, scheinen homosexuelle Identitätspolitik und die Praxis des Coming-out die Imperative moderner Macht eher zu befolgen, als sich ihnen zu widersetzen. Jedenfalls ist in den Augen Foucaults kaum etwas bürgerlicher, als im Namen eines authentischen Begehrens und eines wahren Ichs gegen die repressive Sexualmoral zu opponieren. Und dabei konnte Foucault seinerzeit das Ausmaß, in dem schwule und lesbische Identitäten in den spätkapitalistischen Konsumgesellschaften bewirtschaftet und von einer Sprache der Privatsphäre umworben werden, noch gar nicht antizipieren (vgl. Hennessy 2000). Bereits damals zeichnete sich jedoch ab, dass mehr Sichtbarkeit und das individuelle Bekenntnis zur eigenen Sexualität noch keine politischen Strategien zur Hand geben, wie sich die Verhältnisse, die für individuelles Leid und Gewalt ursächlich sind, transformieren lassen.[26] Foucault geht jedoch noch einen Schritt weiter, wenn er die These aufstellt, dass die Subjektform bürgerlicher (homo- wie heterosexueller) Individualität selbst das historisch gewordene Produkt einer Verinnerlichung von Disziplinierung und Kontrolle, das heißt von Herrschaft ist. Das bürgerliche Individuum ist für ihn grundlegend in seine eigene Unterwerfung unter gesellschaftliche Zwänge und Normen verwickelt und kann daher kein widerspruchsfreier Ausgangspunkt für ein politisches Projekt sein, das Unfreiheit überwinden will.

Welche politischen Alternativen Foucault zur homosexuellen Identitätspolitik vorschwebten, lässt sich insbesondere kleineren Texten und Interviews entnehmen, die unter anderem in schwulenpolitischen Magazinen abgedruckt wurden. Er konkretisiert hier Vorstellungen, die an eine allgemeine These in seinem ersten Band zu *Sexualität und Wahrheit* anschließen. Foucault stellt dort der westlichen Geschichte der Sexualität, die er durch eine *scientia sexualis* bestimmt sieht, eine östliche Geschichte gegenüber, die sich an einer *ars erotica* orientiert. Wo die westliche Sexualgeschichte seit der griechischen Antike von Bekenntniszwang und einem Willen zum Wissen geprägt sei, werde in »der Kunst der Erotik [...] die Wahrheit aus der Lust selber gezogen, sie wird als Praktik begriffen und als Erfahrung gesammelt« (ebd.: 74). Nicht Gesetzmäßigkeit, Wahrheit und Nützlichkeit würden bei der *ars erotica* die Beziehung zum Sex bestimmen, sondern das Erleben von körperlichen Lüsten, deren Intensität und Qualität es weiterzuentwickeln gelte. Zweifellos verklärt und homogenisiert Foucault die ›Kunst der Erotik‹ auf eine projektive, kolonial imprägnierte Weise (Liu 2015).[27] Wenn wir seine Unterscheidung zwischen einer an Wahrheits- und einer an ästhetischen Kriterien orientierten Sexualkultur aber aus dieser kolonial-imaginären Klammer herauslösen, erhalten wir eine brauchbare Heuristik für die Analyse von Praktiken sexueller Dissidenz.

Foucaults Gedanken zu einer schwulen Lebenskunst enthalten dank ihrer Anleihen am Konzept des Minoritär-Werdens von Deleuze/Guattari oberflächlich betrachtet viele Ähnlichkeiten zu Hocquenghems Vorstellungen zu einer Mikropolitik des schwulen Begehrens. Foucault verzichtet jedoch gänzlich auf psychoanalytische Begrifflichkeiten und bietet auch keine funktional äquivalenten Begriffe an, die die psychische Struktur und Konflikthaftigkeit bürgerlicher Sexualität berücksichtigen würden. So versteht Foucault Schwulsein nicht als eine Identität, die bereits vorgefertigte sexuelle und soziale Formen enthält bzw. nach sich zieht. Er spricht vom Schwul*werden* als unabgeschlossenem und damit gestaltbarem Prozess: »Ich sage, man sollte seine Sexualität nutzen, um neuartige Beziehungen zu entdecken und zu erfinden. Schwul sein heißt schwul werden.« (Foucault 2005a: 352).[28] Eine Politik der Bürgerrechte, wie sie seit den 1980er Jahren im Zentrum der liberalen Homosexuellenbewegungen steht, lehnt Foucault nicht prinzipiell ab. Sie stellt für ihn aber lediglich eine Zwischenetappe in der Bewegung für schwule und lesbische Lebensmöglichkeiten dar. Das weiter gefasste Ziel sei die Entfaltung einer homosexuellen Lebenskunst, die neuartige Lustmöglichkeiten und Lebensformen hervorbringt. Um die kulturellen und institutionellen Hindernisse für deren Umsetzung zu überwinden, sei das Einfordern von Rechten alternativlos, doch muss schwule Politik immer über die durch sie gewährten Möglichkeiten hinausweisen, damit Lesben und Schwule nicht in die »extrem schematisierten und äußerst armen Beziehungen« der Heterowelt assimiliert werden (ebd.: 371). Von der Ausweitung von Beziehungsformen würden am Ende alle – auch Heterosexuelle – profitieren.

Die existenz-ästhetische Antwort Foucaults auf den biopolitischen Zugriff auf unsere Körper und unsere Sexualität lautet anders als beim Liberalismus nicht Rückzug ins Private und Schutz der individuellen Vorlieben vor der Gesellschaft, sondern die Herstellung einer durch das sexuelle Leben vermittelten Gegenkultur. Zwar benötige das individuelle Sexualleben Abwehrrechte gegen die Übergriffigkeiten von Polizei und Staat, doch dürfe die Sexualität nicht »als persönlicher Schatz angesehen werden, in den die Öffentlichkeit nicht eingreifen dürfte. Vielmehr sollte sie zum Gegenstand einer Kultur werden.« (Foucault 2005c: 404) An anderer Stelle spricht Foucault davon, »aus der sexuellen Wahl« einen »Operator« zu machen, der neue Lebensformen hervorbringt, indem er die »vorgeprägten Lebensweisen« zurückweist und »das gesamte Dasein verändert« (Foucault 2005a: 352).

In der queeren Theoriebildung stößt Foucaults schwule Lebenskunst ab Ende der 1980er Jahre trotz der dort verbreiteten Liberalismuskritik und Offenheit für horizontale Politikansätze auch auf Kritik. Insbesondere Vertreter*innen der sogenannten negativen Wende kritisieren seinen Hang zur Romantisierung schwuler Gegengemeinschaften, die für negative und destruktive Aspekte von Sexualität keinen Platz lässt (vgl. 5). Im Unterschied zu Hocquenghem, bei dem das schwule Subjekt theoretisch im Rauschzustand gehalten und durch die Verflüssigung von Strukturen aufgelöst wird (vgl. 2.3), räumt Foucault aber zumindest ein, dass neue Lebensformen auch neuer struktureller Rahmenbedingungen bedürfen, die zwischenmenschliche Beziehungen außerhalb der institutionellen Heterosexualität zu stabilisieren vermögen.

Foucault verbindet mit Hocquenghem nicht nur ein vorzeitiger Tod an den Folgen von Aids. Beide schreiben vor der Kulisse eines (nicht nur in sexualpolitischer Hinsicht) bewegten Jahrzehnts, das auf die markanten Ereignisse der Pariser Mai-Revolten und der Stonewall-Aufstände folgte. Es ist eine Zeit, in der die hegemoniale Lebensform der restaurativen Nachkriegsjahrzehnte – die bürgerliche Lebensweise samt ihrer konservativen

Sexual- und Familienmoral – zu erodieren beginnt. Es ist eine widersprüchliche Ära der kapitalistischen Restrukturierung, in der dissidente Sexkulturen und alternative Lebensformen expandieren, während die sozialen Härten für viele Menschen zunehmen. Und dennoch: Die Geschichte war so offen wie lange nicht. Für einen kurzen Moment schien alles möglich zu sein. Und dann kam Aids, was alles anders machte.

2.5 Theorie und Politik in der Aids-Krise

Als sich um 1990 der anglophone Diskurs der Queer Theory ausbildete, war die Aids-Epidemie ein, wenn nicht das bestimmende Thema der US-amerikanischen LGBT-Kultur. Und tatsächlich hat die traumatische Geschichte der Aids-Krise und ihrer Millionen von Toten die Entstehung von queerer Theorie und Politik stark beeinflusst und tut das, wie zahlreiche aktuelle Publikationen zeigen, bis heute (z.B. Cheng/Juhasz/Shahani 2020). Für die Entstehung des anglophonen Queerdiskurses ist hierbei wichtig zu wissen, dass die Aids-Epidemie und ihre Folgen unter Ronald Reagan und Margaret Thatcher lange ignoriert wurden. Weder die Unterstützung von Betroffenen noch eine sachliche öffentliche Aufklärungsarbeit oder die Entwicklung von geeigneten Medikamenten wurden von staatlicher Seite vorangetrieben. HIV/Aids wurde zuvorderst als Problem von ohnehin randständigen Minderheiten verstanden, deren Leben als entbehrlich galten (Gould 2009: 45). Die Ignoranz der Regierenden ließ erst nach, als deutlich wurde, dass von der weiteren Verbreitung von HIV auch eine Gefahr für die Allgemeinheit ausgeht. Man begriff allmählich, dass das Virus sich weder an die kulturellen Grenzziehungen zwischen Homo- und Heterosexuellen noch an die sozialen Schranken zwischen Gesellschaftsgruppen hielt (Jagose 2001: 34).

Statt die Aids-Krise in Zusammenarbeit mit den Betroffenen und ihren Communitys zu bewältigen, setzten die politischen Verantwortlichen überwiegend auf autoritäre und repressive Maßnahmen wie die Verordnung von Quarantäne für HIV-Infizierte, Zwangstestungen, die Schließung von Schwulensaunas und die Kriminalisierung von Drogenkonsum und Sexarbeit. Menschen mit Aids waren doppelt gebrandmarkt, wegen der Erkrankung selbst und wegen ihrer Lebensweisen, die als ursächlich für die Infektion mit HIV angesehen wurden. Susan Sontag beschreibt in ihrem Buch *AIDS and its Metaphors* (1988: 25), wie Aids von einem beispiellosen moralischen Diskurs der individuellen Schuldzuweisung und Beschämung begleitet wurde; Aids wurde zur Metapher für eine Welt der Delinquenz und der Perversionen (ebd.). Großen Teilen der Bevölkerung galt die Infektion mit HIV als göttliche Strafe für eine deviante Lebensweise, die als Negativbild des weiß und heterosexuell imaginierten *American Way of Life* fungierte. In der sozialen Ächtung von Menschen mit Aids brachen sich phobische Fantasien von kranker und kontagiöser Homosexualität sowie rassistische Konstruktionen von devianter Sexualität Bahn, die tief in der symbolisch-sexuellen Ordnung der (post-)kolonialen Moderne verankert sind.

Auch zentrale Akteure der besonders hart von der Epidemie getroffenen Schwarzen Communitys, allen voran Kirchen und traditionelle Bürgerrechtsorganisationen, schwiegen Aids tot und entsolidarisierten sich mit HIV-Positiven. Die Politikwissenschaftlerin Cathy Cohen hat dies in ihrer Studie *The Boundaries of Blackness: AIDS and the Breakdown of Black Politics* (1999) als »sekundäre Marginalisierung« bezeichnet, um zu beschreiben, wie Teilgruppen – hier Schwarze Menschen mit HIV/Aids – *innerhalb* einer ohnehin schon marginalisierten Gruppe nochmals marginalisiert werden. In den Schwarzen Communitys infizierten sich insbesondere schwule und bisexuelle Männer, trans Personen, junge Frauen, Sexarbeiter*innen und Drogenabhängige mit HIV. Ihre sekundäre Marginalisierung wurde Cohen zufolge einerseits durch homo- und transfeindliche Ressentiments sowie durch einen strukturellen Klassismus und Sexismus befördert, wie sie auch in der Mehrheitsgesellschaft wirkten. Darüber hinaus habe die mangelnde Solidarität aber auch ein Licht auf die Grenzen einer Schwarzen Bürgerrechtspolitik geworfen, die von einem gleichmachenden, einhelligen Konzept der Schwarzen Community ausgeht, das interne Unterschiede und ungleich verteilte Vulnerabilitäten ausblendet.[29] Cohen plädiert alternativ dafür, Schwarze Politik von den communityinternen Differenzen her zu denken und Aids intersektional als »Querschnittsthema« zu begreifen (Cohen 1999: 13 ff.). Die Ressourcen und Institutionen Schwarzer Communitys sollen hierbei den Interessen und Bedarfen derjenigen dienen, die innerhalb der Community ökonomisch besonders vulnerabel, sozial besonders marginalisiert und politisch wenig einflussreich sind.

Auf die Wissensarchive und Erfahrungen Schwarzer Feminist*innen mit der Umsetzung von mehrdimensionalen Bewegungsansätzen griff seit Mitte der 1980er Jahre eine neue Generation von Schwarzen schwulen Männern mit HIV/Aids zurück (Macharia 2020: 36 ff.). In *Tongues Untied*, einem 1989 erschienenen Film des Schwarzen Filmemachers, Dichters und Aktivisten Marlon Riggs, wird die Ästhetik, Radikalität und Zärtlichkeit Schwarzer schwuler Communitys in den USA vor der Kulisse der Aids-Epidemie dokumentiert. Keguro Macharia interpretiert *Tongues Untied* als »Liebesbrief, der in und an eine ungewisse Zukunft geschrieben wurde, ein Brief, der sich vorstellte, dass die Formen der Kollektivität, die er dokumentierte, in irgendeiner Form überleben könnten, aber auch ein Brief, der inmitten einer Epidemie geschrieben wurde, die ohnehin schon vulnerable Gruppen auslöschte« (ebd: 38). Viele der Protagonisten in *Tongues*

Untied wie Essex Hemphill sowie Riggs selbst sind in den 1990er Jahren an den Folgen von Aids gestorben.

Paula Treichler (1987) hat argumentiert, dass Menschen mit HIV/Aids und solche, die als ›Risikogruppen‹ konstruiert wurden, nicht nur mit der epidemischen Ausbreitung eines tödlichen Virus, sondern zudem mit einer »Epidemie der Signifikation« (ebd.: 11) konfrontiert gewesen seien. Damit gab sie der chaotischen und für die Betroffenen bedrohlichen diskursiven Situation in den 1980er Jahren einen Namen, in der immer wieder neue Theorien und Gerüchte über die Bedeutung von Aids und andere Benennungen dafür in Umlauf kamen: Aids als ›Schwulenseuche‹/›Schwulenkrebs‹ (so zwei Termini, die seit 1982 in den Medien zirkulierten); Aids als verdiente Strafe für Dekadenz und sündhafte Laster; Aids als neuartige Erkrankung; Aids als gewöhnliche Immunerkrankung; Aids als unheilbares Syndrom; Aids als Erfindung der Pharmaindustrie, des CIA oder des KGB; Aids als Chance für einen (an Monogamie orientierten) Lebenswandel und vieles mehr. So verdichtete sich Aids allmählich zu einer widersprüchlichen Metapher, in der epidemiologisches Wissen mit biopolitischen Rationalitäten der Eindämmung, kulturellen Ängsten vor Sexualität und moralischen Normen der Lebensführung amalgamierten. Der kulturpolitische Triumph der US-amerikanischen Rechten in der Reagan/Bush-Ära bestand darin, diese Metaphorik und semantische Offenheit von Aids für sich zu nutzen, um die Emanzipationsgewinne und die gestiegene öffentliche Sichtbarkeit von Schwulen und Lesben seit den 1970er Jahren zurückzudrängen. »Nachdem Homosexuelle gerade einen gewissen Erfolg damit hatten, das Stigma der Geisteskrankheit loszuwerden«, schreibt Gayle Rubin, fänden sie sich nunmehr »metaphorisch ans Bild todbringenden körperlichen Verfalls geschmiedet. Das Syndrom, seine speziellen Eigenschaften und seine Übertragbarkeit werden dazu benutzt, die alten Ängste zu verstärken, daß sexuelle Aktivität, Homosexualität und Promiskuität zu Krankheit und Tod führen.« (Rubin 2003: 71)

Es zählt zu den zentralen kulturtheoretischen und aktivistischen Einsichten der Aids-Krise, dass die Produktion von Wissen über HIV/Aids, einschließlich des Wissens der Medizin und der Epidemiologie, keinesfalls wertneutral war, sondern sich im Kontext einer phobischen Kultur der Ablehnung nonkonformer Sexualität als Fortsetzung von Politik mit anderen Mitteln erwies. Das bedeutete umgekehrt, dass der Versuch, die Aids-Krise im Sinne der Betroffenen zu politisieren, mit einschloss, sich an den kulturellen Kämpfen um die Bedeutung und die Repräsentationen von HIV/Aids zu beteiligen. Denn Aids hat Stuart Hall zufolge auf verheerende Weise verdeutlicht, dass die Frage der kulturellen Repräsentation, der Sprache oder der Textualität eine »Frage von Leben und Tod« sein kann (Hall 2000: 48): Wie Menschen mit Aids repräsentiert werden, welche Narrative über die Entstehung und Ursachen der Epidemie kursieren, welche Perspektiven und Betroffenheiten zur Sprache kommen und in Statistiken und Bilder eingehen – all das beeinflusst, wem wie geholfen wird und wer als legitime Adressatin gesellschaftlicher Solidarität und staatlicher Absicherung gilt. In diesem Sinne galt (und gilt) es für Aids-Aktivist*innen, aktiv in die »Epidemie der Signifikation« zu intervenieren, andere Bilder und Statistiken zu produzieren, verschwiegene Geschichten zu erzählen und eine Sprache zu entwickeln, die Aids nicht länger als Problem sogenannter Risikogruppen rahmt, sondern als gesamtgesellschaftliche Aufgabe, die nach solidarischen Umgangsweisen verlangt. Kurzum: Es ging darum, Aids zu *resignifizieren* und auf diese Weise die Betroffenen aus ihrem passivierenden Objektstatus (als Patient*innen, als Kranke, als Todgeweihte, als die ›Anderen‹) zu befreien sowie als handelnde Subjekte sichtbar zu machen: als Menschen, die mit Aids leben und überleben wollen.

Im Jahr 1987 entsteht mit Act Up (eine Abkürzung für AIDS Coalition to Unleash Power) eine politisch-aktivistische Organisation, der genau diese Einsicht zugrunde liegt, nämlich dass der Kampf gegen die Epidemie nicht nur medizinischer, sozial- und gesundheitspolitischer Art ist, sondern auch kulturelle Interventionen in die symbolische Ordnung von Aids mit einschließt. Act Up gründet sich auf Initiative des Aids-Aktivisten Larry Kramer, nachdem sich die fünf Jahre zuvor entstandene Selbsthilfeorganisation Gay Men's Health Crisis mit ihrem Fokus auf Lobbyarbeit und die Bereitstellung sozialer Unterstützungs- und Gesundheitsdienste ihm zufolge als politisch zahnlos erwiesen hatte, um ausreichend Druck auf Regierung, Öffentlichkeit und Pharmaindustrie auszuüben (Crimp 1993). So waren im Gründungsjahr von Act Up immer noch keine wirksamen Medikamente für HIV-Positive und Menschen mit Aids in Sicht, während Politiker*innen, Ärzt*innen und Zivilgesellschaft damit fortfuhren, Aids wahlweise zu ignorieren oder zu dämonisieren. Aus einer Situation gesellschaftlicher Isolation heraus rief Act Up dazu auf, neue politische Kräfte freizusetzen und zu bündeln, um dem Sterben an Aids ein Ende zu setzen. Bereits in den ersten Jahren der politischen Arbeit hatte die Gruppierung viel erreicht, wie sich der Kunsthistoriker und Queertheoretiker Douglas Crimp, der selbst aktives Mitglied bei Act Up New York war, erinnert: »Es war uns gelungen, die öffentliche Aufmerksamkeit stärker auf Aids zu lenken, die Debatte über Aids von einer Diskussion, die von einem strafenden Moralismus dominiert wird, hin zu einer, die auf die Bekämpfung eines Public Health-Notstands gerichtet ist, zu verschieben und die Politik konkret zu beeinflussen, insbesondere die Politik der Arzneimittelentwicklung.« (Crimp 1993: 303) Allein Act Up New York schlossen sich unmittelbar nach der Gründung dreihundert Personen an. Die Gruppierung wuchs schnell, und in den darauffolgenden

Monaten und Jahren entstanden Abzweigungen von Act Up in fast allen US-amerikanischen Großstädten sowie in Australien, Kanada, Südafrika und Europa, 1989 auch in Westdeutschland.

Act Up machte durch spektakuläre öffentlichkeitswirksame Aktionen und Kampagnen auf Menschen, die mit Aids leben, aufmerksam. Die plakativen Öffentlichkeitsstrategien bildeten jedoch nur einen Bruchteil der Arbeit der Aktivist*innen. Ein Blick auf die mehr als zwanzig Arbeitsgruppen der New Yorker Act Up-Gruppe gibt eine Vorstellung von dem breiten Spektrum an politischen Strategien und Arbeitsschwerpunkten, die im Aids-Aktivismus um 1990 in bewegungsgeschichtlich neu- und bis heute einzigartiger Weise zusammenflossen. So gab es neben Schwerpunktthemen wie Öffentlichkeitsarbeit, direkter Aktion und Fundraising spezielle Arbeitsgruppen zu sozial- und gesundheitspolitischen Themen, etwa Sozialversicherung und *Medicaid*, Zugang zu Sozialwohnungen und ganzheitlichen Behandlungsformen sowie der Verteilung steriler Nadeln als Bestandteil der HIV-Prävention im Rahmen einer nicht-stigmatisierenden Drogenhilfe. Arbeitsgruppen zu Polizeigewalt und zur Organisation von Gefangenensolidarität waren genauso Teil von Act Up wie Kommissionen, die die spezifischen Belange bestimmter Betroffenengruppen ins Zentrum rückten, z.B. »Asian and Pacific Islanders, Black AIDS Mobilization, Foreign Nationals, Latina/o AIDS Activists, Lesbian Caucus, PISD (People with Immune System Disorders), and Women's Action« (Crimp 1993: 315). Verschiedene Sektionen von Act Up standen zwar wiederholt (und zu Recht) in der Kritik, einseitig die Perspektiven von weißen schwulen Männern zu zentrieren. Und dennoch konnten in den genannten Arbeitsgruppen häufig Räume intersektionaler Solidarität entstehen, die, in den Worten von Cathy Cohen (1999), das Potenzial von »transformativen Koalitionen« spürbar werden ließen.

Cohens Konzept der transformativen Koalition bringt die geteilten Genealogien queerer und Schwarzer feministischer Politik zum Ausdruck, der es um eine Überwindung eindimensionaler Identitätspolitik ging und geht. Als das Adjektiv *queer* Ende der 1980er Jahre im Umfeld von Act Up mehr und mehr zur Selbstbezeichnung gebraucht wurde, geschah das auch im Sinne einer Absetzbewegung von »single issue struggles« (Audre Lorde). Laut Crimp brachte der Begriff eine neuartige *politische* Identität (d.h. eine Identität, die sich in und durch politische und soziale Kämpfe herausbildet) und ein neues politisches Selbstverständnis zum Ausdruck, welches auf Abstand zu den schwulen- und lesbenpolitisch orientierten Bewegungsansätzen der Vorjahre ging.

Letztere schlugen in den 1980er Jahren verstärkt einen Weg der Professionalisierung und NGOisierung ein, der strategisch von der direkten Aktion im öffentlichen Raum weg- und hin zu einem repräsentationspolitischen Lobbyismus führte. Soziale Fragen von Armut oder Rassismus wurden hierbei an den Rand gedrängt. Parallel dazu durchliefen die Kategorien »lesbisch« und »schwul« einen Bedeutungswandel: In den radikalen Anfängen der Lesben- und Schwulenbewegung verkörperten sie für viele Bewegungsakteur*innen experimentelle, konfrontative und politische Lebensweisen, die in Opposition zum »heterosexuellen Gesellschaftsvertrag« (Wittig 1992) standen. Der in den 1980er Jahren an Einfluss gewinnende Gay-Rights-Lobbyismus hält an der Vorstellung einer Differenz zwischen Homo- und Heterosexualität zwar weiterhin fest, nimmt ihr jedoch den politisch-oppositionellen Charakter und redefiniert Schwul- bzw. Lesbischsein als zuvorderst *private* Identitäten, für die rechtliche Gleichstellung und Schutz vor Diskriminierung eingefordert werden. Eine solche eindimensionale Politik individueller Rechte, die eine weitgehende Demobilisierung sexualpolitischer Bewegungen beförderte, hatte dem politischen und gesellschaftlichen Backlash gegen Minoritäten in der Aids-Krise wenig entgegenzusetzen. Im Gebrauch des Begriffs *queer* artikulierte sich somit gewissermaßen der politische Bewusstwerdungsprozess eines doppelten Scheiterns: das Scheitern einer eindimensionalen Identitätspolitik, Aids als Querschnittsthema eines breiten, heterogenen Bündnisses zu artikulieren, *und* das Scheitern eines sexualpolitischen Liberalismus, dessen Politikverständnis auf den Bereich des Staats und des Rechts eingeengt ist.

Zu den bedeutendsten *queeren* Resignifizierungserfolgen des Aids-Aktivismus zählte, Aids nicht länger als ein Problem der Identität, sondern als eines der Praxis zu rahmen: Statt weiterhin von ›Risikogruppen‹ zu sprechen (›die Schwulen‹, ›die Schwarzen Frauen‹, ›die Junkies‹ etc.), gingen die Aktivist*innen dazu über, von *Risikopraktiken* (ungeschützter Sexualverkehr, der Gebrauch unsauberer Injektionsnadeln usw.) zu reden. Damit wurde gruppenbezogenen Formen der Stigmatisierung entgegengewirkt und darauf bestanden, dass nicht Homosexualität, Sexarbeit und Schwarzsein Risikofaktoren für eine HIV-Infektion waren, sondern konkrete Formen des Risikohandelns, die quer zu Gruppenidentitäten liegen und auch als Folge struktureller Ungleichheiten und Diskriminierung verstanden werden müssen. Auf Drängen und Mitwirken der Aktivist*innen fand diese Bedeutungsverschiebung schließlich Eingang in die Epidemiologie und Medizin, wo sie ein neues Fundament für veränderte, nicht-stigmatisierende Präventionskonzepte legte (Epstein 1996).

Die Umdeutung von HIV/Aids von einer Identitätsfrage zu einer Frage des Tuns erinnert vielleicht nicht zufällig an Michel Foucaults *Der Wille zum Wissen* (1979). Wie David Halperin sich erinnert, soll Foucaults schmaler Band im Umfeld von Act Up einen einzigartigen Status als intellektueller Impulsgeber genossen haben (1995: 15 f.). Foucaults Diagnose, dass nicht nur offensichtliche Formen der Unterdrückung, sondern auch sexuelle Befreiungsbestrebungen auf ambivalente Weise in jene Machtverhältnisse verstrickt sind, durch die nicht-konforme Sexualität reguliert wird, schien durch die Aids-Krise bestätigt zu werden. So erwiesen sich identitätspolitisch verfestigte Gruppenbezeichnungen, allen voran der Kollektivsingular *gay*, im Kontext von HIV/Aids als durch sexualkonservative Akteure leicht zu vereinnahmen. In der Rede von der »Schwulenseuche« und durch politische und polizeiliche Maßnahmen, die gezielt das Leben schwuler Subkulturen einschränken und staatlicher Kontrolle unterwerfen sollten, wurde eine heterogene Gruppe auf Basis einer kulturellen Identitätskategorie unter Generalverdacht gestellt. Der Gebrauch von *queer* als neuartige politische Kategorie der Selbstbezeichnung im Kontext von Aids signalisiert hier eine Abkehr von früheren sexuellen Bewegungsdiskursen, in denen sexuelle Identitäten wie *gay* und *lesbian* einseitig affirmiert werden, ohne zu reflektieren, wie diese Identitätsdiskurse unwiederbringlich mit staatlichen und sozialen Technologien der Kontrolle, der Normierung und des biopolitischen Bevölkerungsmanagements verwoben sind.

Doch wie soll *queer* als neue politische Identitätskategorie dieser Vereinnahmung durch staatliche und gesellschaftliche Mechanismen der Kontrolle und Regulierung entkommen? Wie unterscheidet sich queer in dieser Hinsicht von den identitätspolitisch fundierten Kategorien ›schwul‹ oder ›lesbisch‹? Für welche Politik steht *queer*, und wie lässt sich mit ›*queer*‹ überhaupt Politik machen, wenn seine Bedeutung so vage und unbestimmt ist? Diese und ähnliche Fragen wurden in den USA um 1990 nicht nur unter Aktivist*innen diskutiert, sondern zunehmend auch von Akademiker*innen an den Universitäten aufgegriffen.

3. Das Coming-out der Queer Theory

Auch wenn die Genealogie der *Queer Theory* länger zurückreicht: 1990 ist das Jahr, als sie aus der Taufe gehoben wird. Zwei Werke, die nachträglich als ihre Gründungstexte gehandelt wurden – Judith Butlers *Gender Trouble: Feminism and the Subversion of Identity* sowie Eve Kosofsky Sedgwicks *Epistemology of the Closet* –, erscheinen beide 1990. Im selben Jahr gründen Aids-Aktivist*innen von Act Up in New York die Aktionsgruppe Queer Nation, und Jennie Livingstons dem New Queer Cinema zugeordneter Film *Paris Is Burning* über die gegenkulturelle Ballroom-Szene in New York erscheint; ein Film, der ein weißes akademisches Publikum erstmals mit der proletarisch geprägten Schwarzen und Latinx LGBT-Kultur bekannt macht, die starke Kontraste zu den in der nationalen Öffentlichkeit zirkulierenden Repräsentationen der weiß dominierten Lesben- und Schwulencommunitys aufweist. Doch es war die Literaturwissenschaftlerin Teresa de Lauretis, die im Jahr 1990 den Begriff der *Queer Theory* prägt, indem sie das seit geraumer Zeit in gegenkulturellen und aktivistischen Kreisen im Umlauf befindliche Adjektiv ›queer‹ – ein subversiv angeeignetes Schimpfwort, das in der englischen Sprache noch heute in abwertender Absicht gegen Homosexuelle verwendet wird – mit dem hohen Symbolwert des Begriffs der Theorie paart. In jenem Jahr organisiert de Lauretis an der Universität von Santa Cruz eine Tagung mit dem Titel

»Queer Theory: Lesbian and Gay Sexualities«, auf der sie queer als »eine andere Art des Denkens über das Sexuelle« im Allgemeinen und über lesbische und schwule Sexualitäten im Besonderen einführt (1991: iv).

Im deutschsprachigen Raum wird ›queer‹ in den 1990er Jahren zunächst (und zum Teil bis heute) einseitig mit den gendertheoretischen Arbeiten von Butler identifiziert. Diejenigen, die sich nicht näher mit der Geschichte und Gegenwart der Queer Theory befasst haben, betrachten diese daher in erster Linie als Nebenschauplatz des feministischen Streits um den ontologischen und politischen Status der Geschlechterdifferenz. In den USA lag der akademische Ankerpunkt der Queer Theory hingegen zuvorderst in den Gay and Lesbian Studies, die dort seit Mitte der 1980er Jahre erste Institutionalisierungserfolge an den Universitäten zu verzeichnen hatten. Im Titel der besagten Konferenz in Santa Cruz und in der von de Lauretis ein Jahr später herausgegebenen gleichnamigen Aufsatzsammlung zur Tagung wird dieser Bezug deutlich hergestellt, wobei ›queer‹ zugleich eine »gewisse kritische Distanz« zu einigen Prämissen und Entwicklungstendenzen der akademischen Lesben- und Schwulenforschung markieren sollte (ebd.). Der Veröffentlichungsort des Tagungsbandes – das erst zwei Jahre zuvor gegründete *differences. A Journal of Feminist Cultural Studies* – gibt erste Hinweise darauf, auf welche Weise, in welche Richtung und mit welcher Intention die frühen Protagonist*innen der Queer Theory eine Umorientierung innerhalb des Feldes der Gay and Lesbian Studies vornahmen. Die Zeitschrift gründet sich 1989 nach eigenem Selbstverständnis »zum Zeitpunkt einer kritischen Begegnung – eines Frontalzusammenstoßes, könnte man sagen – von Theorien der Differenz (primär kontinentaleuropäisch) und Politiken der Diversität (primär amerikanisch)«.[30] Und tatsächlich befasste sich der frühe queertheoretische Diskurs in erster Linie mit der kulturellen und diskursiven Konstruktion von Differenzen, die es mit den Methoden der seinerzeit angesagten poststrukturalistischen französischen Theorie von Lyotard über Derrida bis hin zu Foucault und Lacan zu dekonstruieren und zu entnaturalisieren galt – einschließlich jener Differenz, die das Feld der Gay and Lesbian Studies erst möglich machte, die es kultivierte, normalisierte und fortschrieb: die Differenz von Homo- und Heterosexualität.

De Lauretis hat mit der Wortschöpfung *Queer Theory* eine Kursänderung im Sinn, mit der Differenz anders, nämlich *nicht binär*, gedacht werden solle, als es die Dichotomie von Hetero- und Homosexualität erlaubt. Mit dieser Intention buchstabiert sie eine veränderte Forschungsagenda der Gay and Lesbian Studies aus, die sich an drei zentralen Axiomen orientiert. *Erstens* an der Kritik der heteronormativen Prämissen in der feministischen Theorie und einer theoretischen Dezentrierung von Heterosexualität als Norm. Lesbische und schwule Homosexualitäten sollten in ihrer Bedeutung nicht länger von dieser Norm aus betrachtet werden – als wahlweise abweichend, gegenläufig oder homolog –, sondern als eigenständige »soziale und kulturelle Formen« untersucht werden (de Lauretis 1991: iii). *Zweitens* an der Überwindung der Vorstellung, es handle sich bei den Gay and Lesbian Studies um ein einheitliches Forschungsfeld. Dieser Eindruck sei entstanden, weil schwule Perspektiven das Feld zu dominieren begannen und sowohl die Analyse der Geschlechterverhältnisse als auch die Frage vernachlässigten, welche Differenzen und gemeinsamen Bezüge sich zwischen schwulen und lesbischen Erfahrungen herstellen ließen. *Drittens* an der Kritik von Lesben und Schwulen of Color in Richtung der weißen Epistemologie in der Geschlechter- und Sexualitätsforschung sowie konkret der von den Gay and Lesbian Studies vernachlässigten Analyse von *race* und Klasse als bedeutenden Formationen für die Herausbildung lesbischer und schwuler Identitäten.[31] Zusammengenommen laufen diese drei Orientierungspunkte auf eine Forschungsagenda hinaus, die die Einheitlichkeit und Konsistenz der Kategorien ›lesbisch‹ und ›schwul‹ aufsprengt, indem die Differenzen zum Vorschein kommen, die durch die Vereinheitlichung zum Schweigen gebracht werden.

Natürlich hat sich die Queer Theory ab 1990 nicht streng nach diesem oder irgendeinem anderen kohärenten Forschungsprogramm entfaltet. Dennoch lassen sich viele der von de Lauretis angeführten Perspektiven auch in den Arbeiten anderer Autor*innen wiederfinden, die für die frühe Phase der 1990er Jahre bedeutsam waren, allen voran bei Sedgwick und Butler, deren Thesen in den damaligen Women's Studies und Gay and Lesbian Studies eine ziemliche Sprengkraft entfalteten.

3.1 Kritik der Hetero-/Homosexualitätsdifferenz

Einer der wichtigsten Blickwechsel, den die Queer Theory gegenüber der traditionellen Homosexualitätsforschung vollzieht, besteht darin, dass lesbische, schwule und andere marginalisierte Formen von Sexualität nicht länger vorrangig als Minderheitenphanomene in den Blick genommen werden. Einflussreich war hierfür Eve Kosofsky Sedgwicks Unterscheidung von Minorisierung und Universalisierung als zwei Weisen, Homosexualität zu theoretisieren.[37] In *Epistemology of the Closet* (1990) plädiert die Literaturwissenschaftlerin dafür, die in den Gay and Lesbian Studies vorherrschende minorisierende Untersuchungseinstellung, welche Homosexualität einer kleinen, relativ stabilen Bevölkerungsminderheit zuordnet, um eine universalisierende Untersuchungsperspektive zu ergänzen. In dieser zweiten Perspektive gerät Homosexualität als latentes Muster der allgemeinen Kultur sowie als eine universale Möglichkeit, von der alle Menschen auf die ein oder andere Weise berührt und betroffen sind, in den Blick. Die Minorisierung macht das homosexuelle Begehren in einer Personengruppe dingfest, deren Sexualität sich angeblich qualitativ von jener der Mehrheit unterscheidet. Sedgwick sieht die Minorisierung daher auch als Ergebnis eines kulturellen und psychischen Abwehrmechanismus, der die heterosexuelle Kultur von dem bereinigt, was ihr nicht entspricht. In diesem Sinne qualifiziert Sedgwick die Kritik der Minorisierung und der Hetero-/Homo-Differenz als zentrale Aufgabe einer »anti-homophoben« Theoriebildung.

Den Grundstein hierfür legt sie bereits Mitte der 1980er Jahre in ihrer ersten Monografie *Between Men: English Literature and Male Homosocial Desire* (1985). Anhand von literarischen Texten argumentiert Sedgwick, die Beziehungen zwischen Männern seien in westlichen Gesellschaften durch einen spannungsreichen Konflikt zwischen homosozialem Begehren und Homophobie geprägt. Frauen würden hierbei oft als Vermittlungsfiguren fungieren, über die ein von Homosexualitätsverdacht reingewaschenes homosoziales Begehren zwischen Männern erzählbar wird. Eine klassische Form dieser Triangulierung ist die amouröse Dreiecksgeschichte, in der zwei Männer um die Liebe einer Frau buhlen und darüber in eine affektiv intensive Beziehung zueinander treten, die erzählerisch mindestens ebenso bedeutsam ist wie die Beziehungen der Männer zur Frau. Als sich Sedgwick in den 1980er Jahren mit solchen Erzählstrategien befasste, war deren feministische Interpretation noch überwiegend durch die strukturalistische Anthropologie des ›Frauentauschs‹ von Claude Lévi-Strauss beeinflusst. Aus dieser Perspektive erscheint die Liebesdreiecksgeschichte wie ein Derivat patriarchaler Heiratsarrangements, bei denen die Frau auf ein Medium reduziert wird, um männliche Bande zu stärken oder – wie im Falle der Liebeskonkurrenz, die zur Entsolidarisierung zwischen Männern führen kann – zu gefährden. Sedgwicks Problem mit solchen Interpretationen ist, dass sie die Bedeutung der affektiven und latent erotischen Dimension von männlicher Homosozialität zugunsten eines einseitigen Fokus auf die Relevanz der Geschlechterdimension unterschätzten. Dadurch werde übersehen, wie systematisch männliche Herrschaft und männliche Subjektivität nicht nur durch patriarchale, sondern auch durch homophobe Mechanismen reproduziert würden. Ein zentrales Axiom der Queer Theory nach Sedgwick ist daher, Geschlecht und Sexualität, feministische und anti-homophobe Theorie nicht in eins zu setzen; sie haben das Potenzial, sich zu ergänzen, können jedoch auch Dissonanzen ausbilden, die nicht ignoriert werden dürfen. An diesem Punkt zeigt sich Sedgwicks Nähe zu Gayle Rubins Kritik an einer Reduktion der Sexualitätstheorie auf eine feministische Analyse männlicher Herrschaft (vgl. 2.1), wobei Sedgwick für die gegenteilige Tendenz einer homosexuellen bzw. queeren Theoriebildung, die feministische Analysen vernachlässigt, weniger sensibel ist.

In *Epistemology of the Closet* führt Sedgwick ihre Analyse männlichen homosozialen Begehrens fort und erklärt, die moderne Kultur sei seit Ende des 19. Jahrhunderts von einer »chronischen, inzwischen endemischen Krise der Homo-/Heterosexualitätsdefinition« strukturiert. So stellt Sedgwick in der Hochzeit der Aids-Krise die These auf, dass Beziehungen zwischen Männern im Zuge der durch die Epidemie aufgeheizten homophoben Stimmung mehr denn je vom bedrohlichen Gespenst der Homosexualität heimgesucht würden. Als »homosexuelle Panik« bezeichnet sie das Gegenstück zur Homosozialität; es ist die Angst des männlichen Subjekts, es selbst oder seine Zuneigung bzw. Beziehung zu anderen Männern könnte als homosexuell gelesen werden.[33] Sedgwick hat hier ein hermeneutisches Instrumentarium entwickelt, mit dem Formen der affektiven, ästhetischen und sozialen Abgrenzung von Homosexualität als alltägliche Rituale männlicher Sozialität in den Blick rücken. Homosexuelle Panik ist (unbewusst) ständige Begleitmusik von Männerfreundschaften, Jugendcliquen und männlich dominierten Berufsgruppen. Jedoch bleibt die Abgrenzung vom Homosexuellen Sedgwick zufolge ein prekärer Balanceakt, weil die Grenzen zwischen Homosozialität und Homosexualität fließend seien. Sedgwicks Neologismus des männlichen homosozialen Begehrens ist in diesem Sinne ein Pendant zu Adrienne Richs Konzept des »lesbischen Kontinuums« (vgl. 2.1). Anders als dieses führe eine gesteigerte homosexuelle Panik im Falle von Männern jedoch dazu, dass das Kontinuum zwischen Homosozialität und -sexualität weit stärker unter Spannung steht, Brüche aufweist und damit deutlich diskontinuierlicher erscheint als jenes zwischen Frauen.

Die homophobe Kultur produziert laut Sedgwick eine spezifische Epistemologie des *closet*, die sie als bestimmende Struktur homosexueller Unterordnung beschreibt (ebd.: 71). Sie ist zugleich wesentlich an der Produktion homosexueller (männlicher) Erfahrung und Subjektivität beteiligt. Im *closet* brächten sich Sichtbarkeit und Unsichtbarkeit, Wissen und Ignoranz von Homosexualität wechselseitig hervor. Erst als Subjekte Ende des 19. Jahrhunderts damit begannen, als Homosexuelle in die Öffentlichkeit zu treten (*coming out of the closet*), konnte die Vorstellung entstehen, dass es andere Homosexuelle gibt, die dies nicht tun (*being in the closet*): »Mit anderen Worten, das Aufkommen der Homosexualität wurde durch ihr Verschwinden begleitet.« (Namaste 1994: 224) Diese Dialektik des *closet* veranschaulicht, wie eng die Erfahrung von Homosexualität historisch an eine spezifische Trennung von Privatheit und Öffentlichkeit geknüpft ist, die in Zentraleuropa und den USA mit der Durchsetzung der bürgerlichen Kultur im 20. Jahrhundert hegemonial wurde. Das *closet* wird hierbei nach der gängigen Mythologie als »Lüge des Individuums über sich selbst« verstanden und von Lesben und Schwulen entsprechend in der Regel »als ein privates, individuelles Problem der Scham und Täuschung erlebt« (Warner 2005: 52). Wenn es sich für die Individuen auch privat anfühlen mag, ist das *closet* aber in Wirklichkeit öffentlich konstruiert; es wird von Sedgwick und vielen weiteren Queer-Theoretiker*innen entsprechend nicht als Problem des Individuums, sondern als eines der gesamten Kultur verstanden (ebd.).

Allerdings haben sich die Repräsentationsregime bezüglich lesbischer und schwuler Sexualität seit Sedgwicks Analyse der Epistemologie des *closet* stark gewandelt. Sedgwick entwickelte die hermeneutische Methode des ›queer reading‹ am Beispiel von Literatur, der die Repression des homosexuellen Begehrens zeitgenössisch war. Im Rahmen einer Kultur, die Homosexualität verwirft, kann das homosexuelle Begehren nicht offen und direkt, sondern lediglich versteckt und allegorisch in Erscheinung treten, so dass es durch queere Lektüretaktiken erst dekodiert und dechiffriert werden muss. Derweil sind queere und trans Repräsentationen in den Massenmedien und im Internet heute allgegenwärtig; die Zeiten, in denen die Mainstream-Heterokultur erst ›anders gelesen‹ werden muss, um ein verstecktes queeres Universum freizulegen, scheinen mit der digitalen Revolution endgültig passé zu sein. ›Queer reading‹ bleibt somit heute vor allem für die historische Analyse vergangener kultureller Texte und Visualisierungen aktuell. Derweil ist an seine Stelle heute verstärkt die kritische Analyse von Repräsentationen von Homosexualität in visuellen und textuellen Medien getreten.

Sedgwicks Erkenntnisse zur Epistemologie des *closet* sowie zum spannungsreichen Verhältnis von Minorisierung und Universalisierung der Homosexualität sind deshalb aber noch nicht von der Geschichte überholt, sie müssen vielmehr an die veränderten Rahmenbedingungen angepasst werden. Diese Rahmenbedingungen lassen sich nicht durch einfache Fortschrittserzählungen erfassen, sondern müssen in ihrer strukturellen Ambivalenz untersucht werden. Beispielhaft lässt sich das an den paradoxalen Anforderungen an Lesben und Schwule in liberalen Gesellschaften demonstrieren. Anhaltender Anpassungsdruck und negative Reaktionen auf eine zu große Sichtbarkeit von lesbischer und schwuler Sexualität stehen hierbei im Widerspruch zur Selbstrepräsentation liberal-demokratischer Gesellschaften sowie zum Emanzipationsverständnis der bürgerrechtlichen Lesben- und Schwulenbewegung. Diese erwartet, zumal unter Bedingungen (nahezu) formaler Rechtsgleichheit, dass Lesben und Schwule sich, im Privaten wie im Öffentlichen, zu sich selbst – und das heißt: zu ›ihrer‹ Sexualität – bekennen (können). Das Coming-out hat sich zu Beginn des 21. Jahrhunderts zum allegorischen Aushängeschild westlich-liberaler Gesellschaften verdichtet, während dieselben Gesellschaften Sexualität nach wie vor als intimste Privatheit behandeln und öffentlichen Sex – ob auf der Straße und in öffentlichen Gebäuden, ob in den Medien oder als Arbeit – einer engmaschigen rechtlichen, sozialen und politischen Regulierung unterziehen. Lesben und Schwule sehen sich daher vor die Herausforderung gestellt abzuwägen, in welchem Kontext, vor wem und in welcher Form sie wie viel von sich preisgeben; nicht einmal, nicht zweimal, sondern stets von Neuem, ein Leben lang. Die Struktur des *closet* hat sich also nicht aufgelöst, sondern veruneindeutigt. Es lässt diejenigen, die dieser Struktur unterworfen sind, nicht nur Privatheit und Öffentlichkeit, sondern darüber vermittelt auch ihre eigene Sexualität als etwas Hochambivalentes erleben.

Indem die Queer Theory das Prinzip der Minorisierung von Homosexualität kritisch hinterfragt, verstärkt sie die Ambivalenz homosexueller Erfahrung freilich noch mehr. Die Gay and Lesbian

Studies, wie von de Lauretis und Sedgwick gefordert, zu *queeren* bedeutet jedoch nicht, dass schwule und lesbische Sexualitäten nicht länger erforscht werden sollen. Es geht im Grunde darum, die Widersprüche und Unstimmigkeiten aufzuzeigen, die eine ausschließlich minorisierende Konstruktion der Identitätskategorien »Schwule« und »Lesben« innerhalb der eigenen Wissensproduktion erzeugt und zugleich verschleiert. Queere Theorien kritisieren dementsprechend eine Verdinglichung und Verfestigung der Hetero-/Homo-Dichotomie sowie eine semantische Schließung der Kategorien lesbisch und schwul, die ihre inneren Differenzen und Widersprüche tilgt.

Wie Sedgwick versteht auch Diana Fuss (1991) diese semantische Abriegelung von Kategorien der Homosexualität als Ergebnis einer homophoben Grundstruktur, die die kategoriale Unterscheidung von Hetero- und Homosexualität aufrechterhalte. Eine anti-homophobe Theorie müsse daher immer auch nach Wegen suchen, die Hetero-/Homo-Differenz zu dekonstruieren. Eine besondere Hürde hierfür bestehe in dem hierarchischen Verhältnis der beiden Seiten, das durch die Opposition von »innen«/»außen« bestimmt sei. Heterosexualität habe sich historisch in Abgrenzung von Homosexualität als ihrem Außen konstituiert. Dieses Verhältnis lässt sich nicht symmetrisch in beide Richtungen denken, da das Außen einen Bereich des Verworfenen symbolisiert. Homosexualität konstituiert sich nach Fuss entsprechend nicht in Abgrenzung zu Heterosexualität als seinem Außen, sondern durch die Erfahrung, selbst außerhalb der gesellschaftlichen Normalität situiert zu sein, nicht dazuzugehören, *nicht drinnen* zu sein, jedenfalls nie ganz.

Lacanianisch betrachtet handelt es sich bei der Grenzziehung zwischen Hetero- und Homosexualität um ein Phänomen der symbolischen Ordnung, das auf der Ebene des Realen keine Entsprechung hat. Aus diesem Grund können die beiden Terme auch nicht abschließend scharf voneinander getrennt werden, sie suchen sich vielmehr gegenseitig unaufhörlich heim, wie Fuss feststellt: »Heterosexualität kann die psychische Nähe ihres furchtbereitenden (homo-)sexuellen Anderen niemals vollständig ignorieren, so wie sich Homosexualität dem ebenso beharrlichen sozialen Druck zu (hetero-)sexueller Konformität nicht gänzlich entziehen kann.« (Ebd.: 4) Die queere Theoriebildung müsste sich nach Fuss daher doppelt ausrichten: Sie soll zeigen, dass die Verwerfung des Homosexuellen am Anfang heterosexueller Identitätsbildung steht und vom heterosexuellen Subjekt seitdem beständig wiederholt werden muss (mit hoher psychischer Energie und teilweise hohen psycho-emotionalen Kosten). Und sie soll Wege aufzeigen, wie Lesben, Schwule und andere sexuell nonkonforme Subjekte von ihrer unfreiwilligen Position des Außenseiter*innentums aus eine Theorie und Politik entwickeln können, die die eigene Äußerlichkeit weder verklärt (etwa indem Homosexualität per se zum Inbegriff von Radikalität erklärt wird) noch unkritisch dem Begehren nachgibt, selbst Teil des fantasmatischen Innenraums der heteronormativen Gesellschaft werden zu wollen.

3.2 Vom Differenz- zum Queerfeminismus: poststrukturalistische Identitätskritik

Der poststrukturalistische Theoriestrang stand in der deutschsprachigen Rezeption der Queer Theory in den 1990er Jahren im Zentrum der Aufmerksamkeit – und tut das im Grunde bis heute. Er hat nicht nur das Selbstverständnis, sondern auch die Außenwahrnehmung des hiesigen Queerdiskurses nachhaltig geprägt. Die an der TU Berlin lehrende Soziologin Sabine Hark hat seit Anfang der 1990er Jahre identitätskritische Perspektiven der US-amerikanischen Queer Theory mit Ansätzen der seit Mitte der 1980er Jahre an Einfluss gewinnenden, kritischen Lesbenforschung zusammengeführt (vgl. Hark 1989). In *Queer Interventionen*, einem Text, der 1993 in den *Feministischen Studien* als erster explizit queer-theoretischer Text in einer deutschsprachigen Fachzeitschrift erschien, theoretisiert Hark Geschlecht und Sexualität »als Effekte bestimmter moderner Bezeichnungs-, Regulierungs- und Normalisierungsverfahren«; Geschlecht und Sexualität seien »gleichursprünglich« mit Kultur und würden nicht erst nachträglich durch diese gedeutet und geformt (Hark 1993: 104). In der drei Jahre später erschienenen Monografie *deviante Subjekte. Die paradoxe Politik der Identität* (1996) untersucht Hark die »Techniken der diskursiven Produktion lesbisch-feministischer Identität im Kontext der westdeutschen feministischen Bewegung seit Beginn der siebziger Jahre« (ebd.: 17). Harks Arbeiten der 1990er Jahre zeichnen sich durch den für poststrukturalistische Theorien charakteristischen analytischen Vorrang kultureller und epistemischer Ordnungen für die Produktion von gesellschaftlicher Wirklichkeit und durch die poststrukturalistische Pointe der Umkehrung von Ursache und Wirkung aus: Identität bilde nicht den Anfangs- und Ausgangspunkt einer Politik, die in ihrem Namen agiert, sondern werde durch diese Politik erst (mit) hervorgebracht; Identität sei ihrer Regulierung und Normalisierung nicht vorgängig, sondern werde durch diese allererst erzeugt; Identität sei kein Gegebenes, das auf seine wahrheitsgemäße Bezeichnung und Artikulation wartet, sondern sei selbst ein Benennungs- und Bezeichnungseffekt. Philosophisch wurden diese Annahmen am einflussreichsten von Judith Butler für die feministische und queere Theoriebildung ausgearbeitet.

Judith Butlers *Gender Trouble*, das Buch, das die Philosophin 1990 über Nacht berühmt machte, ist durch eine paradoxe Ausgangssituation gekennzeichnet. Ende der 1980er Jahre befinden sich die Geschlechterbeziehungen in Europa und den USA in einem Umbruch. Weiße heterosexuelle Mittelschichtsnormen von Weiblichkeit und Männlichkeit, die durch die fordistische Regulationsweise gestützt wurden (u.a. Ernährerlohn- und Hausfrauenmodell, sozialpolitische Stabilisierung der Kleinfamiliennorm), scheinen im neoliberalen Strukturwandel von Arbeit und Wohlfahrtsstaat zusehends aufzuweichen. Dieser Prozess wird zusätzlich begünstigt durch die Vervielfältigung von Repräsentationen nicht-normativer Geschlechtsdarstellungen in den Medien, durch rechtliche Liberalisierungsprozesse und nicht zuletzt durch feministische und sexualpolitische Kämpfe. Die Möglichkeiten geschlechtlicher Identifikation und die sexuellen Lebensweisen verbreitern sich. Die dominanten feministischen Strömungen der 1980er Jahre, deren Politik und Theorie sich weitgehend auf eine Theorie der (binären) Geschlechterdifferenz stützten, vermochten es jedoch nicht, diese Vervielfältigung und Öffnung von Geschlecht theoretisch angemessen einzufangen und ihr ein politisches Zuhause zu bieten. Das ist deswegen bemerkenswert, weil der Feminismus den kulturellen und sozialen Wandel von Geschlecht nach 1968 weitgehend mitgetragen hat, der schließlich neue Möglichkeiten der geschlechtlichen Identifikation jenseits heterosexueller Beziehungs- und Lebensweisen mit sich brachte. Butlers *Gender Trouble* setzt mit dieser Beobachtung vom Scheitern der zeitgenössischen feministischen Theorie ein – das, was empirisch bereits überall zu beobachten ist, in der Theoriebildung zur Kenntnis zu nehmen und normativ zu würdigen.

Als Intervention in innerfeministische Debatten verfolgte *Gender Trouble* seinerzeit zwei zentrale Ziele (vgl. Butler 2004: 207): eine Kritik der Heteronormativität in der feministischen Theorie sowie den Entwurf einer queeren Theorie von Gender (auch wenn Butler den Begriff ›queer‹ in dem Buch noch nicht verwendet und erst zwei Jahre später in *Bodies That Matter* [dt.

Körper von Gewicht] diskutiert). Queer ist dieser Entwurf, weil er die Frage, was männlich und was weiblich ist, aus dem Korsett der Heterosexualität befreit. Das ist die Grundlage, auf der Butler die Binarität zwischen den Geschlechtern theoretisch dekonstruiert. Im Lichte dieser Dekonstruktion gelingt es Butler, einen logischen Zirkelschluss herauszuarbeiten: Heterosexualität erscheine gemeinhin als logische Konsequenz der Existenz von zwei morphologisch wie sozial komplementär gedachten Geschlechtern, fungiere zugleich aber als die Norm, die der Annahme von lediglich *zwei* Geschlechtern erst Sinn verleihe. Diesen tautologischen Verweisungszusammenhang bezeichnet sie als »heterosexuelle Matrix« (Butler 1991). Die Matrix ist eine »imaginäre Logik« (Butler 1997a: 328), eine Art Wahrheitsregime, das nur bestimmte – nämlich eindeutig weibliche und eindeutig männliche – Verkörperungs- und Ausdrucksweisen von Geschlecht und Sexualität als authentisch und richtig erscheinen lässt. Davon abweichende Formen der Identifizierung und Verkörperung von Geschlecht werden derweil als abstrus und verkehrt gebrandmarkt oder sie bleiben für den Verstand undenkbar und inexistent – sie sind in Butlers Worten nicht *intelligibel* –, so dass sie in der sozialen Ordnung einen äußerst prekären ontologischen Status innehaben.

Butler zeigt auf, dass Körper, Identität und Begehren, anders als die heterosexuelle Matrix es uns wahrnehmen lässt, nicht in einem determinierten Ableitungsverhältnis stehen müssen, was die gelebte Realität ja offenkundig bestätigt: Aus der Geschlechtszuweisung ›Mädchen‹ bei Geburt folgt nicht automatisch, dass sich das Kind später als Frau identifiziert; aus der Identifikation mit Weiblichkeit folgt nicht zwingend, Männer zu begehren oder von ihnen begehrt werden zu wollen usw. Die realen Abweichungen vom modernen Paradigma der heterosexuellen Geschlechterdifferenz wurden und werden jedoch seit dem 18. Jahrhundert entwirklicht, pathologisiert und als ideologische Verirrung abgetan. Butler sucht daher mit der Dekonstruktion der heterosexuellen Matrix einen erkenntnistheoretischen und normativen Grundstein zu legen, um vom anatomischen Zuweisungsgeschlecht unabhängige Geschlechtsidentitäten (z.B. trans und nicht-binäre Identitäten) jenseits von Pathologisierung intelligibel werden zu lassen. Die ontologische Entkopplung von Begehren und Geschlecht macht das Sexuelle zudem auch über seine vergeschlechtlichten Artikulationen und damit über seine Reduktion auf die Hetero-/Homo-Dichotomie hinaus theoretisierbar; jenseits heterosexueller Genitalität verortete queere polymorphe Sexualitäten (z.B. BDSM, Pansexualität, Analität, Prothesensex) werden hierdurch als eigenständige, nicht defizitäre sexuelle Formen anerkennbar. Wie schon im Foucault-Kapitel deutlich wurde, werden Abweichungen von der imaginären Logik heterosexueller Zweigeschlechtlichkeit in Gesellschaften, die durch eine *scientia sexualis* geprägt sind, mit bestimmten medizinischen Diagnosen versehen. Homosexualität war einst eine solche Diagnosekategorie, Transsexualität ist es bis heute. Aus Butlers Sicht sind solche Kategorien, ähnlich wie für Sedgwick, das Ergebnis einer Verdinglichung von Unterschieden, die eigentlich ein Kontinuum bilden. Die Verfehlung, Geschlechternormen auf kohärente und ideale Weise zu verkörpern und zu empfinden, sei eine universelle Erfahrung, die sich lediglich graduell unterscheide.

Butler entwickelt ihre queere Geschlechtertheorie in kritischer Auseinandersetzung mit dem französischen Differenzfeminismus (Hélène Cixous, Luce Irigaray, Julia Kristeva), der die heterosexuelle Matrix nicht infrage stellt, sondern unkritisch reproduziert. Dabei erkennt Butler dessen kritisch-dekonstruktivistisches Potenzial durchaus an. Hierzu zählt die strukturalistische Prämisse, dass Identitäten nicht aus sich selbst heraus existieren und Bedeutung annehmen, sondern nur relational, in Differenz zu anderen. Die Identität von ›Frau‹ stelle sich demnach erst in der Differenz zum Mann her und umgekehrt. Durch die lange Geschichte patriarchalen Denkens sei die Geschlechterdifferenz jedoch nicht symmetrisch, sondern asymmetrisch und hierarchisch geformt (eine Annahme, die seit Simone de Beauvoirs einflussreichem Werk über die Frau als das »zweite Geschlecht« nicht nur unter Differenzfeminist*innen unstrittig ist). Irigaray dekonstruiert vor diesem Hintergrund den Phallogozentrismus in der Philosophie und Psychoanalyse, der die Bedeutung der Frau vom Mann ableitet und die Frau als eine defizitäre Version des Mannes konstruiert. Das Prinzip der Asymmetrie wird hierbei allerdings lediglich umkehrt, nicht abgeschafft. Die Frau ist nun nicht mehr das Desiderat des Mannes, sondern Weiblichkeit wird zum Ursprünglichen, von dem aus sich Männlichkeit erst bezeichnen lässt. Diese Art des Umkehrschlusses war in westlichen feministischen Kontexten der 1970er und 1980er Jahre ungemein populär und mündete teilweise in matriarchatstheoretisch unterfütterte Vorstellungen von einer dem Mann überlegenen weiblichen Biologie und Sexualität. Spätestens hier trennen sich die Wege zwischen dem von Butler vertretenen queeren Feminismus und dem Differenzfeminismus. Irigaray denkt strukturalistisch, aber nicht poststrukturalistisch; sie blendet aus, dass die Struktur der Geschlechterdifferenz instabil werden und sich historisch in einer Weise verändern könnte, dass sich Identitäten nach einem nicht-binären Schema herausbilden.[34] Butler kritisiert an der differenzfeministischen Fixierung auf die Umkehr des Phallogozentrismus, »daß Macht weit mehr ist als ein Austausch zwischen Subjekten oder ein ständiges Umkehrverhältnis zwischen dem Subjekt und dem/r Anderen«. Sie sei bereits »in der Produktion des binären Rahmens, der das Denken über Gender bestimmt, am Werke« (Butler 1991: 8). Das Problem der Geschlechterdifferenz (und folglich auch die Arbeit der feministischen Theoretiker*in) setzt demnach für Butler nicht erst da ein, wo Ungleichheit und Gewalt zwischen den Geschlechtern herrscht, sondern bereits dort, wo stillschweigend und fraglos zwischen Mann und Frau unterschieden und die Frage, wer Frau und wer Mann ist, in den Bereich des Vordiskursiven und Vorpolitischen verlegt wird.

Eine wichtige Hintergrundkulisse für Butlers eigene Geschlechtertheorie bilden neue Ausdrucksformen von Geschlecht in LGBT-Gegenkulturen und die Entstehung nicht-heteronormativer Sorge- und Lebensarrangements in den 1980er Jahren im Kontext der Aids-Krise. So erwähnte Butler einmal, dass *Gender Trouble* in einer Gay Bar geschrieben wurde.[35] Das mag teilweise wortwörtlich der Fall gewesen sein, es handelt sich aber vor allem um eine sinnbildliche Aussage. Die Lesben- und Schwulenbar ist ein Raum, der ganz andere Möglichkeiten des Geschlechtererlebens eröffnet als heterosexuelle Lebensformen, die bis heute den Hauptbezugspunkt feministischer Theorien bilden. Queere Räume sind durch Körperästhetiken, soziale Beziehungen und Sexpraktiken geprägt, die nicht um (reproduktive) Heterosexualität zentriert sind. Sie sind Teil von Gegenöffentlichkeiten, in denen dominante Geschlechternormen als veränderlich erlebt werden können – und in denen Veränderlichkeit als etwas Befreiendes und Lustvolles erfahrbar werden kann. Wie Butler sich rückblickend erinnert, hoffte sie, der feministischen und der Gesellschaftstheorie etwas von dieser lustvollen Seite am *Geschlechtertrouble* zu vermitteln.[36] *Gender Trouble* handelt einerseits von diesem eigenwilligen Begehren, sich sexuellen und geschlechtlichen Normen nicht einfach zu fügen, selbst wenn das bedeutet, dafür bestraft, pathologisiert und beschämt zu werden. Das Buch legt aber zugleich Zeugnis darüber ab, dass der Widerstand gegen Geschlechternormen Grenzen hat, da diese Normen tief in den gesellschaftlichen Institutionen (Staat, Ökonomie, Recht,

Medizin, Familie etc.) verankert sind und im Alltag ständig reproduziert werden. Die Kritik, Butlers Geschlechtertheorie beruhe auf einem subjektiven Voluntarismus, der Geschlecht und Begehren zu frei gestaltbaren Ressourcen postmoderner Lifestyle-Subjekte verkläre, läuft daher ins Leere. Männlichkeit und Weiblichkeit haftet für Butler immer etwas Fremdbestimmtes an, etwas, das uns von außen übergestülpt wird und dem wir uns nicht völlig entziehen können. Die grammatikalische Konvention, von »meinem« Geschlecht zu sprechen, führt deshalb für Butler in die Irre. Sie täuscht uns darüber hinweg, dass wir uns Konstrukte wie ›Frau‹ und ›Mann‹ nie gänzlich zu eigen machen und in unser ›Ich‹ integrieren können.

Butler kritisiert vor diesem Hintergrund, wenn soziale Bewegungen wie der Feminismus der Illusion einer völligen Verfügbarkeit von Identität erliegen und sich zur Polizei aufschwingen, die die Grenzen ›ihrer‹ Identität bewacht. Der Ausschluss von trans Frauen und nicht-binären Personen aus feministischen Zusammenhängen – und aus der Universalkategorie ›Frau‹ – ist hierfür ein Beispiel. Das identitäre Beharren darauf, was es heißt, schwul zu sein (z.B. ein Coming-out zu haben und nur Körper zu begehren, die mit dem eigenen Geschlecht identifiziert werden können), ist ein anderes. Zwar verteidigt Butler die Notwendigkeit, sich im Namen einer politischen Identität (der Frauen, der Lesben, der Schwulen usw.) zu versammeln und gemeinsame Interessen zu formulieren, doch kritisiert sie den Drang zu einer Totalisierung, mit der diese Identitäten – nicht nur durch die Mehrheitsgesellschaft, sondern auch durch die untergeordneten Gruppen selbst – abschließend definiert und vereinheitlicht werden. Butler setzt hier der Politik der Identitätspolizei eine Vision von Feminismus und queerer Politik entgegen, die den Wandel und die Ausdifferenzierung von Geschlecht nicht unkritisch abfeiert, aber eben auch nicht leugnet, da sie schlicht

Realität sind. Die politischen Konsequenzen, die Butler daraus zieht, sind weitgehend kompatibel mit Positionen des linken Liberalismus: nicht nur diejenigen, die mit der imaginären Logik der heterosexuellen Matrix konform gehen, sondern *alle* Verkörperungen und Identifizierungen mit Geschlecht sollen eine Chance haben, anerkennbar und lebbar zu werden.

Das Hauptargument, das Butlers Kritiker*innen in Anschlag bringen, um die Ausweitung solch liberaler Grundsätze auf queere und trans Subjekte einzuschränken oder ganz abzuschmettern, besteht in der Behauptung einer vermeintlich unhintergehbaren Materialiät: die Natur der Geschlechterdifferenz. Die Argumentation funktioniert ungefähr so: Geschlechtsbezogene Identitäten, Gefühle, Fantasien usw. mögen sich in der Postmoderne vielleicht vervielfältigen; und Männlichkeits- und Weiblichkeitsbilder sowie die an sie geknüpften Rollenerwartungen sind heute womöglich weniger starr als vor einigen Jahrzehnten. Aber das ändert nichts an der biologischen Basis der Geschlechterdichotomie, und nur sie bestimmt in letzter Instanz, wer/was männlich oder weiblich ist. Politik, Medizin und Recht sollten sich an dieser wissenschaftlich objektiven Binarität von Geschlecht ausrichten und keiner gefühlten oder gar eingebildeten Geschlechtervielfalt nach der Nase tanzen.

Diese sogenannte ›gender-kritische‹ Argumentation beruht auf der Unterscheidung von zwei Dimensionen des Geschlechts, dem Körpergeschlecht (*sex*) und seiner kulturellen Interpretation, die verschiedene soziale Formen annehmen kann (*gender*). Die Unterscheidung zwischen *sex* und *gender* erfreute sich im Feminismus der 1970er und 1980er Jahre großer Beliebtheit, weil damit scheinbar geschlechter- und familienkonservative Anschauungen zurückgewiesen werden konnten, die die gesellschaftlichen Ursachen der Benachteiligung von Frauen mit einer angeblich unveränderlichen Natur der Geschlechter wegerklärten. Durch die von Feminist*innen übernommene Unterscheidung von *sex* und *gender* wurde die Architektonik des Basis-Überbau-Prinzips von Geschlecht zwar beibehalten, jedoch determiniert die Sex-Basis nicht länger den Gender-Überbau, sondern stellt lediglich eine Bedingung dar, die allerdings der kulturellen und sozialen Ausgestaltung von Geschlecht eine relative Autonomie zugesteht. Weil die Suggestions- und Wirkungskraft von *sex* durch die Beibehaltung des Basis-/Überbau-Schemas aber fortwährend Einwände stützt, wonach »es eben doch Frauen und Männer gibt und beide von Natur aus verschieden sind«, handelte es sich bei der sex-/gender-Konzeption nur um eine »Scheinlösung« für das Biologismusproblem (Gildemeister/Wetterer 1992: 205 f.). Dieser Scheinlösung bleiben bis heute Teile des liberalen, aber vor allem des radikalen Differenzfeminismus verhaftet, um einen politisch opportunistischen *Neobiologismus* zu begründen. Biologistische Kurzschlüsse, wonach Frauen emotionaler und fürsorgeorientierter seien, weil die Evolution sie mit einer Gebärmutter ausgestattet und für die Kindererziehung vorgesehen hat, werden als anti-feministisch zurückgewiesen. Biologistische Kurzschlüsse, wonach trans Frauen keine richtigen Frauen seien, weil sie ohne Gebärmutter zur Welt gekommen sind, werden als feministisch ausgewiesen. Dieser differenzielle Neobiologismus bezieht seine Plausibilität aus derselben Quelle wie der traditionelle Geschlechterbiologismus. Das macht ihn prinzipiell anschlussfähig für den Alltagsverstand bis hin zu rechten Ideologien. Weiblichkeit und Männlichkeit können danach noch so variationsreich sein und einem stetigen sozio-kulturellen Wandel unterliegen – im Verborgenen wird trotzdem eine unveränderliche Struktur von Zweigeschlechtlichkeit angenommen, die die kulturelle und soziale Variabilität von Geschlecht natürlich begrenzt. Auf diese Weise wird die Fiktion aufrechterhalten, dass die Subjektkategorien ›Frau‹ und ›Mann‹ bis ans Ende aller Tage stabile und kohärente Einheiten sind, auch wenn das von der gelebten Realität permanent konterkariert wird.

Die Widerlegung dieses Argumentationsgangs ist für viele bis heute der eigentliche Stein des Anstoßes von Butlers Geschlechtertheorie. So argumentiert Butler mit Wittig und Marx, der latente Biologismus im Geschlechterdenken verwechsle »Ursache« und »Wirkung« von Geschlecht (Butler 1991: 50). Das körperliche Geschlecht sei nicht der stillstehende Ausgangspunkt, von dem sich das soziale Geschlecht ableite. Vielmehr wirkten kulturelle und soziale Vorstellungen über Geschlecht auf die Materialität des Körpers zurück, weil uns die Idee einer Biologie oder Anatomie von zwei Geschlechtern ohne die kulturelle Brille gar nicht zugänglich wäre. Die Annahme, dass es nur zwei Geschlechter gebe, ist Butler zufolge also eine kulturelle, normative Annahme; auf ihrer Basis interagieren wir, zwangsläufig und gewohnheitsmäßig, so dass sie zur Normalität gerinnt und uns zur zweiten Natur wird. Dieses Prinzip fasst Butler mit dem Begriff der *Performativität* von Geschlecht. Bevor wir dazu kommen, ist wichtig anzumerken, dass Butler die Existenz von biologischen Aspekten, die von kulturellen Annahmen unabhängig sind, nicht bestreitet, doch weist sie die Ansicht als ideologisch zurück, dass die *binäre* Einteilung von Geschlecht in der biologischen Ausstattung des Menschen wurzeln würde. Butler kann sich hierfür zum einen darauf berufen, dass es biowissenschaftlichen Teildisziplinen wie Genetik oder Endokrinologie bis heute nicht gelungen ist, den Gegenbeweis anzutreten (vgl. u.a. Fausto-Sterling 2012; Voß 2011; Palm 2017). Das schon von Wittig kritisierte Ausweichmanöver, bestimmte Körperteile als primäre Geschlechtsorgane zu benennen, die dann als Beleg für die Differenz herangezogen werden, lässt Butler wiederum nicht gelten. Die Unterscheidung von Körperorganen nach ihrer Funktion für die sexuelle Reproduktion stelle kein notwendiges Kriterium für die Einteilung in Geschlechter dar, da Geschlecht immer auch anderes und mehr als eine Fortpflanzungsfunktion ist. Vor allem aber ist die vermeintlich biologische Binarität der Fortpflanzungsorgane keine vorsoziale Realität, sondern wird erst durch die willentliche Zerstörung des Zwischenbereiches produziert, nämlich durch chirurgische Eingriffe an den Körpern intergeschlechtlicher Babys. Auf diese Weise wird Zweigeschlechtlichkeit wortwörtlich herbeioperiert – und das individuelle Recht auf körperliche Unversehrtheit und Selbstbestimmung der ideologischen Aufrechterhaltung des Paradigmas der Geschlechterdifferenz untergeordnet (vgl. Klöppel 2010).

Für Butler denkt der binäre Geschlechternaturalismus Differenz und Materialiät zu substanziell und statisch. Ihm fehle ein Begriff von Zeitlichkeit und ein Verständnis von Materialität als verzeitlichter Praxis. Er verdingliche also Geschlecht, und das macht ihn von einem materialistischen Standpunkt aus betrachtet zu Ideologie.[37] Indem Butler das Geschlecht verzeitlicht, soll der Weg für ein nicht-ideologisches, nicht-verdinglichendes Geschlechterdenken bereitet werden (Butler 1991: 61). Im berühmt-berüchtigten Theorem der Performativität von Geschlecht nimmt dieses Denken Form an. Das Grundprinzip der Performativitätstheorie lautet, dass Identität und Materialität von Geschlecht nicht in einem eindeutigen Ursprung gründen, sondern sich durch die wiederholte Zitation von sozialen Geschlechternormen herstellen bzw. materialisieren.[38] Butler veranschaulicht dieses Prinzip unter anderem an der Drag-Performance, die wesentliche Charakteristika der performativen Herstellung von Geschlecht offenlege: die Instabilität des Verhältnisses von sex und gender, die Abwesenheit eines authentischen Originals von Geschlecht und ein (bescheidener) subjektiver Gestaltungsraum. Marx paraphrasierend ließe sich sagen, dass Drag-Darsteller*innen die soziale Natur des Geschlechts offenbaren: Die Subjekte gestalten und performen ihr Geschlecht, jedoch nicht unter selbstgewählten, sondern vorgefundenen Bedingungen. Hierzu zählen sprachlich und kulturell sedimentierte Geschlechter- und Sexualitätsnormen, die laut Butler in der Geschlechterperformance aufgegriffen werden müssten, damit das Subjekt als Subjekt mit einem Geschlecht erkennbar bleibe und auf diese Weise eine Grundvoraussetzung erfülle, um als Mensch anerkannt zu werden. Butler behauptet hier eine grundsätzliche Abhängigkeit der Subjekte von den Spielregeln der Macht; sie können die Macht der Geschlechternormen nicht aushebeln oder oppositionell bekämpfen, sondern diese Normen allenfalls schrittweise im Rahmen einer kollaborativen Beziehung zur Macht dehnen und so inklusiver machen (vgl. kritisch hierzu Ruti 2017: 41, 277).[39]

Butlers Performativitätskonzept wurde in den 1990er und 2000er Jahren nicht nur in der Akademie, sondern auch in neuen geschlechterpolitischen Gegenkulturen rezipiert. Experimentelle Praktiken mit Geschlechterbildern und -körpern wie das Drag Kinging – das Männlichkeiten persiflierende Pendant zur Dragqueen – schienen Butlers These zu bestätigen: Geschlecht ist bis zu einem gewissen Grade gestaltbar und die Erfahrung dieser Gestaltungsmöglichkeiten innerhalb von Gegenöffentlichkeiten kann nicht nur berauschend sein und Spaß bereiten, sondern situativ ein Gefühl von Freiheit entstehen lassen, das – wenigstens für den Moment – ein »von den Zwängen und Einschränkungen der zweigeschlechtlichen Ordnung« befreites Leben spürbar werden lässt (Schirmer 2010: 406). Butlers Einfluss auf die Drag-Kultur, die in den 1990er und 2000er Jahren zu einem wichtigen Dreh- und Angelpunkt für die Verhandlung von gender-nonkonformen Identitäten und trans Politiken wurde, darf zugleich nicht überhöht werden. Aktivistische Theoretiker*innen wie Sandy Stone, Kate Bornstein und Leslie Feinberg waren hier weitaus wichtigere Einflüsse für eine Bewegungskultur, die die medizinische Deutungsmacht über Transsexualität und Transgeschlechtlichkeit offensiv infrage stellte und Gender in einen Transmissionsriemen für die Arbeit am eigenen Geschlechtskörper verwandelte. Gegen das *Posttranssexual Manifesto* (1991) von Stone oder Feinbergs marxistisch grundierte *Transgender Liberation: A movement whose time has come* (1992), die beide sozialrevolutionäre Töne anschlagen, fällt das mit Butlers Performativitätskonzept verbundene Veränderungspotenzial auch eher bescheiden aus. Es erschöpft sich im Grunde in der Hoffnung auf kontingente, das heißt nicht-intendierte und nach Butlers Überzeugung nicht planbare Effekte von Praktiken der Geschlechterrepräsentation und -performanz.

3.3 Gesellschaftstheoretische und -politische Defizite poststrukturalistischer Queer-Theorien

Die poststrukturalistischen Arbeiten von Sedgwick, Fuss und Butler repräsentieren eine sprach-, diskurs- und literaturwissenschaftliche Strömung mit Affinitäten zur Psychoanalyse, die um 1990 einen entscheidenden Einfluss auf die Formierung des Diskurses der Queer Theory hatte. Sie nehmen bestimmte Aspekte der im zweiten Kapitel erarbeiteten queeren Genealogie auf und entwickeln diese weiter, während sie andere vernachlässigen oder fallen lassen. Weitergeführt wird die Überzeugung, dass Heterosexualität keine bloß individuelle Disposition ist, sondern eine Struktur, an die ungleich verteilte Anerkennungs- und Lebenschancen geknüpft sind. Fortgesetzt wird zudem die Suche nach einer Überwindung der hierarchischen Unterscheidung zwischen dominanten und untergeordneten Positionen im System der sexuellen Stratifizierung und des Paradigmas der binären Geschlechterdifferenz. Jedoch vernachlässigt die poststrukturalistische Strömung der frühen Queer Theory die gesellschaftstheoretische Einbettung der Sexualitätsproblematik, die viele ihrer genealogischen Vorläufer*innen noch umtrieb. Die frühe Queer Theory ist damit auf merkwürdige Weise ahistorisch und entmaterialisiert; ihr Erklärungsgehalt fällt hinter die herrschafts- und gesellschaftskritischen Theorieentwicklungen der 1970er und 1980er Jahre zurück. Die konkreten gesellschaftlichen Kämpfe im Bereich der Sexualität und ihre komplexen Verbindungen zu multiplen Formen sozialer Herrschaft im Kapitalismus treten zugunsten eines neuen Fokus auf die wirklichkeitsgenerierende Kraft von Diskursen, Repräsentationen und des Symbolischen in den Hintergrund.[40]

Bei solchen Varianten poststrukturalistischer Theorie besteht die Gefahr, dass die proklamierte Instabilität von sexuellen Identitäten und Geschlechterkategorien analytisch nicht mehr an die Veränderungen ihrer materiellen Rahmenbedingungen und an kulturelle Hegemoniekämpfe rückgekoppelt, sondern aus sich selbst heraus erklärt wird: mit einer allgemeinen Inkonsistenz jedweder Kategorien, einer konstitutiven Unabschließbarkeit jeder Identität und mit dem fluiden Spiel der Zeichen. Symptomatisch hierfür sind beispielsweise Analysen der Performativität von Geschlecht anhand von Drag-Shows, die vor allem auf die Performance fokussieren, ohne die konkrete Lebensrealität, die womöglich prekären Arbeitsbedingungen und die sozialen Infrastrukturen und Netzwerke der Drag-Künstler*in zu berücksichtigen. Wo eine Theorie der Macht zu stark von den konkreten materiellen Bedingungen abstrahiert, ereilt auch ›queer‹ als vermeintlich machtkritisches Konzept dieses Schicksal. In einer vielzitierten Passage aus *Tendencies* (1993) kennzeichnet Sedgwick ›queer‹ entsprechend abstrakt als Affirmation einer allgemeinen Instabilität der Zeichenspiele. Queer sei das, was den vermeintlich stabilen kulturellen Vorstellungen und monolithischen Kategorien von Geschlecht und Sexualität entkomme und in diesen nicht aufgehe: »das offene Geflecht von Möglichkeiten, Lücken, Überschneidungen, Dissonanzen und Resonanzen, Verfehlungen und Exzessen der Bedeutung« (ebd.: 8). Das Problem mit solchen Bestimmungen ist nicht, Unbestimmtheit und Unbezeichenbares positiv zu besetzen, sondern dies auf eine Weise zu verallgemeinern, ohne zu fragen, welche Bezüge zur gesellschaftlichen Praxis und zum subjektiven Erleben eine solche Definition von ›queer‹ hat.

Das sexualitätskritische Vokabular der 1970er und 1980er Jahre wurde im Rahmen von Analysen und politischen Kämpfen entwickelt, die Macht- und Herrschaftsbeziehungen im Feld der Sexualität im Zusammenhang mit Ausbeutung, Entfremdung, Rassismus, Klassenverhältnissen und männlicher Herrschaft betrachteten und auf die konkreten materiellen Lebensrealitäten der Subjekte bezogen (vgl. 2). Es handelte sich bei diesem Vokabular um das queere Kind der politischen Konstellationen seiner Zeit, aus denen die radikalen Lesben- und Schwulenbewegungen hervorgegangen sind. Diese Zeit war politisch geprägt von der Entstehung der Neuen Sozialen Bewegungen, antikolonialen Kämpfen und der zweiten Welle des Feminismus sowie daran geknüpfte Prozesse einer neuartigen (nicht auf den Konflikt zwischen Kapitalist*innen und Lohnarbeiter*innen verengten) Klassenkonstituierung, die auf die Überwindung kapitalistischer Verhältnisse abzielt. In den frühen Tagen der Queer Theory werden nun aber zunächst die Weichen für ein intellektuelles Projekt gelegt, das dieses reichhaltige Vokabular und die daran geknüpften politischen Versprechen radikal zusammenschrumpft. In den Fokus rücken Formen der Normativität und Wahrheitsproduktion, deren Zusammenhang mit der Konstituierung von Subjekten und Identitäten – bis auf wenige Ausnahmen wie die Medikalisierung von Inter- und Transgeschlechtlichkeit

– oft abstrakt bleibt. Der Differenz von Hetero-/Homosexualität wird eine allgemeine Macht attestiert, die in der Kultur omnipräsent wirkt und durch diskursive Ordnungen der Vereindeutigung aufrechterhalten wird. Entsprechend wird dem *Wissen* über Sexualität eine herausragende Bedeutung für das Fortbestehen gesellschaftlicher Dominanzverhältnisse beigemessen. Dieser für die frühen Tage der Queer Theory charakteristischen, »durchaus elitären und für das Funktionieren im akademischen Betrieb gefahrlosen Flucht in die Abstraktion korrespondiert«, wie Silke van Dyk einer bestimmten Tendenz des akademischen Poststrukturalismus attestiert, »eine inhaltliche Flucht in Fluidität, Abweichung, rhizomatische Texturen und Beweglichkeit, ohne dass jedoch das in dieser Bewegung angelegte kritische Potenzial – im Sinne einer zu realisierenden Möglichkeit unter je spezifischen Bedingungen – genutzt würde« (van Dyk 2012: 193). Soll heißen: »Es wird darauf verzichtet, die konzeptionell freigelegte Lücke auf ihren je empirisch-spezifischen, eigensinnigen oder emanzipatorischen Charakter hin zu untersuchen.« (Ebd.: 196)

Die Kritik an poststrukturalistischen Prämissen muss gar nicht von außen an die Queer Theory herangetragen werden, vielmehr prägt sie von Anfang an die internen Debatten des queertheoretischen Feldes. So kritisiert Biddy Martin (1994) eine pauschale Zelebrierung von Queerness als spielerisch, transgressiv und fluide, da diese Auszeichnung ihr zufolge auf Projektionen beruht, die nicht-queere geschlechtliche und sexuelle Identitäten per se als fix, begrenzt und zwanghaft darstellten und darüber hinaus feministischer Theorie vor der Entstehung der Queer Theory pauschal einen Zweigeschlechtlichkeit und Heterosexualität essenzialisierenden Reduktionismus unterstellten. Jay Prosser (1998) problematisiert, dass in den frühen Texten der Queer Theory, etwa bei Butler und Sedgwick, trans Personen regelmäßig als Untersuchungs- und Veranschaulichungsobjekte herangezogen würden, um deren vermeintliche geschlechtliche Transgressivität als Merkmal einer prototypischen queeren Subjektivität auszuweisen. Dies produziert Prosser zufolge nicht nur neue Binaritäten zwischen einerseits vermeintlich subversiven *transgender* und andererseits vermeintlich assimilatorischen *transsexuellen* Subjekten. Es werde darüber hinaus den spezifischen Erfahrungen von Körperlichkeit und Materialität von trans Personen nicht gerecht, die alles andere als transgressiv sein können (siehe auch Genschel 2003). Kritisiert wird zudem, dass die Heterogenität verschiedener identitätskritischer Ansätze innerhalb der queertheoretischen Genealogie in der Rezeptionsgeschichte zugunsten einer Priorisierung des poststrukturalistischen Strangs vereinheitlicht wurde; dadurch würden die Ansätze vieler Schwarzer und Queer-of-Color-Theoretiker*innen, die nicht auf Transgression und Veruneindeutigung, sondern auf Mehrdimensionalität und eine politisch zu mobilisierende Identität abheben (vgl. 2.2), wahlweise als essenzialistisch abgelehnt oder in eine Epistemologie der Identitätskritik eingepasst, die bestehende Unterschiede zwischen Poststrukturalismus und Queer-of-Color-Kritik ignoriert (kritisch hierzu Cohen 2005; Haritaworn 2005).

3.4 Queer-of-Color-Kritik

Die sich in den 1990er Jahren formierende Queer-of-Color-Kritik – ein Begriff, der Anfang der 2000er Jahre von dem an der Yale-Universität lehrenden Soziologen Roderick Ferguson (2004) geprägt wurde – hebt sich theoretisch und politisch deutlich vom poststrukturalistischen Theoriestrang in der Linie von Butler und Sedgwick ab. Sie ist maßgeblich »aus dem Feminismus von Frauen of Color hervorgegangen und nicht aus einer weißen, euro-amerikanischen schwulen, lesbischen und queeren Theorietradition« (Hong/Ferguson 2011: 3). Mit der poststrukturalistischen Queer-Theorie teilt sie unter anderem die Kritik an essenzialistischen und statischen Vorstellungen von Identität, bettet diese aber in marxistische und politökonomische Analysen kapitalistischer Vergesellschaftung ein. Anders als Vertreter*innen der frühen poststrukturalistischen Queer-Theorie hält die Queer-of-Color-Kritik somit an einem Begriff von Totalität fest. Allerdings folgt sie hierbei dem (mit dem Poststrukturalismus wiederum kompatiblen) Grundsatz, dass diese Totalität nicht einheitlich und konsistent ist, womit es für sie – anders als der Arbeiterbewegungsmarxismus annahm – keinen singulären privilegierten Standpunkt (wie das revolutionäre Proletariat) mehr gibt, von dem aus Totalität erkannt und ›angegriffen‹ werden könnte. Konkret knüpft die Queer-of-Color-Kritik an intersektionale Analyseansätze des Schwarzen Feminismus an und untersucht den Zusammenhang von Sexualität, Geschlecht und Herrschaft mithilfe kritischer Theorien der Nation, des Kapitalismus und des Kolonialismus.

Die Queer-of-Color-Kritik ist keine einheitliche Strömung. Ihr werden Theoretiker*innen zugeordnet, die sich mit verschiedenen Gegenständen befassen und hierfür auf unterschiedliche Methoden und Theorien zurückgreifen. Wichtige Vertreter*innen, die seit Mitte der 1990er Jahre Perspektiven für eine rassismus- und kapitalismuskritische Queer Theory entwickelten, sind neben dem schon erwähnten Ferguson die Politikwissenschaftlerin Cathy Cohen, der Literaturwissenschaftler Chandan Reddy, der Performance- und Theaterwissenschaftler José Esteban Muñoz, der Anthropologe Martin F. Manalansan sowie die Geschlechter- und Diasporaforscherin Gayatri Gopinath. Wie der frühe poststrukturalistische Theoriestrang ist auch die Queer-of-Color-Kritik zunächst USA-zentriert, wobei Ferguson sie seit einiger Zeit konzeptuell weiterentwickelt und etwa mit Schwarzer Theoriebildung des Globalen Südens zusammenführt (Ferguson 2015). Zudem gibt es reichhaltige Bezüge zwischen der Queer-of-Color-Kritik, post- und dekolonialen sowie transnationalen Debatten in der Queer Theory (vgl. 7).

Gemeinsam ist allen Arbeiten, die der Queer-of-Color-Kritik zugeordnet werden, dass sie dem Rassismus als strukturellem Herrschaftsverhältnis eine grundsätzliche Relevanz dafür zusprechen, wie sich Sexualität und Geschlecht kulturell und sozial artikulieren und wie mit ihnen Politik gemacht wird. Eine zentrale These der Queer-of-Color-Kritik lautet hierbei, dass die Geschichte und der gesellschaftliche Charakter von Sexualität innerhalb moderner kapitalistischer Gesellschaften nicht angemessen verstanden werden könnten, wenn keine Bezüge zur Produktion von rassisierten Körpern, Subjekten und Communitys hergestellt würden. ›Rassisierung‹ bezeichnet hierbei nicht einfach einen diskursiven oder kulturellen Konstruktionsprozess von »Rasse«. Vielmehr denkt die Queer-of-Color-Kritik ›Rassisierung‹ als Ergebnis einer realen Subsumption der Körper und Lebensverhältnisse unter den Todeskult des *racial capitalism*. Demnach kann die wissensbezogene und ideologische Dimension von ›Rassisierung‹ nicht von materiellen Formen der Enteignung, Ausbeutung und Staatsgewalt getrennt werden, die rassisierte Subjekte als abgewertete *workforce* in den Prozess der Kapitalakkumulation einspeisen und wieder ausspeien. Hier zeigt sich bereits, dass die Queer-of-Color-Kritik nicht einfach nur ein Korrektiv oder eine Reaktion auf rassismus- und klassentheoretische Leerstellen der queeren Theoriebildung in der Linie von Butler oder Sedgwick ist. Es handelt sich vielmehr um eine eigenständige Variation queerer Theoriebildung, die Queer-of-Color-Formationen in den Fokus der Analyse rückt; sie bedient sich somit anderer Archive von minorisierten Erfahrungen, Erinnerungen und Emotionen und schlägt davon ausgehend theoretisch andere Wege ein. Denn Queer-of-Color-Formationen unterscheiden sich fundamental von der bürgerlichen Literatur und den Subjektivitäten und Milieus der weißen Mittelklasse, an denen sich der frühe poststrukturalistische Queer-Diskurs maßgeblich orientierte und herausbildete.

Queer-of-Color-Formationen

Als Queer-of-Color-Formationen werden heterogene, nicht-weiße rassisierte Zusammenhänge, Subkulturen oder Communitys verstanden, die in Bezug auf Geschlecht und Sexualität in den Augen der dominanten Kultur als pervers oder anderweitig anormal gelten (vgl. Reddy 2020: 51). Sie bilden sich innerhalb der USA im Kontext migrantischer, diasporischer und indigener Communitys oder afroamerikanischer Nachbarschaften heraus, wobei ihr Status innerhalb dieser Formationen wegen der hier (genauso wie überall sonst auch) verbreiteten Homo- und Transfeindlichkeit ebenfalls prekär ist. In den Bereichen der materiellen Kulturproduktion (z.B. *ballrooms* und Clubs), der Film- und Populärkultur, der politischen Organisierung bis hin zum öffentlichkeitswirksamen Straßenaktivismus traten Queer-of-Color-Zusammenhänge seit Ende der 1980er Jahre in den USA verstärkt in Erscheinung. Die Präsenz und Kreativität sowie der soziale Innovationsgeist dieser Kontexte standen Chandan Reddy zufolge jedoch im kruden Kontrast zur Ignoranz und Marginalisierung, die sie innerhalb der sprach- und literaturwissenschaftlichen Institute erfuhren, in denen sich ab 1990 die Queer Studies formierten (ebd.: 52). Queer-of-Color-Formationen entlarvten Reddy zufolge die übersteigerte Bedeutung, die der frühe poststrukturalistische Queer-Diskurs der Dimension von Textualität und Diskursivität für Fragen der Identität und Sozialität beimaß. Ausgehend von den konkreten Praktiken in Queer-of-Color-Formationen begannen viele Queer-of-Color-Theoretiker*innen, die populäre und materielle gegenüber der ›hohen‹ Kultur als Untersuchungsgegenstand der Queer Theory zu privilegieren. Das Verhältnis zwischen minoritärem Subjekt und majoritärer Kultur wurde nicht länger abstrakt auf einer symbolischen Ebene ›der Moderne‹ verhandelt, sondern mit Blick auf die Lebensbedingungen und widerständigen Praktiken von Queers of Color als Subjekte, die Gegenkulturen ausbilden, in armutsbetroffenen Migrant*innencommunitys leben, Netzwerke der wechselseitigen Unterstützung und Selbsthilfe ausbilden, von der Polizei bedroht werden oder sich in Gefängnissen und Notunterkünften befinden (ebd.).

Queer-of-Color-Formationen sind durch andere sozio-ökonomische und kulturelle Bedingungen geprägt als das stark individualisierte Leben von Lesben und Schwulen mit Klassenprivilegien, das in den USA in den 1990er Jahren repräsentativ für homosexuelles Leben und zum Maßstab für die bürgerrechtliche Homosexuellenpolitik wurde. Sie sind nicht nur von Rassismus, von einem häufig ungesicherten Aufenthaltsstatus und unterschiedlichen Formen kultureller Marginalisierung und Abwertung, sondern auch überproportional von Armut, Erwerbslosigkeit, prekärer Arbeit, Polizeigewalt, städtischer Verdrängung und Abhängigkeit von staatlichen Behörden betroffen (ebd.). Die Queer-of-Color-Kritik bildet sich in den 1990er Jahren in einer Zeit heraus, in der die Rechte von Migrant*innen mit großer gesellschaftlicher Zustimmung beschnitten wurden; es war ein Jahrzehnt, in dem sozialstaatliche Leistungen für armutsgefährdete Gruppen wie Migrant*innen und alleinerziehende Mütter abgebaut und der Polizei- und Gefängnisapparat im selben Zuge ausgebaut wurden (vgl. Ferguson 2018: o.S.). Die Kapitalisierung des urbanen Raums führte zu massiven Verdrängungsprozessen von armutsbetroffenen Gruppen und Arbeiter*innen aus der Innenstadt; auch hiervon waren überproportional rassifizierte Communitys betroffen, deren lokal verankerte soziale Netzwerke dadurch erodierten. Zugleich kostete Aids immer noch zahlreiche Menschen das Leben, wobei Angehörige von Queer-of-Color-Formationen – im Übrigen bis heute – überdurchschnittlich häufig an den Folgen von Aids erkrankten und starben.

Queer-of-Color-Theoretiker*innen wie Cathy Cohen (1997) haben vor diesem Hintergrund erklärt, dass sich weder die poststrukturalistische Queer-Theorie noch der von ihr Anfang der 1990er Jahre inspirierte, weiß dominierte Queer-Aktivismus dazu eigneten, die Lebensrealitäten von Queers of Color theoretisch und politisch auf angemessene Weise zu adressieren. Denn erstens herrsche dort ein eindimensionales Verständnis vor, wie Macht und Sexualität zusammenhängen, insofern queere Theorie und Politik den entscheidenden machttheoretischen Bruch in der Hierarchie von Hetero- und Homosexualität sähen. Dadurch werde übersehen, wie die Sexualität und geschlechtliche Ausdrucksformen von rassifizierten Subjekten und Gruppen im Kontext einer hegemonial weißen nationalen Kultur grundsätzlich – auch wenn sie heterosexuell lesbar sind – als problematisch, exzessiv und unzivilisiert gälten und auf dieser Basis zum Gegenstand staatlicher Repression und gesellschaftlicher Disziplinierung erklärt würden. Zweitens sei die queere Kritik an Identitätszwang, Normierung und symbolischer Abwertung zwar notwendig und wichtig, doch dürften darüber hinaus nicht »die unmittelbareren und konkreteren Ausbeutungs- und Gewaltformen« vernachlässigt werden, »die in staatlich regulierten Institutionen und ökonomischen Systemen verankert sind« (ebd.: 442). Und drittens erwiesen sich die abstrakte queere Emphase der Destabilisierung und Verundeutigung von Identität sowie progressiv klingende Entwürfe von anti-identitären und fluiden Gemeinschaften als realitätsfern für mehrfach diskriminierte Subjekte, die unter den Bedingungen von multipler Herrschaft auf stabile Kategorien und Zusammenhänge angewiesen seien, so Cohen:

> »Aufgrund meiner multiplen Identitäten, die mich und andere ›queere‹ People of Color in diesem Land an den Rand drängen, sind mein materieller Aufstieg, meine körperliche Unversehrtheit sowie mein seelisches Wohlbefinden ständig bedroht. In jenen stabilen Kategorien und genannten Communitys, deren Geschichte durch den gemeinsamen Widerstand gegen die Unterdrückung geprägt wurde, finde ich relativen Schutz und Sicherheit.« (Ebd.: 450)

In seiner für die anglophone Queer Theory extrem einflussreichen, aber im deutschsprachigen Raum bislang, abseits von oberflächlichen Bezugnahmen, nicht annähernd rezipierten Monografie *Aberrations in Black. Toward a Queer of Color Critique* (2004) geht Roderick Ferguson der Geschichte der Produktion von rassisierten Formationen in den USA nach und analysiert dominante Vorstellungen, die diese Formationen als Orte sexueller Devianz und problematischer Verkörperungen von Geschlecht präsentieren. Er theoretisiert rassifizierte Formationen hierbei mit Marx als *Surplus-Populationen*. Es handelt sich um Bevölkerungsgruppen, die durch Verschleppung und nach dem formalen Ende der Versklavung durch Anwerbung als Arbeitskräfte in die USA gekommen sind. Surplus-Populationen sind unentbehrlich und zugleich überflüssig für die Kapitalakkumulation. Sie stehen für die kurz- und mittelfristigen Verwertungsbedürfnisse zur Verfügung, wenn Bedarf an Arbeitskraft besteht, und gelten als überschüssig, wenn die Nachfrage des Kapitals nach Arbeitskraft wieder nachlässt. Ferguson zeigt angelehnt an Foucault auf, wie die Entstehung solcher Surplus-Formationen durch die Vervielfältigung von Diskursen über die ›unamerikanischen‹ sexuellen und geschlechtlichen Gepflogenheiten rassisierter Bevölkerungsgruppen begleitet wurde. Die Queer-of-Color-

Kritik müsse hierbei zwei Arten der Vermehrung zusammendenken: die von Foucault konstatierte Vermehrung sexueller Diskurse im Kontext einer durch den Kapitalismus herbeigeführten heterogenen Neuzusammensetzung von Bevölkerungen *und* die Vermehrung des Kapitals. So dienten die Diskurse über die sexuelle und geschlechtliche Devianz rassisierter Formationen einerseits der Legitimation ihrer räumlichen Segregation und staatlichen Überwachung; andererseits wurden diese Diskurse bedient, um zu argumentieren, dass rassisierte Subjekte zu unzivilisiert und exzessiv seien, um die Kriterien ›normaler‹ Staatsbürger*innenschaft zu erfüllen. Damit einhergehende Einschränkungen von bürgerlichen, politischen und sozialen Rechten zementierten wiederum den Surplus-Status rassifizierter Formationen, wovon die Kapitalseite profitierte.

»Nicht-weiße Bevölkerungsgruppen wurden derart rassifiziert, dass geschlechtliche und sexuelle Transgressionen nicht zufällig mit der Produktion nicht-weißer Arbeitskraft einhergingen, sondern konstitutiv für diese waren. Beispielsweise erzeugte die industrielle Expansion im Südwesten zwischen 1910 und 1930, wie George Sanchez anmerkt, ›eine steigende Nachfrage nach niedrig entlohnter Arbeitskraft‹ und veranlasste mehr als eine Million Mexikaner*innen dazu, in die USA zu immigrieren. Der Eintritt mexikanischer Arbeitskräfte in die US-amerikanische Arbeiter*innenschaft führte zu einem Anstieg von Amerikanisierungsprogrammen, die darauf ausgerichtet waren, den mexikanischen Haushalten amerikanische Ideale einzutrichtern. Diese Programme beruhten auf der rassifizierten Konstruktion der mexikanischen Einwander*innen als primitiv in Bezug auf Sexualität und als vormodern in Bezug auf Eherituale und häusliche Gewohnheiten. Auch im 19. Jahrhundert war San Franciscos Chinatown der Schauplatz polymorpher sexueller Formationen, die als deviant markiert wurden, weil sie nicht-reproduktiv und außerehelich waren. Entstanden als Reaktion auf die Ausschlussgesetze, die die Zuwanderung asiatischer Frauen in die USA untersagten, und aufgrund der Einstufung von asiatischen Migranten als überschüssige und überflüssige Arbeitskräfte durch das US-Kapital, wurde Chinatown bekannt für seine Junggesellenmilieus, Opiumhöhlen und Prostituierten. [...] Ebenso gingen aus den afroamerikanischen urbanen Communitys des Nordens, die aus der Nachfrage des nördlichen Kapitals des frühen 20. Jahrhunderts entstanden waren, Rotlichtbezirke hervor, die wiederum die geschlechtlichen und sexuellen Ideale und Praktiken in den Städten des Nordens transformierten.« (Ferguson 2004: 14)

Nicht nur der Liberalismus, auch der Marxismus hat sich Ferguson zufolge an der Verfestigung eines Diskurses beteiligt, der die sexuelle Devianz von rassisierten Subjekten und Communitys als soziale Pathologie des Kapitalismus darstellt. Fergusons Kronzeugin hierfür ist die Schwarze Dragqueen-Sexarbeiterin als Mitglied von Queer-of-Color-Formationen. Sie markiert die Grenze liberaler Inklusions- und Anerkennungspolitiken, aber auch marxistischer Klassen- und Solidaritätsbegriffe, insofern Prostitution, Polygamie und Ehebruch in rassisierten Formationen für Liberalismus und Marxismus gleichermaßen gesellschaftlichen Zerfall repräsentieren. Wo der Liberalismus Queer-of-Color-Formationen als Chaos und Unordnung innerhalb eines ansonsten als geordnet und stabil gedachten gesellschaftlichen Systems denkt, findet Ferguson bei Marx Deutungen der (rassifizierten) Sexarbeiterin als Symptom des durch das Kapital eingeleiteten Zerfalls der Ordnung heteropatriarchaler Geschlechterverhältnisse, die er selbst naturalisiert habe.

Ferguson sieht in den materiell und diskursiv produzierten Queer-of-Color-Formationen aber auch ein vielversprechendes Potenzial für soziale Kämpfe. Die hier anzutreffende Überschneidung von klassenspezifischer mit geschlechtlicher, sexueller und rassifizierter Differenz markiere eine Partikularität, die sich der befriedenden Integration in den liberalen Universalismus nationaler Identität genauso versperrt wie der Eingliederung in sozial- und kulturkonservativ geprägte Formationen der Arbeiter*innenbewegung oder der antirassistischen Befreiungsnationalismen. Diese Lage könne »sich überschneidende antirassistische, feministische, queere und Klassen-Kämpfe entstehen lassen« (ebd.). Mangels institutioneller Macht und aufgrund der erfahrenen Marginalisierung innerhalb des Nationalstaats einerseits und innerhalb der existierenden Befreiungsbewegungen andererseits wurden Praktiken des Communitybuilding und der gegenseitigen Hilfe zu einer zentralen Überlebensstrategie für Frauen und Queers of Color. Darüber hinaus entwickelte sich aus denselben Gründen die Kultur »zum naheliegenden Schauplatz einer alternativen Handlungsfähigkeit«, so Ferguson: »Diese Subjekte formatierten die Kultur neu als einen Ort oppositionellen Handelns.« (Ebd.: 117) Die Befassung mit der Materialität von oppositionellen und antagonistischen Praktiken der Kulturproduktion innerhalb von Queer-of-Color-Formationen zählt aus diesem Grund zu einem weiteren zentralen Untersuchungsgegenstand der Queer-of-Color-Kritik.

Desidentifizieren

José Esteban Muñoz hat die kulturellen und ästhetischen Praktiken in den Gegenöffentlichkeiten von Queers of Color mit dem Konzept der »Desidentifizierung« theoretisiert und damit ein einflussreiches Analyseinstrument der Queer Theory geprägt. Als Desidentifizierung wird ein Prozess der Durcharbeitung von zumeist negativen Repräsentationen minorisierter Gruppen in der dominanten Kultur bezeichnet, der die Entstehung neuer ästhetischer Formen und lebensrettender sinnlicher Erfahrungen mit sich bringen kann. Entscheidend ist, dass Muñoz mit dem Konzept eine Alternative zum Dualismus von Affirmation und Negation anbietet, aber auch von dem Butler'schen Prinzip ablässt, Darstellungen von Geschlecht immerzu danach zu bewerten, ob sie die herrschenden Normen subvertieren oder bestätigen. Mit der dominanten Kultur findet im Falle der Desidentifizierung weder eine bruchlose Identifizierung statt, noch wird diese (was auch illusorisch wäre) komplett ignoriert und abgelehnt. Stattdessen werden in der Desidentifizierung kulturelle Bilder und Vorstellungen aktiv rezipiert und umgearbeitet, wofür sich die Performancekunst Muñoz zufolge besonders gut eignet. Die queere Performance erlaube es der Zuschauer*in – »zumeist eine queere Person, die aus den Zentren der Repräsentation ausgesperrt oder dort zu einer bewegungslosen Karikatur gemacht wurde –, sich eine Welt vorzustellen, in der sich queeres Leben, queere Politik und queere Lebenschancen in ihrer Komplexität repräsentieren lassen« (Muñoz 1999: 1). Hier zeigt sich die erfahrungsgenerierende Kraft, die Muñoz der Performance zuspricht, insofern sie die Sinne der Zuschauer*innen für andere Welten öffnet.

Sein Buch *Disidentification: Queers of Color and the Performance of Politics* (1999) setzt mit der Analyse einer Szene der Desidentifizierung mit lesbenfeindlichen Mainstream-Repräsentationen ein, die das Grundprinzip des Konzepts veranschaulicht. In ihrer Bühnenperformance *Marga Gomez Is Pretty, Witty, and Gay* von 1992 sitzt die kubanisch-puertoricanisch-amerikanische Künstlerin Marga Gomez in einem Bett, das dem Schlafzimmer ihrer Jugend nachgebildet ist. Gomez vernimmt eine Stimme, die sie runter ins Wohnzimmer ruft, wo ihre Mutter auf dem Sofa sitzend eine Fernsehtalkshow guckt. Es handelt sich um eines dieser TV-Formate, die in den 1990er Jahren wie Pilze aus dem Boden sprossen, um einem Gladiatorenpublikum Menschen vorzuführen, die Fetische oder Beziehungsprobleme haben, in Geldnot sind und zu viel Alkohol trinken. An diesem Abend sind drei lesbische Frauen zu Gast, die Pseudonyme verwenden und sich mit Regenmänteln, Perücken und Sonnenbrillen tarnen, um nach eigener Aussage ihre Anstellung als LKW-Fahrer*innen nicht zu gefährden. Marga Gomez erzählt ihrem Publikum, wie sie »diesen gewissen homophoben Gesichtsausdruck« aufsetzte, damit ihre Mutter nicht bemerkte, wie sie in Wahrheit »wie verzaubert von den homosexuellen Ladies« und ihren Perücken war (ebd.: 3). In der Performance ahmt Gomez auf parodistische Weise lesbische Stereotype nach, die tief im homophoben Imaginären der dominanten Kultur verankert sind. Auf diese Weise, so Muñoz, »performt sie ihr desidentifikatorisches Verlangen nach jener ehemals toxischen Repräsentation« (ebd.). Durch die künstlerische Zuspitzung und Überzeichnung werde das Objekt der Phobie – die Lkw-fahrende *diesel dyke* – »als sexy und glamourös neu besetzt« (ebd.).

Marga Gomez löst schließlich auf, welcher Stimme ihr jugendliches Alter Ego vor dem Fernseher folgte. Eine der drei Lesben schaut direkt in die Kamera und adressiert die junge Marga namentlich, um sie als »neue Freundin« zu begrüßen: »Marga Gomez? Marga Gomez, willkommen im Club, *cara mía.*« (Ebd.) Muñoz interpretiert diesen Moment als eine Szene der gegenkulturellen Anrufung. Darin unterscheidet sich sein Konzept der Desidentifizierung von Butlers Performativitätstheorie. Beide, Butler und Muñoz, beziehen sich in ihren Theoremen auf die Szene der Anrufung (Interpellation) durch den Polizisten in Louis Althussers Ideologieheorie. Der Polizist ruft der Passantin »He, Sie da!« hinterher, worauf diese sich umdreht und damit vom Individuum in ein Subjekt transformiert wird: »Durch diese einfache physische Wendung um 180 Grad wird es zum Subjekt. Warum? Weil es damit anerkennt, dass der Anruf ›genau‹ ihm galt und daß es ›gerade es war, das angerufen wurde‹ (und niemand anderes).« (Althusser 1977: 142) Butler verändert die Ideologie-Cop-Szene aus Louis Althussers Theorie der Subjektivierung durch ideologische Anrufung dahingehend, dass diese nicht die Form eines Ereignisses annimmt, sondern die eines

Prozesses, der auf kontinuierliche Wiederholung der Anrufung angewiesen ist. Bei Butler bleibt jedoch der das Gesetz bzw. die Norm symbolisierende Polizist stets die Quelle der Anrufung/Subjektivierung; das Subjekt muss sich zu ihr verhalten, um Subjekt zu werden, weil es ohne die Anerkennung durch das Gesetz keinen Subjektstatus erlangt. Mit dem Ruf der perückentragenden Lesben ereignet sich nun eine Anrufung anderer Art von einem anderen Ort her, die der Anrufung der herrschenden Ideologie (der Heteronormativität) entgegensteht. Es handelt sich um die unwiderstehliche Einladung in »den Club«, die an jenem Abend, als Marga ihren »homosexuellen Gehörsinn« entdeckt, nur sie vernehmen kann – während ihre Mutter, als Repräsentantin der heterosexuellen Kultur, in einem Zustand tiefer Leugnung gefangen ist, der sie der Sinne für die Existenz dieses Clubs beraubt. Diese Fähigkeit von Marga, innerhalb einer queerfeindlichen Kultur wie hingerissen vom Anblick und der Stimme der drei Lesben gewesen zu sein, hat Muñoz zufolge wesentlich »zu ihrem Überleben als Lesbe« beigetragen. Entsprechend definiert er: »Mit Desidentifizierung sollen die Überlebensstrategien beschrieben werden, derer sich das minoritäre Subjekt bedient, um mit der phobischen majoritären Öffentlichkeit fertig zu werden, die unaufhörlich die Existenz jener Subjekte, die nicht dem Phantasma normativer Bürgerschaft entsprechen, ausradiert und bestraft.« (Ebd.)

Desidentifizierung enthält für minorisierte Subjekte das Versprechen, angesichts allgegenwärtiger stereotypisierender, negativer Darstellungen nicht zu verstummen, sondern sich die Repräsentationen der dominanten Kultur auf eine Weise anzueignen, durch die sie zum kulturellen Schauplatz für schöpferische und begehrenswerte Formen der Selbststilisierung werden. Die desidentifikatorische Perfomancepraxis bringe dadurch Identitäten hervor, die in Differenz zur dominanten Öffentlichkeit und ihren

Repräsentationen stehen. Das Entstehen dieser »Identitäten-in-Differenz« beruhe »auf dem Vermögen, sich mit der Mehrheitsöffentlichkeit zu desidentifizieren und mittels dieser Desidentifizierung an dem Projekt einer Gegenöffentlichkeit mitzuwirken« (ebd.). Allerdings betont Muñoz, dass Desidentifizierung nicht immer, nicht überall und nicht für alle Minorisierten eine geeignete Widerstands- und Überlebensstrategie darstellt. So müsse Widerstand in einigen Fällen »unmissverständlich und direkt« sein, während sich Queers of Color und andere minorisierte Subjekte in anderen Situationen anpassen müssten, »wenn sie in einer feindlich gesinnten Öffentlichkeit überleben wollen« (ebd.). Zudem steht die Performance nicht außerhalb der kapitalistischen Verhältnisse, die sie herrschenden Ideologien und materiellen Verwertungszwängen unterwerfen. Muñoz warnt daher davor, die Performance abstrakt als Praxis der Freiheit und queeren Widerständigkeit zu zelebrieren, denn manchmal sei sie nicht mehr als »eine Art Zwangsarbeit«, die dem Überleben diene. Dass nicht alle Aufführungen befreiend und transformativ seien, bezeuge allein schon das historische Beispiel, Versklavte zum Tanzen zu zwingen. »Aber diese Geschichte hört hier nicht auf. Sie reicht in der Tat bis in unseren heutigen Kontext. Minoritäre Subjekte tanzen nicht immer, weil sie glücklich sind; manchmal tanzen sie, weil auf ihre Füße geschossen wird.« (Ebd.: 189)

4. Queere Normativitätskritik: Potenziale, Grenzen, Revisionen

4.1 Von der Politik der Rechte zur Kritik der Normalität

Als sich der queere Theoriediskurs in den frühen 1990er Jahren formierte, waren in vielen US-amerikanischen Bundesstaaten noch Sodomiegesetze rechtskräftig, welche einvernehmlichen Anal- und Oralverkehr zwischen Männern unter Strafe stellten. Ihre bundesweite Abschaffung erfolgte erst 2003, als der Oberste Gerichtshof befand, das Sodomieverbot verletze das durch die Verfassung garantierte Recht auf Privatsphäre. Auf die Streichung der Sodomiegesetze folgte auch in anderen Bereichen das formale Ende rechtlicher Diskriminierung von LGBT-Personen. So können cisgeschlechtliche Schwule und Lesben in den USA seit 2011 und trans Menschen (mit dreijähriger Unterbrechung während der Amtszeit von Donald Trump) seit 2016 offiziell im US-Militär dienen. Im Jahr 2013 wurden auf US-Bundesebene alle Ehepaare unabhängig vom Geschlecht der Verheirateten steuerrechtlich gleichgestellt, was formal nicht nur heiratswillige homosexuelle Paare, sondern auch trans Personen in heterosexuellen Partner*innenschaften besserstellte.[41] Seit Ende der 1980er Jahre bilden die Gleichstellung im Ehe- und Familienrecht sowie im Militärdienst zusammen mit der Verbesserung des allgemeinen Diskriminierungsschutzes (etwa auf dem Arbeits- und Wohnungsmarkt) und der härteren Bestrafung von homo- und transphoben Gewaltverbrechen die an den Staat gerichteten politischen Kernforderungen liberaler LGBT-Organisationen.

Queere Politik und queere Theorien stehen diesem Staats- und Rechtezentrismus der liberalen LGBT-Politik seit jeher kritisch gegenüber. Gegen ihn werden drei Haupteinwände geltend gemacht: Erstens vereinheitlichen und essenzialisieren Gruppenrechte wie das Antidiskriminierungsrecht geschlechtliche, sexuelle, ethnische etc. Kategorien – und reproduzieren dadurch Unterscheidungslogiken, die selbst ein Ergebnis und Medium von sozialer Herrschaft sind. Zweitens basieren queer- und transfeindliche Diskriminierung und Gewalt zu einem großen Teil auf strukturellen Faktoren, die nur sehr begrenzt mit den Mitteln des Rechts behoben werden können. Die formalrechtliche Besserstellung mündet für viele Betroffene daher auch nicht in eine substanzielle Verbesserung ihrer Lebensumstände. Und drittens sind der Staat und das Recht keine neutralen Instanzen, sondern sind selbst an der Produktion des Systems ungleich verteilter Lebenschancen für LGBT und andere marginalisierte Bevölkerungsgruppen beteiligt. Eine Minderheitenpolitik, die sich ausschließlich oder vorrangig an den Staat richtet, um Inklusion, Schutz und Anerkennung einzufordern, sei vor diesem Hintergrund mindestens ambivalent, häufig kontraproduktiv und in jedem Fall unzureichend, um anti-queere und transfeindliche Strukturen effektiv zu bekämpfen und zu transformieren (vgl. Fütty 2019; Spade 2015).[42]

Dass sich das Recht auf Heiraten sowie das Straf- und Antidiskriminierungsrecht nur begrenzt eignen, um die Lebenschancen von insbesondere mehrfach marginalisierten LGBT zu verbessern, hat verschiedene Gründe. Ein maßgeblicher ist: In vielen Ländern, in denen seit den 1990er Jahren Gruppenrechte für

LGBT ausgeweitet worden sind, wurden im selben Zeitraum soziale Rechte und Leistungen abgebaut. Jahrzehntelange neoliberale Umbaumaßnahmen haben für einen wachsenden Bevölkerungsteil zu verminderten sozialen Teilhabemöglichkeiten, verschlechterter Gesundheitsversorgung und einem Anstieg an prekären Arbeits- und Lebensverhältnissen geführt. LGBT-Communitys sind im Vergleich zur Gesamtbevölkerung überdurchschnittlich oft von Armut, prekären Arbeitsbedingungen, Erwerbslosigkeit, gesundheitlichen Einschränkungen und frühzeitigem Tod betroffen.[43] Da es der sozialen und ökonomischen Absicherung bedarf, damit Subjekte politische und bürgerliche Rechte aktiv wahrnehmen können, untergräbt der neoliberale Rückbau sozialer Rechte also systematisch die materiellen Bedingungen für Freiheit von Menschen ohne Klassenprivilegien. Auch das Antidiskriminierungsrecht bleibt aus diesem Grund oft abstrakt, da Angehörigen diskriminierter Gruppen meist die finanziellen Mittel, die soziale Unterstützung und das nötige Wissen fehlen, um auf dem zivilen Weg zu klagen. Vorsätzliche Diskriminierung, etwa auf dem Arbeits- und Wohnungsmarkt, ist vor Gericht ohnehin schwer nachzuweisen, so dass Kläger*innen häufig verlieren. Durch eine härtere strafrechtliche Verfolgung von homo- und transfeindlichen Gewalttaten werden diese zudem weder verhindert noch in ihren Ursachen bekämpft (vgl. Spade 2015).

Zusammenfassend basiert die queere Kritik am Rechtezentrismus der liberalen LGBT-Politik auf einer grundsätzlichen Überzeugung: Queer- und transfeindliche Gewalt ist systemisch und kann nicht lediglich auf das intentionale Fehlverhalten einzelner Individuen oder Institutionen zurückgeführt werden, das den Gegenstand des Strafrechts und der Antidiskriminierungsgesetze bildet. Die systemischen Ursachen für verminderte Lebenschancen von Queers und trans Personen liegen in den Strukturen, Institutionen, Affekten und alltäglichen Wahrnehmungs- und

Handlungsweisen begründet, die das ›normale‹ Leben reproduzieren – ein Leben, in dem queere und trans Subjekte nur als Abweichungen vom Normalen vorkommen. Queer-Theoretiker*innen behandeln Queer- und Transnegativität daher nicht als soziale Ausnahmephänomene, sondern als Regel, die sich auch in Form von ungleichen materiellen Lebensbedingungen niederschlägt. Sie ist Teil eines »Regimes des Normalen«, das Normen stützt und legitimiert, indem ihr gesellschaftlicher Charakter verschleiert wird (Warner 1993: xxvi). Wie der Rechtswissenschaftler Dean Spade anhand von gerichtlichen Urteilssprüchen veranschaulicht, erweist sich das Antidiskriminierungsrecht als zahnlos, um solche Normen zu verändern und darauf basierende Handlungen zu sanktionieren:

> »Gerichte haben befunden, dass es keine rassistische Diskriminierung darstellt, wenn man Arbeiter*innen verbietet, geflochtene Frisuren zu tragen, die in Schwarzen Bevölkerungen verbreitet sind; dass die Entlassung eines – vom Arbeitgeber als männlich gelesenen – Arbeiters, weil er Perlen trägt, keine Diskriminierung aufgrund des Geschlechts darstellt; dass die Weigerung, Arbeiter*innen mit einem anderen Akzent als dem in den Vereinigten Staaten üblichen einzustellen, keine Diskriminierung aufgrund der nationalen Herkunft darstellt; und dass es keine Diskriminierung aufgrund des Geschlechts darstellt, wenn man weibliche Arbeiter*innen zwingt, starkes Make-up und hochgradig geschlechtsspezifische Kleidung zu tragen.« (Spade 2015: 56)

Weil Normativität soziale Normen als selbstverständlich erscheinen lässt und naturalisiert, gilt sie der Queer Theory als bedeutsamer Ankerpunkt für die Aufrechterhaltung von Herrschaft. Wenn Zweigeschlechtlichkeit, Heterosexualität oder bestimmte Formen von Familie und Intimität als Normen gesetzt sind, so handelt es sich hierbei also nicht einfach um neutrale Aussagen über die statistische Normalverteilung empirischer Merkmale.

Normativität bringt vielmehr immer auch eine Hierarchisierung mit sich, sie impliziert einen gesellschaftlichen Anpassungsdruck an Normen bzw. führt dort zu Marginalisierung und Ausschluss, wo Subjekte, Körper und Verhaltensweisen sich dieser Anpassung verweigern oder ihnen die Möglichkeit des Normalseins verwehrt bleibt. An kaum einer anderen gesellschaftlichen Machtstruktur hat die Queer Theory ihre Normativitätskritik theoretisch und praktisch so ausgiebig entwickelt und ausdifferenziert wie am Beispiel der Heteronormativität.

4.2 Kritik der Heteronormativität

Der Literaturwissenschaftler und Sozialtheoretiker Michael Warner (1993) hat Anfang der 1990er Jahre den Begriff der Heteronormativität geprägt, um das System an Diskursen, Institutionen und Praktiken zu bezeichnen, das Heterosexualität als normal, moralisch richtig und als anderen sexuellen Formen überlegen qualifiziert. Der Begriff zählt heute zu den bekanntesten der Queer Theory und wurde auch in der deutschen Queer- und Geschlechterforschung stark rezipiert.[44] Theoriegeschichtlich ist er von einem Verständnis von Heterosexualität beeinflusst, wie es der lesbische Feminismus der 1980er Jahre geprägt hat (vgl. 2.1). Er bezieht sich weniger auf die Ebene des individuellen Handelns und der psychischen Dispositionen, sondern vor allem auf deren Rahmenbedingungen, wodurch kulturelle Hegemonien und die institutionelle Regulierung von Sexualität, Geschlecht und Begehren in den Blick rücken. Zwar wird Heteronormativität in den Augen von Warner und anderen Queer-Theoretiker*innen auch über institutionellen Zwang und offene Gewalt aufrechterhalten. Ihre Persistenz und Wirkmächtigkeit resultiere aber vor allem daraus, dass sie eine gesellschaftliche Normalität naturalisiere, in der die sexuellen Praktiken und geschlechtlichen Ausdrucksweisen eines Subjekts Auswirkungen auf dessen Teilhabe- und Lebenschancen haben.

Warner bestimmt die zentrale Herrschaftsfunktion von Heteronormativität folgendermaßen: Sie *verallgemeinert* Heterosexualität und *verbesondert* Homosexualität. Das bedeutet, dass sexuelle und nicht-sexuelle Praktiken, die historisch mit Heterosexualität assoziiert werden (sich in eine Person des anderen Geschlechts verlieben, eine Paarbeziehung eingehen, Kinder bekommen, einen Familienhaushalt gründen, Sex im Schlafzimmer, komplementäre Weiblichkeits- und Männlichkeitsnormen verkörpern etc.), auf eine Weise universell würden, dass sie als das normale Leben schlechthin erscheinen. Heterosexualität werde als selbstverständliches Modell für zwischengeschlechtliche Beziehungen, als Basis von Gemeinschaft und als Lebenselixier der Gesellschaft begriffen, ohne die sich diese nicht reproduzieren und erhalten könnte (Warner 1993: S. xxi). Heterosexualität erlange dadurch eine »unsichtbare, stillschweigende, Gesellschaft begründende Richtigkeit«, wie Warner und die Kulturtheoretiker*in Lauren Berlant in ihrem einflussreichen Essay *Sex in Public* feststellen (Berlant/Warner 2005: 78). Die Kehrseite dieser *Universalisierung* von Heterosexualität ist eine *Partikularisierung* von Homosexualität. Anders als Heterosexualität vermag sie es nicht, zu einem allgemeinen Modell für sexuelle Praktiken, Beziehungsformen und Lebensweisen in der Gesellschaft aufzusteigen. Homosexualität bleibt unter den herrschenden Bedingungen von Heteronormativität minorisiert: Die mit ihr assoziierten Praktiken, Begehren und Rituale werden als Eigenart einer Minderheit begriffen, deren Identität sich von der Allgemeinheit unterscheidet und die womöglich sogar in einer außergewöhnlichen Natur begründet liegt. Dieses Prinzip von verallgemeinerter Heterosexualität und verbesonderten Abweichungen durchzieht heute in fast allen

Gesellschaften die Institutionen, die Kultur und den Alltagsverstand.

»In den meisten Ländern der Welt ist es immer noch unüblich, kleinen Kindern zu sagen: ›Wenn du erwachsen bist, wirst du dich vielleicht in jemanden irgendwo entlang des Geschlechtsspektrums verlieben ...‹. Romantische Dramen auf der Leinwand sind in der Regel heterosexuell, es sei denn, ein Film versucht, eine schwerwiegende gesellschaftspolitische Aussage zu treffen. Wenn die Arbeiterklasse, die Schwarze Familie, die Flüchtlingskrise oder ein internationaler Brandherd ins Spiel gebracht wird, stellt man sich das im Allgemeinen als eine Krise heterosexueller Menschen oder eine Wanderung heterosexueller Menschen vor. Schwule und Lesben leben in der Blase der Homosexuellenproblematik. Sie leiden nicht unter Wirtschaftskrisen, spielen keine Videospiele, kümmern sich nicht um ihre alternden Eltern und kämpfen nicht für die Rechte ihrer Mitmigrant*innen.« (Lewis 2022: 227)

Universalisierung der Heterosexualität und Partikularisierung der Homosexualität bedingen sich wechselseitig: Heterosexualität normalisiert und verallgemeinert sich historisch, *indem* Homosexualität und andere nichtkonforme Sexualitäten zu Sonderbarkeiten erklärt und an die Ränder der Geschichte gedrängt werden. Das Bürgertum gab sich historisch eine Sexualität, die sozial an die Paardyade aus Mann/Frau, räumlich an den Privathaushalt und zeitlich an die Abläufe von Familie, Reproduktion und Generationenfolge geknüpft war. Diese Sexualität konstituierte sich in Abgrenzung zu Bildern der öffentlichen Ausschweifung, Triebhaftigkeit und Wollust, mit denen die Sexualität der ›Anderen‹ (Arbeiter*innen, Prostituierte, Jüd*innen, Rassifizierte, Kolonisierte, Homosexuelle) als defizitär, gefährlich und unzivilisiert gebrandmarkt wurde (vgl. 2.4). Freilich handelte es sich bei dieser bürgerlichen Sexualität immer schon um ein Ideal. Auch die Bourgeoisie selbst, für die Ehebruch und Prostitution (für den Mann) zu keinem Zeitpunkt Fremdwörter waren, befolgte diese Norm nicht konsequent. »Wie die meisten Ideologien ist auch die der normalen Intimität niemals eine akkurate Beschreibung davon, wie Menschen tatsächlich leben.« (Berlant/Warner 2005: 94) Die sexuelle Monogamienorm entstand historisch als patriarchaler Reproduktionsmechanismus von Klassen- und Eigentumsverhältnissen, wie Friedrich Engels im *Ursprung der Familie* festhält: »Die Monogamie entstand aus der Konzentrierung größerer Reichtümer in einer Hand – und zwar der eines Mannes – und aus dem Bedürfnis, diese Reichtümer den Kindern des Mannes und keines anderen zu vererben. Dazu war Monogamie der Frau erforderlich, nicht des Mannes.« (Engels 1975 [1884], MEW 21: 77) Indem die bürgerliche Kultur Monogamie und Familie intimisiert, tritt dieser funktionale Zusammenhang nicht länger offen hervor. Es wird der Anschein erweckt, als reproduziere sich die bürgerliche Gesellschaft nicht länger über die Aufrechterhaltung von Klassen und Privateigentum, sondern dank der heterosexuellen Liebe: Sie hält die Familie zusammen, die die Gesellschaft zusammenhält.

Durch die Universalisierung bürgerlicher Heterosexualität werden selbst Raum und Zeit als heterosexuell lesbar. Es gilt als normaler, dass Sex versteckt im Privaten statt in der Öffentlichkeit stattfindet; dass er paarweise praktiziert wird statt in Gruppen, unbezahlt statt bezahlt, im Bett statt im Park. Heteronormativität hat ihre eigene Zeitlichkeit, die bezogen auf Lebenslauf und Alltag an die Rhythmen und Zeitstrukturen von Familie und Reproduktion gebunden ist (vgl. Halberstam 2005). Das Eingehen der Ehe oder vergleichbarer monogamer Lebensarrangements wird, vor allem im Zusammenhang mit Familiengründung, als Ausdruck eines allgemeinen Reifeprozesses, kurzum als Teil des Erwachsenwerdens gewertet. Innerhalb heteronormativer Räumlich- und Zeitlichkeit verhalten sich queere Körper und Praktiken aus diesen Gründen häufig nonkonform. Das, was in Zeit und Raum als queer erscheint, reproduziert sich nicht genealogisch durch Fortpflanzung – das Normalitätskriterium der Heterosexualität –, sondern vermehrt sich auf rätselhafte Weise, durch Streuung, Kontakt und Übertragung. Queerer Sex ist nicht dem heterosexuellen Fortpflanzungsakt und dessen Einbettung in die Paar- und Familienform nachgebildet. Was queer ist, wird daher in räumlicher Hinsicht zumeist als deplatziert und transgressiv wahrgenommen, während es im Verhältnis zu reproduktiver Zeitlichkeit als infantil und (mit Blick in die Zukunft) verantwortungslos erscheint.

Eine der zentralen Aufgaben queerer Gesellschaftstheorie besteht Warner zufolge darin, die Allgemeingültigkeit der heteronormativen Kultur in Zweifel zu ziehen, indem sie diese mit »ihrem schlimmsten Albtraum« konfrontiert: »einem queeren Planeten« (Warner 1993: 16). Natürlich polemisiert Warner an dieser Stelle etwas, doch die US-amerikanische Öffentlichkeit war nach einem Jahrzehnt Aids und Reaganismus in der Tat durch eine moralische Panik aufgestachelt, die eine breitflächige Paranoia vor queerem Sex verursachte. Emotional aufgeladene Debatten über lesbisch-schwule Gleichstellung trafen auf andere omnipräsente Kontroversen über Pornografie und Sexarbeit, Abtreibung, Pädophilie, HIV/Aids und die jugendgefährdenden Folgen von sexuellen Aufklärungsprogrammen (Berlant 1997). Ironischerweise schärfte die sexfeindliche Paranoia der Rechten die Wahrnehmung aber nur noch mehr dafür, dass die Welt um ein Vielfaches queerer sein muss, als es die dominante Kultur, aber auch die Gesellschaftstheorie lange glauben machten.

An genau diesem Punkt setzt Warners *Fear of a Queer Planet* (1993) an. ›Queer‹ ist dabei ein Platzhalter für all jene Formen der Intimität, Liebe und Sexualität, die sich weder in dominante Formen heterosexueller Sozialität (monogame Paarform, Familienhaushalt) kanalisieren lassen, noch in der Partikularität von eingegrenzten sexuellen Identitäten aufgehen, wie sie im Falle von ›schwul‹ oder ›lesbisch‹ seit den 1970er Jahren durch staatliche Regulierung, Konsumkultur und die liberale LGBT-Politik verfestigt wurden. Während die liberale LGBT-Politik die grundsätzliche Logik der Heteronormativität (verallgemeinerte Heterosexualität, verbesonderte LGBT-Belange) nicht hinterfragt, verkörpert der Begriff ›queer‹ für Warner »einen aggressiven Verallgemeinerungsimpuls« (ebd.: xxvi). Es müsse queerer Theorie und Politik ums Ganze gehen: Sie lehne »eine minorisierende Logik der Toleranz oder der einfachen politischen Interessenvertretung zugunsten eines tiefgreifenderen Widerstandes gegen die Regime des Normalen ab« (ebd.). Warners queerer Universalismus ist mit seiner grundsätzlichen Abkehr von der Idee einer Minderheitenpolitik deutlich von lesbischen und schwulen Theoretiker*innen wie Wittig, Hocquenghem und Foucault beeinflusst, die im zweiten Kapitel vorgestellt wurden. Es geht ihm darum, den Albtraum wahr werden zu lassen: Die Gesellschaft soll als ganze *gequeert* werden, anstatt sich in kleinen Nischen einzurichten und an die Lebensart der ›Normalen‹ anzupassen. Wie das aussehen könnte und welche Überlegungen die Queer Theory hierzu anstellt, wird weiter unten systematisch diskutiert (4.4). Zuvor muss aber der theoretische und zeitdiagnostische Erklärungsgehalt des Heteronormativitätskonzepts noch etwas genauer geprüft werden.

4.3 Heteronormativität im Neoliberalismus: Erneuerung oder Krise der Hegemonie?

Die queere Heteronormativitätskritik hat sich seit Warners Prägung des Konzepts immer weiter ausdifferenziert, um die Mechanismen und Auswirkungen von Heteronormativität zu beschreiben. Schon Berlant und Warner betonten, dass Heterosexualität keine Monokultur darstelle. Das schließt mit ein, dass sexuelle und soziale Praktiken zwischen Männern und Frauen denkbar sind und auch existieren, die *nicht-heteronormativ* sind – ein Aspekt, der in der intersektionalen Rezeptionsgeschichte des Heteronormativitätsbegriffs eine wichtige Rolle spielte.[45] Cathy Cohen hat in einer wegweisenden Kritik dargelegt, dass Subjekte und Beziehungen nicht allein dadurch konform mit heteronormativen Standards gehen, weil sie heterosexuell sind. Sie nennt unter anderem kinderreiche »Frauen – insbesondere Frauen of Color –, die Sozialleistungen beziehen und womöglich in die Kategorie des Heterosexuellen passen, deren sexuelle Entscheidungen aber nicht als normal, moralisch oder der staatlichen Unterstützung würdig erachtet werden« (Cohen 1997). Vor diesem Hintergrund kritisiert Cohen eine Engführung von Heteronormativität auf die Gegenüberstellung von Hetero- und Homosexualität und plädiert dafür, das Konzept auszudifferenzieren, um der immer schon gegebenen Verschränkung von normativer Heterosexualität mit Geschlechter- und Klassenverhältnissen sowie strukturellem Rassismus gerecht zu werden. Auf ähnliche Weise haben auch Beiträge aus den Disability Studies und den Trans Studies für eine Dezentrierung der Hetero/Homo-Achse plädiert. So wird normative Heterosexualität auch durch Normen der Gesundheit und Nicht-Behinderung (engl. *abled-bodiness*) flankiert, die behinderten Menschen ihr Geschlecht und ihre Sexualität mehr oder weniger ganz absprechen (McRuer 2006; Raab 2007); Heteronormativität konstituiert sich zudem über die Verwerfung von Transgeschlechtlichkeit.[46]

Dass Heteronormativität keine Monokultur darstellt, die durch einheitliche (ökonomische, politische, kulturelle) Logiken bestimmt wird, stärkt in den Augen vieler Queer-Theoretiker*innen nur ihre Macht. So erodiere Heteronormativität nicht gleich, nur weil Normen wie Monogamie oder Kinderkriegen individuell infrage gestellt werden, feministische Pornofilme entstehen, queere Repräsentationen in der Populärkultur zunehmen oder die Ehe für gleichgeschlechtliche Paare geöffnet wird. Viele Queer-Theoretiker*innen, etwa Antke Engel, Gundula Ludwig und Volker Woltersdorff, argumentieren hegemonietheoretisch, indem sie die Robustheit von Heteronormativität gerade auf ihre Wandlungsfähigkeit, ihren uneinheitlichen Charakter und ihre Fähigkeit zur Integration von zum Teil widersprüchlichen Entwicklungen zurückführen. Damit wird für sie die scheinbar paradoxe Gleichzeitigkeit von Wandel und Beharrlichkeit heteronormativer Strukturen verständlich (vgl. Engel 2009; Ludwig 2011; Woltersdorff 2016). Für die deutschsprachige Debatte war in dieser Hinsicht Engels Unterscheidung zwischen flexibler Normalisierung und rigider Normierung als zwei ineinandergreifenden Seiten einer modernisierten Heteronormativität einflussreich. Engel argumentiert, dass sich unter neoliberalen Bedingungen die individuellen Gestaltungsräume für Sexualität und Geschlecht ausweiten würden, während simultan weiterhin Normierungsprozesse greifen, die diesen Gestaltungsfreiraum begrenzen. Eine solche Begrenzung stellt – bezogen auf Geschlecht – die Verfestigung der Zweigeschlechternorm mittels des Personenstands- und des Transsexuellengesetzes dar (vgl. Engel 2002: 75). Um den Hegemoniecharakter dieser Dialektik aus Freiheit und Zwang zu veranschaulichen, zieht Engel (die selbst nicht von Dialektik, sondern Paradoxie spricht) das Beispiel der liberalen Ehe- und Familienrechtsreformen heran, die (bestimmten) LGBT in mehr und mehr Ländern den Zugang zur Ehe und staatlich anerkannten Familienbildung eröffnen. Für Engel basiert diese Öffnung auf einem Kompromiss zwischen herrschenden und ehemals marginalisierten Gruppen, wodurch »eine weitreichende Zustimmung zu neoliberalen Umstrukturierungen« erreicht werde (Engel 2009:

227). LGBT-Verbände würden den Zugang zu heteronormativen Institutionen für sich als Anerkennungs- und Teilhabegewinn verbuchen, während neoliberale Politik davon profitiere, dass die Privatisierung von Verantwortung als »Ausdruck intimer Bindungen« wahrgenommen werde (Engel 2009: 228).

Doch wie überzeugend ist es, vor dem Hintergrund dieser Allianz zwischen LGBT-Politik und dem neoliberalen Klassenprojekt weiterhin von einer »heteronormativen Hegemonie« (Ludwig 2011) auszugehen? Schließlich hat sich in fast allen wohlfahrtskapitalistischen Gesellschaften die Rechtsstellung von LGBT in den letzten Jahrzehnten massiv verbessert, Schwule und Lesben werden als Konsument*innen umworben, und queere und trans Repräsentationen sind aus Film, Fernsehen und Kunst nicht mehr wegzudenken. Umfragen in den USA bezeugen, dass der Bevölkerungsanteil derjenigen, die sich als lesbisch, schwul, bisexuell, queer oder trans verorten, seit Jahren kontinuierlich steigt. Angetrieben durch die digitale Revolution haben Individuen heute weltweit in nie da gewesener Weise Zugang zu affirmativen Repräsentationen von queeren Sexualitäten und Geschlechtsidentitäten jenseits von binärer Cis- und Heteronormativität.

Queer-Theoretiker*innen reagieren auf diese Einwände oft mit zwei Gegenargumenten: Erstens wird konstatiert, dass im Kontext einer modernisierten *Neoheteronormativität* lediglich bestimmten Teilgruppen der einst pauschal verfemten LGBT erweiterte Integrationsangebote unterbreitet werden, nämlich vor allem weißen, cisgeschlechtlichen Subjekten mit Klassenprivilegien. Andere Teilgruppen blieben davon ausgenommen, insbesondere mehrfach diskriminierte, rassisierte LGBT ohne Klassenprivilegien. Zweitens wird argumentiert, dass LGBT nur in dem Maße Teilhabe an Institutionen erfahren, wie sie sich heteronormativen Geschlechternormen und Lebensformen anpassen (können). Weil dies nur um den Preis von Normalisierung und Assimilation zu haben sei, handele es sich bei der vermeintlichen Aufweichung von Heteronormativität in Wahrheit um deren Ausweitung auf nicht-heterosexuelle Subjekte und Beziehungen (vgl. Hark/Laufenberg 2013). Beide Punkte benennen Entwicklungen, deren differenzierte Analyse weiterhin wichtig ist. Es handelt sich jedoch um keine guten Argumente gegen die These eines Hegemonieverlusts von normativer Heterosexualität.

Paradoxerweise beginnen Queer-Theoretiker*innen wie Warner und Butler um 1990, die Robustheit und Modernisierungskraft heteronormativer Strukturen hervorzuheben, als bereits alles darauf hindeutete, dass sich normative Heterosexualität in einem Zerfallsprozess befindet, der nicht mehr rückgängig zu machen ist (vgl. Chitty 2020: 184). Neuere queer-marxistische Arbeiten argumentieren demgegenüber, dass Heteronormativität im Neoliberalismus ihre Dominanz nicht erneuert, sondern sich kulturell und sozial erschöpft und in eine Hegemoniekrise gerät. Hauptauslöser ist die Erosion der materiellen Rahmenbedingungen, die Heteronormativität bis in die 1970er Jahre hinein institutionell und infrastrukturell stützten. In den 1970er Jahren löste sich die sozial- und arbeitsmarktpolitische Klammer um das kleinfamiliäre Mittelklasseleben, die den Wohlfahrtskapitalismus der Nachkriegsjahrzehnte auszeichnete. Der kapitalistische Akkumulationsprozess basierte unter keynesianischen Vorzeichen bis dahin auf einer Regulationsweise, bei der sich sichere Vollzeiterwerbsarbeitsverhältnisse (vor allem für den Mann), soziale Absicherung und stabile Familienverhältnisse wechselseitig stärkten. Diese ineinandergreifenden Infrastrukturen stützten bürgerliche Normalitätsvorstellungen, die sich in einer relativ rigiden Sexualmoral, in konservativen Geschlechterbildern und in einer hegemonialen Heteronormativität manifestierten (ebd.: 188). Mit der Erosion dieser »Infrastrukturen der Normalität«

(ebd.) nahm ab den 1970er Jahren nun einerseits der Konformitätsdruck auf die individuelle Lebensführung ab, die gesellschaftlichen Moral- und Normalitätsvorstellungen wurden durchlässiger. Andererseits erodierten mit jenen Infrastrukturen aber auch die materiellen Bedingungen des (klein-)bürgerlichen Familienromans, die einem wachsenden Bevölkerungsanteil zwei Jahrzehnte lang eine relativ stabile Grundlage für die intergenerationale soziale Reproduktion gewährten.

Die Familialisierung und Verhäuslichung von Lesben und Schwulen findet also historisch zu einem Zeitpunkt statt, da die Familie und der Privathaushalt für wachsende Teile der Bevölkerung längst prekär geworden sind. Es handelt sich um einen dialektischen Prozess, in dem eine Heterosexualisierung der Homosexualität und eine strukturelle Homosexualisierung von Heterosexualität ineinandergreifen: Schwulen und Lesben wurde als Privatpersonen zu einem Zeitpunkt der Weg zur Teilhabe an heteronormativen Institutionen geebnet, als diese durch den Strukturwandel von Arbeit und Sozialstaat längst im Zerfall begriffen waren; strukturell näherten sich heterosexuelle damit homosexuellen Lebensweisen an, die sich traditionell unter wenig abgesicherten Bedingungen reproduzieren mussten.

Das bedeutet nun aber *nicht*, dass Misogynie sowie homo- und transfeindliche Gewalt passé wären. Dass Menschen aufgrund ihrer Sexualität und ihres Geschlechts(-ausdrucks) körperlich und seelisch verletzt werden, dass sie Benachteiligungen, Beleidigungen und andere Zumutungen über sich ergehen lassen müssen, ist unbestritten. Es geht darum, diese empirisch zu beobachtenden Tatsachen in einen anderen gesellschaftstheoretischen Begründungszusammenhang zu stellen. So spricht vieles dafür, die seit Jahren ansteigenden Morde und Gewalttaten an LGBT und Frauen sowie die periodisch erstarkenden rechten Kampagnen für eine Restabilisierung von normativer Heterosexualität nicht als Beleg für deren Hegemonie, sondern als Reaktion auf den Verlust dieser Hegemonie zu deuten. Dass Heteronormativität ihren hegemonialen Status verliert, ist also für sich allein noch keine gute Nachricht, solange keine effektiven Strategien existieren, um der trotz allem – oder gerade deshalb – weiterhin existenten Gewalt und Prekarisierung von Queers und trans Personen zu begegnen.

Um die Suche nach solchen Strategien zu unterstützen, muss queere Theoriebildung wieder stärker die Frage nach dem gesellschaftlichen Gesamtzusammenhang stellen. Die oben skizzierten Ansätze der intersektionalen und hegemonietheoretischen Differenzierung des Heteronormativitätskonzepts gewähren wichtige Einsichten in den umkämpften Alltagscharakter, in die Wandelbarkeit und in gruppenspezifische Erfahrungen und Machteffekte von Heteronormativität. Sie sind daher notwendiger Bestandteil einer solchen Theoriearbeit. Zugleich hat die rege Differenzierungsarbeit der letzten Jahrzehnte aber über den relativ schwachen gesellschaftstheoretischen Erklärungsgehalt hinweggetäuscht, der dem Heteronormativitätskonzept von Beginn an zu eigen war. Wie entsteht Heteronormativität, wem nutzt sie und welche gesellschaftlichen Kräfte halten sie wann und wo mit welchem Interesse aufrecht? Durch die intersektionalen Revisionen des Begriffs ist es nicht gerade leichter geworden, diese Fragen zu beantworten. Mehr noch, sie haben das Heteronormativitätskonzept bis zu einem Punkt entwickelt, wo es ein Leichtes wäre, es ganz aufzugeben und durch andere Begriffe zu ersetzen. Womöglich brauchen wir heute Begriffe, die allgemeiner sind (z.B. sexuelle Hegemonie), und solche, die spezifischer sind (z.B. anti-queerer Rassismus), um dann deren Beziehung zueinander zu untersuchen.

Die Erfindung von neuen Begriffen löst aber noch nicht automatisch die Probleme der alten. Eines dieser Probleme, mit dem sich queere Theoriebildung unabhängig von der Begriffswahl weiter befassen muss, bezieht sich auf die Frage nach dem politischen Subjekt und den konkreten Möglichkeiten von Emanzipation und gesellschaftlicher Veränderung. Im Vergleich zu Klassenverhältnissen, Rassismus und Sexismus war diese Frage in Bezug auf Heteronormativität von Anfang an komplizierter zu beantworten, weil ihr kein Interessengegensatz als gesellschaftlicher Antagonismus zugrunde gelegt werden kann. Kapitalist*innen profitieren von der Ausbeutung von Arbeiter*innen; Männer profitieren, wenn Frauen den Haushalt machen; Mittelschichtsfrauen profitieren von der billigen Arbeitskraft migrantischer Care-Arbeiter*innen usw. Zwischen Hetero- und Homosexuellen lässt sich kein funktional äquivalentes Ausbeutungs- oder Dominanzverhältnis konstruieren; die verminderten Lebenschancen von Queers resultieren nicht aus der sozialen Herrschaft von Heterosexuellen über Homosexuelle. Der von Warner vorgeschlagene Antagonismus, mit dem sich Queer Theory befassen soll, lautet entsprechend nicht Heteros vs. Homos, sondern queer vs. die gesellschaftliche Normalität – und damit gegen jene Kräfte und Sachzwänge, die diese Normalität produzieren. Jedoch werden politische und soziale Kämpfe nicht von Strukturen und Abstraktionen ausgefochten, sondern von konkreten Akteur*innen. Die Frage, wer die queere Position in dem genannten Antagonismus ausfüllen soll, holt queere Theorien deswegen auch immer wieder ein.

Wie schon in der Diskussion um Identitätspolitik deutlich wurde, lassen Queer-Theoretiker*innen oft unbestimmt, wer oder was ›queer‹ ist. Das unterscheidet sie von Theoretiker*innen des homosexuellen Liberationismus, die die Lesbe bzw. den Schwulen in ein antagonistisches Verhältnis zur Gesellschaft setzten. Warners Angebot, queer als »leeren Signifikanten« (Laclau) zu verstehen, beruhte seinerzeit auf der Überzeugung, dass sich eine queere Bewegung erst noch konstituieren muss, die den Begriff mit Inhalt füllt. Damit wurde aber auch der Frage ausgewichen, wie und warum Subjekte eine Bewegung formieren sollten, die – über Klassengrenzen und andere Differenzen hinweg – einem so diffusen Ziel wie der Bekämpfung eines »Regimes des Normalen« dient. Die Frage, was eine queere Bewegung wäre, wofür es sie bräuchte, welche Ziele und Strategien sie verfolgen müsste und welche Bedeutung der Kritik von Normativität hierbei zukäme, wäre daher – zumal vor dem Hintergrund des oben skizzierten Hegemonieverlusts normativer Heterosexualität – heute neu zu stellen und zu beantworten. Um einen Schritt in diese Richtung zu tun, werden im Folgenden drei zentrale theoretische Strömungen queerer Normativitätskritik systematisierend dargestellt und kritisch auf ihre politischen Potenziale hin befragt.

4.4 Antinormativismus – Normativitätskritik – Gegennormativität

Die Queer Theory bietet kein einheitliches, sondern ein diverses Instrumentarium für die Analyse und Kritik von Normativität an. Folglich wird auch das Verhältnis von Queerness zur Norm sehr unterschiedlich theoretisiert. Die verschiedenen Perspektiven lassen sich grob drei verschiedenen Positionen zuordnen: ein radikaler *Antinormativismus*, eine anerkennungstheoretisch grundierte *Normativitätskritik* und eine an das Prinzip von Gegenöffentlichkeiten rückgebundende *Gegennormativität.*

Antinormativismus: Lacanianer wie Lee Edelman und Tim Dean, aber auch dezidierte Psychoanalyse-Kritiker wie Jack Halberstam tendieren dazu, Queerness als radikal *antinormativ* zu konzipieren. Sie fassen in einem ersten Schritt das Verhältnis von queer zur Norm in negativen Begriffen als Ablehnung, Verweigerung oder Scheitern an der Norm. In einem zweiten Schritt werden die Randstellung in der Normalisierungsgesellschaft und das Scheitern an deren Anerkennungs- und Teilhabekriterien positiv umgedeutet. So trifft man in den Texten der antinormativen Strömung regelmäßig auf die (oft maskulin konnotierte) Figur des queeren Antihelden, der sich – von Jean Genets Querelle bis zum Zeichentrickflegel Sponge Bob – gegen sämtliche soziale Konventionen auflehnt und dadurch auch mit dem Gesetz in Konflikt gerät. Er schwört dem *straighten* – als angepasst, langweilig und unglücklich abqualifizierten – Leben der Normalen ab, nimmt die ihm zugewiesene Rolle als Underdog an und genießt sein – unter den gegebenen Bedingungen nicht unbedingt glücklicheres, aber dafür lustvolleres und intensiveres – Dasein in Rausch und Darkroom. Dieser negative Begriff von Queerness, der deutliche Anleihen beim lesbischen und schwulen Liberationismus von Wittig, Mieli und Hocquenghem macht (vgl. 2.1 und 2.3) lässt sich aus offensichtlichen Gründen sehr gut mit der identitätskritischen Ausrichtung der Queer Theory in Einklang bringen. Denn er bestimmt Queersein nicht über Inhalte (z.B. feststehende Personeneigenschaften oder Gruppenidentitätsmerkmale), sondern strukturalistisch über die Beziehung zur Norm, die Queers eine bestimmte, eben antinormative Position in der symbolischen Ordnung und im sozialen Feld zuteilt.

Queere Positionen des Antinormativismus unterscheiden sich aber gravierend hinsichtlich ihrer theoretischen Versiertheit und politischen Überzeugungskraft. Sie sind dort stark, wo sie mit Daniel Loick gesprochen ein existenz-ästhetisches Freiheitsverständnis geltend machen, das der Überschreitung sozialer Konventionen und dem Abstand zur Gemeinschaft einen »inhärenten Wert« zuschreibt, *ohne* dabei in ein liberales Verständnis von Freiheit zurückzufallen, das »einen vorsozialen oder natürlichen Handlungsspielraum für das Individuum« reklamiert (vgl. Loick

2021: 277). So wie die Lesbe für Monique Wittig oder das transsexuelle Subjekt für Mario Mieli ist das queere Subjekt für den Antinormativismus exzentrisch und transgressiv. Diese Exzentrik und Transgression sollten allerdings nicht als Antipoden zum Sozialen verstanden werden, denn sie sind selbst genuin sozial. Aus diesem Grunde ist es irreführend, dass Halberstam (2008) den Begriff des *antisocial turn* einführt, um antinormativistische Positionen zu beschreiben, handelt es sich bei ihnen doch eher um die Verhandlung alternativer Formen von Sozialität als um eine Suspension des Sozialen (vgl. 5). Ein queerer ästhetischer Freiheitsbegriff ist somit anschlussfähig für emanzipatorische und transformative kollektive Praktiken, die in der Überschreitung bzw. Distanz zu dominanten Formen von Sozialität nach Wegen suchen, andere soziale Praktiken und Beziehungen zu etablieren.

Der Antinormativismus wird dann problematisch, wenn er die gesellschaftlichen Rahmenbedingungen von Exzentrik vernachlässigt und Außenseiter*innentum mystifiziert. So entmaterialisiert und abstrahiert Halberstam immer wieder reale Erfahrungen von Isolation, Behinderung, Krankheit, Drogensucht und Prekarität, indem er sie in Metaphern für queere Disziplinlosigkeit und Unproduktivität wendet. An gesellschaftlichen Normen zu scheitern »ist etwas, das Queers immer schon außergewöhnlich gut getan haben«, heißt es in *The Queer Art of Failure* (2011: 3). Halberstam plädiert dafür, sich disziplinierenden Normen wie Konsumzwang, Leistungsdruck und positivem Denken zu widersetzen und ausbleibenden Erfolg als Ethos einer antikapitalistischen queeren Lebensweise zu zelebrieren. Diese Deutung ist im schlechtesten Sinne abgehoben. Mari Ruti bemerkt die Selbstgefälligkeit, mit der hier einer den Misserfolg als Lebensart predigt, der als Universitätsprofessor in einem recht konventionellen Sinn und mit den entsprechenden materiellen Vorzügen erfolgreich ist (vgl. Ruti 2017: 35). Vor allem zeichnet sich in Halberstams Manifest des Scheiterns aber eine Problematik ab, für die der queere Antinormativismus besonders anfällig ist und die vor allem auf dem Rücken der Individuen ausgetragen wird: Durch eine mystifizierende Konzeption von Queerness als Anti-Norm wird das oft mit hohen materiellen und gesundheitlichen Kosten einhergehende individuelle Leiden daran, nicht der Norm zu entsprechen, theoretisch annuliert. An anderer Stelle wird das Individuum dann wieder eingeführt, nämlich wenn ihm überproportional die Last aufgebürdet wird, sich hegemonialen Normen und der Integration in das normale Leben zu widersetzen. Halberstam und andere Antinormativist*innen öffnen mit solchen Manövern die Tür für einen Diskurs, der sich zu einseitig auf individuelle Verhaltensweisen kapriziert, eine platte (und selbstgerechte) Gegenüberstellung von radikalen Queers und angepassten Normalos befördert und auf diese Weise zu einer Moralisierung gesellschaftspolitischer Problemstellungen beiträgt.

Anerkennungstheoretische Normativitätskritik: Stärker anerkennungstheoretisch orientierte Queertheoretiker*innen wie Judith Butler gehen mit ihrer Normativitätskritik einen anderen Weg als den des Antinormativismus. Die Beziehung von Queerness zur Norm wird hier dialektischer gefasst, da ein Leben außerhalb von Normen und eine radikale Negation von Normativität für sie weder vorstellbar noch wünschenswert sind. Eine radikale Opposition gegen Normen erscheint aus dieser Perspektive als genauso fantasmatisch wie das angestrebte Ziel, ihnen vollständig zu entsprechen. Stattdessen zielt die ambivalente, und in diesem Sinne abgeschwächte, Normativitätskritik darauf ab, Normen weniger rigide werden zu lassen und sie gewissermaßen zu demokratisieren. Das Problem besteht für sie nicht grundsätzlich darin, dass sich Gesellschaft und Individuen normative Maßstäbe geben, sondern dass diese in der Regel nicht deliberativ und partizipatorisch zustande kommen und daher schwerlich veränderbar und revisionsfähig sind. An den Beispielen des Personenstandsgesetzes, des sogenannten Transsexuellengesetzes oder des Prostitutionsschutzgesetzes in Deutschland lässt sich das gut veranschaulichen. Sie verdeutlichen, dass geschlechtliche und sexuelle Normen in modernen Gesellschaften institutionell durch den Staat und das Recht, aber auch durch Medizin und Psychiatrie gestützt werden, die dazu tendieren, Normen zu setzen und zu fixieren, statt sie offen und verhandelbar zu halten. Dadurch wird aus Sicht von Normativitätskritiker*innen wie Butler der begrenzende, entmündigende und gewaltvolle Charakter von Normen gestärkt, während ihr potenziell ermöglichender und schützender Charakter geschwächt wird bzw. nur partiell, nämlich aufseiten jener Mehrheiten zu Buche schlägt, »die – zu einem hohen psychischen und somatischen Preis – als normal ›durchgehen‹« (Butler 2015: 48).

Butler setzt nicht auf einen rebellischen Umsturz oder ein Fliehen von normativen Ordnungen, sondern auf deren geduldiges, kleinteiliges Durcharbeiten. Sie folgt hierbei dem Foucault'schen Paradigma, wonach Widerstand und Politik nicht gegen die oder außerhalb der Macht, sondern nur in Beziehung und im Austausch mit ihr praktiziert werden können. Demnach gebe es auch keinen Ort außerhalb oder jenseits von gesellschaftlichen Normalitätsvorstellungen, von dem aus Subjekte Widerstand gegen die Ordnung der heterosexuellen Zweigeschlechterwelt leisten könnten. Butlers gendertheoretische Arbeiten sind entsprechend von der Überzeugung getragen, dass Geschlechternormen weder abgeschafft noch unendlich vervielfacht, wohl aber subversiv umgedeutet und gedehnt werden können (Butler 1991; 1997a). Konkret bedeutet das, den Bereich des Denkbaren stetig auszuweiten, indem Geschlechterkategorien wie ›die Frau‹ pluralen und nicht-hierarchischen Bedeutungen und Ausdrucksweisen von Weiblichkeit Platz einräumen – einschließlich solcher Bedeutungen und Ausdrucksweisen, die zu einer gegebenen Zeit als männlich oder unweiblich gelten.

Butler rückt mit dieser eher bescheidenen Aussicht auf Veränderungsmöglichkeiten auf Abstand zu radikal antinormativen Positionen, was vor allem mit ihrer von Jacques Derrida und Emmanuel Levinas übernommenen poststrukturalistischen Aversion gegen starke Handlungs- und Subjektbegriffe zusammenhängt. Antinormative Ansätze betreiben aus dieser Perspektive eine Erhöhung des Handlungsvermögens von Subjekten. Butler geht demgegenüber vom Primat der sozialen Relationalität allen Handelns aus und behauptet eine übermächtige (normative, sprachliche, diskursive) Struktur der Unterwerfung und Fremdbestimmung des Subjekts, der dieses sich nicht entziehen kann. Wie Mari Ruti zeigt, ist Butlers Subjektkritik von einer paranoiden Spur durchzogen: hinter jeder theoretischen Würdigung von Gegenmacht und individueller/kollektiver Autonomie wird sogleich das arrogante (maskuline) Subjekt der Metaphysik gewittert (Ruti 2017: 55 f.). Butlers Problem mit dieser Subjektform ist vor allem ethischer Natur; für sie kann sich das souveräne Subjekt nur um den Preis der Leugnung seiner eigenen Verwundbarkeit konstituieren. Weil diese Verwundbarkeit in der genuinen Abhängigkeit des Subjekts von Anderen gründet, deutet Butler jedwede Souveränitäts- und Autonomiebestrebung als (unbewussten) Wunsch, das Andere auszulöschen. Butler konstruiert an dem Punkt aber einen Widerspruch, wo keiner ist. Denn auch wenn Subjekte immer in Relation zu anderen handeln, sind sie aus dieser Relationalität heraus dennoch zu radikalen und intentionalen Akten fähig, die das eigene Leben und sogar die Geschichte verändern können – einschließlich solcher Akte, die schädliche Beziehungen abbrechen oder auf die eigene körperliche Autonomie bestehen. Die Fallstricke von Butlers Denken zeigen sich vor allem dort, wo abstrakte subjektontologische und ethische Prämissen auf das Feld des Politischen angewandt werden. Konsequent zu Ende gedacht mündet dies in eine politische Ethik, die Verletzlichkeit und Unverfügbarkeit hypostasiert und das politische Subjekt in Ehrfurcht vor dem Anderen bis an die Grenze zur Selbstaufgabe treibt. Derart realitätsferne Ansprüche an das Subjekt provozieren fast zwangsläufig eine Politik, die sich aus schlechtem Gewissen und Schuld speist und damit anfällig für Ressentiments und Konflikte ist, die einen destabilisierenden Charakter auf Bewegungen haben.

Gegennormativität: Nicht alle queere Theorien lassen sich dem Antinormativismus oder der Normativitätskritik in der Tradition von Butler zuordnen. So hat Warner vorgeschlagen, die Praktiken queerer Kulturen in Bezug auf Sexualität nicht als *anti-*, sondern als *gegen*normativ (engl. *counter-normative*) zu fassen, womit er einen vermittelnden Weg zwischen den anderen beiden Strömungen einschlägt (2000: o.S.). Anders als beim rigorosen Antinormativismus stellt queere Gegennormativität Normen nicht per se infrage, sondern etabliert eine eigene Kontranormativität mit alternativen Bewertungsmaßstäben. Was eine gute und was eine schlechte Sexualität ist, wird nicht länger mit Bezug auf dominante Normen wie die vermeintliche Natur des Menschen oder im Rückgriff auf medizinische Kategoriensysteme beantwortet, sondern zum Beispiel daran gemessen, wie sich die Beteiligten behandeln, ob die sexuellen Handlungen einvernehmlich vollzogen werden und ob der mögliche Lustgewinn qualitativ ausgeschöpft wurde (vgl. Rubin 2003: 45). Im Unterschied zur Idee einer bloßen Verhandlung und Verschiebung von Normen bildet diese queere Gegennormativität jedoch ein konflikthaftes und konfrontatives Verhältnis zur dominanten Normativität aus.

Gegennormativität ist an die Entstehung von Gegenöffentlichkeiten geknüpft, die in einem polemischen Verhältnis zur allgemeinen Öffentlichkeit stehen. Nancy Fraser (1992) versteht solche Gegenöffentlichkeiten als »parallele diskursive Arenen, in denen Mitglieder untergeordneter sozialer Gruppen Gegendiskurse erfinden und verbreiten, um oppositionelle Interpretationen ihrer Identitäten, Interessen und Bedürfnisse zu formulieren« (ebd.: 123). Gegenöffentlichkeiten eröffnen marginalisierten Gesellschaftsgruppen demnach Selbstdeutungen, die den Fremddeutungen der Mehrheitsgesellschaft zuwiderlaufen. Fraser kritisiert damit den Habermas'schen Universalismus von nur *einer* idealen Öffentlichkeit, folgt dem Autor des *Strukturwandels der Öffentlichkeit* aber dahingehend, dass sie den Widerspruch zwischen allgemeiner Öffentlichkeit und subalterner Gegenöffentlichkeit allein an inhaltlichen und normativen Differenzen festmacht. Warner erweitert Frasers Konzept deshalb in zweifacher Hinsicht, um es für das Phänomen queerer Gegenkulturen nutzbar zu machen: Erstens setzten sich Gegenöffentlichkeiten nicht nur durch andere Inhalte und Deutungen, sondern auch in ihrer ästhetischen Formsprache und Medialität von der dominanten Öffentlichkeit ab. Zweitens seien die Formen und Medien, über die sie sich konstituieren, nicht allein rationaler und argumentativer Art, sondern schlössen systematisch Affekte, Körper und Persönliches ein – Dimensionen des Lebens, die aus dem rationalen Diskurs der bürgerlichen Öffentlichkeit weitgehend ausgeschlossen werden (vgl. Warner 2002: 118–124).

Queere Gegenöffentlichkeiten ermöglichen also mehr als alternative *Repräsentationen* von Sexualität, Körper und Geschlecht. Beim Cruising und auf BDSM-Treffen, in Drag-Shows, in Selbsthilfezusammenhängen und auf CSD-Paraden werden diese zu *Medien* für Kommunikation und Interaktion. Die dominante Trennung in intime Privatsphäre und abstrakte Öffentlichkeit wird damit in beide Richtungen gequeert: Das Private (Sex, Körper, Intimität) wird politisiert und veröffentlicht, wodurch Öffentlichkeit erotisiert und intimisiert wird. Queere Gegenöffentlichkeiten stehen damit im Widerspruch zur bürgerlichen Ideologie, die das eigene Intim- und Sexleben als privat und als der Öffentlichkeit entzogen versteht – und das paradoxerweise nicht als Begrenzung, sondern Voraussetzung von sexueller Freiheit darstellt.

Aus einer gegennormativen Kritikperspektive verhält es sich genau umgekehrt: Für sie führt die Privatisierung von Sexualität nicht zu mehr, sondern zu weniger Freiheiten. Die Einführung der gleichgeschlechtlichen Ehe und die allmähliche Angleichung lesbischer und schwuler Lebensformen an die heteronormative Beziehungswelt werden entsprechend als existenz-ästhetisches Problem diskutiert. Denn sie gehen mit einem Verlust von Öffentlichkeit einher, die queeres Leben historisch erst möglich machte. So hat gerade die Desidentifizierung von Queers mit der heteronormativen Beziehungswelt – angefangen bei der eigenen Herkunftsfamilie – kreative und sozial innovative Prozesse in Gang gesetzt, die neue Identitäten, Beziehungsweisen und Körperpraktiken hervorbrachten. Die Ballroom-Szene in den USA, aber auch die Tuntenkultur in Deutschland haben sich beispielsweise zentrale Kategorien heteronormativer Privatheit angeeignet – Mutter, Tochter und Kind – und diese durch eine gegenöffentliche Aneignung in eine matriarchale Familien- und Verwandtschaftsstruktur mit Ein- und Ausgängen übersetzt, die nicht auf Biologie und Abstammung basiert (Bailey 2013). Queere Gegenkulturen haben neuartige Sedimentierungen und Übergänge von Geschlechtlichkeit und Sexualität produziert (z.B. Butches, Femmes, Bären, Queens, Powerbottoms, non-binary, trans*, genderfluid, questioning), unzählige Sexual- und Körperpraktiken hervorgebracht (von ›safer sex‹-Praktiken über Fisting und BDSM zu anderen Formen nicht-penetrativer Luststeigerung durch den Einsatz unterschiedlichster Körperteile und Hilfsmittel) sowie das Spektrum der Kontaktzonen und Beziehungsmodi auf Weisen erweitert, die heteronormative Grenzziehungen zwischen Freund*innen, flüchtigen Bekannten, Sexpartner*innen, Unbekannten, Liebhaber*innen, Lebenspartner*innen etc. durchkreuzen (Berlant/Warner 2005: 93).

Demgegenüber zeichnet sich die heterosexuelle Zweigeschlechterkultur trotz Feminismus, ›sexueller Revolution‹ und des oben beschriebenen Prekärwerdens von heteronormativen Institutionen weiterhin durch eine relative ästhetische Konstanz sowie durch eine größere Nähe zu traditionellen Beziehungs- und Sexualitätsnormen wie Paarnormativität, Monogamie und geschlechtlich kodiertem Penetrationsprimat (männlich-aktiv/weiblich-passiv) aus. Die relative Behäbigkeit und Persistenz der Heterosexualität (eine verstaubte, medizinische Kategorie, für die bis heute kaum alternative Bezeichnungen im Gebrauch sind) erklärt sich demnach nicht zuletzt aus dem hohen Privatisierungsgrad und dessen Kehrseite: einem weitgehenden Fehlen von Gegenöffentlichkeiten, in denen sich Beteiligte die heterosexuelle Frage nicht bloß diskursiv, sondern ästhetisch, praktisch und affektiv aneignen und zu einer Mediatorin für Veränderung machen könnten.

Die gegennormative Kritikperspekive besteht darauf, dass Öffentlichkeit mehr tun kann, als die Identitäten und Interessen von LGBT und anderen Personen zu repräsentieren. Für Warner und andere Queer-Theoretiker*innen wie José Esteban Muñoz (vgl. 3.3) ist sie unverzichtbarer Bestandteil eines Projekts des *queer worldmaking*, bei dem es darum gehe, »neue Welten der Kultur und der sozialen Beziehungen zu schaffen, in denen Geschlecht und Sexualität gelebt werden können, einschließlich Formen der intimen Assoziation, affektiven Wortschätze, Stile der Körperlichkeit, erotische Praktiken und Beziehungen der Sorge und Pädagogik« (Warner 2005: 57). In der Tat haben sich die Möglichkeiten geschlechtlicher und sexueller Ausdrucks- und

Existenzweisen in den letzten Jahrzehnten immens ausgeweitet und pluralisiert. Diesem Erfolg steht jedoch das weitgehende Scheitern queerer und LGBT-Bewegungen gegenüber, materielle Bedingungen zu erkämpfen, welche die soziale Reproduktion von Existenz- und Lebensweisen absichern, die sich nicht in die privativen Rechtsformen von Ehe und Familie kanalisieren lassen bzw. lassen wollen. Eine Politik queerer Gegenöffentlichkeiten müsste daher nicht nur auf einer kulturellen und alltagsweltlichen, sondern zudem stärker auf einer institutionellen und strukturellen Ebene ansetzen, um die gesellschaftlichen Reproduktionsbedingungen für queeres Leben herzustellen. Die Rolle der queeren Normativitäts- und Normenkritik wäre für ein solches Projekt im Sinne einer materialistischen Revision neu zu definieren.

Das politische und gesellschaftstheoretische Potenzial der queeren Normativitätskritik, des Antinormalismus und der Gegennormativität wird durch ihre Tendenz zum entmaterialisierenden Denken begrenzt. So umgibt den Normativitätsbegriff, wie oben deutlich wurde, eine nebulöse Aura, die dazu verleitet, Heteronormativität als abstrakten Universalbegriff zu verwenden, mit dem dann alles und nichts erklärt werden kann: mehr Freiheiten genauso wie mehr Kontrolle, institutioneller Zwang ebenso wie Lust am Normalsein, konkrete körperliche Gewalt genauso wie diffuse Atmosphären und Affekte, die Benachteiligung von Lesben und Schwulen ebenso wie die Bevorteilung bestimmter LGBT über andere LGBT. Damit gehen auch politische Konsequenzen einher: Je unschärfer, vertrackter und beliebiger das Konzept der Heteronormativität wird, desto unklarer wird, wie Heteronormativitätskritik praktisch werden kann. Wenn es darum geht, konkrete Hebel gesellschaftlicher Veränderung zu identifizieren, dann sind die Konturen einer normativitätskritischen Politik jedenfalls deutlich unkonkreter als politische

Strategien, die mit Inklusionsforderungen auf die Reform von bestimmten Institutionen wie Ehe und Familie abzielen. Im schlechtesten Fall droht Normativitätskritik zur »politisch leeren Geste« (Lewis 2022: 276) zu werden, wenn sie sich auf Symbolpolitik kapriziert oder sich auf das Genre des Kommentars zurückzieht, der gar nicht mehr den Anspruch an sich stellt, mögliche konkrete Ansatzpunkte für eine soziale Mobilisierung und politische Organisierung auszuweisen.

Die richtige intersektionale Erkenntnis, dass es »keinen privilegierten noch einheitlichen Ort des Widerstandes [gibt], von dem aus sich heteronormative Herrschaft am besten verstehen lässt« (Woltersdorff 2016: 34), wird zudem von Normativitätskritiker*innen nicht immer konsequent genug befolgt. So wird hinterrücks häufig ein personalisierter Antagonismus wieder eingeführt, in diesem Fall aber nicht zwischen Hetero- und Homosexuellen oder Cis- und Transgeschlechtlichen, sondern zwischen radikalen Queers und angepassten Lesben und Schwulen. Mit einem seit Beginn der 2000er Jahre vielgebrauchten Begriff, der unmittelbar an Warners Heteronormativitätsbegriff angelehnt ist, wurde die eine Seite dieses Antagonismus mit einem polemischen Namen belegt: Homonormativität.

Susan Stryker berichtet, wie trans Personen den Begriff in den 1990er Jahren verwendeten, um ihre Marginalisierung in schwulen und lesbischen Communitys zu kritisieren, weil dort eine Idealisierung hetero- und cisnormativer Geschlechterkonstruktionen vorherrsche. Auf diese Weise würde Homonormativität politische Bündnisse zwischen trans und nicht-trans Personen erschweren oder ganz untergraben (vgl. Stryker 2008: 146). Lisa Duggan führt den Begriff Anfang der 2000er Jahre stärker hegemonietheoretisch ein. Als homonormativ bezeichnet sie eine auf der Allianz von bürgerlichen Homosexuellenorganisationen sowie liberalen und konservativen politischen Kräften gründende neoliberale Neuausrichtung von LGBT-Politik, die sich dezidiert gegen eine linke politische Agenda richtet. Die neue homonormative Politik kämpfe für das Recht zu heiraten und dem Vaterland an der Waffe zu dienen, während sie sich desinteressiert zeige, die systemischen Ursachen von Armut und Rassismus zu bekämpfen, von denen LGBT ohne weiße und klassenbasierte Privilegien betroffen sind. Die homonormative Agenda zeichnet sich demnach dadurch aus, dass sie »die herrschenden heteronormativen Annahmen und Institutionen nicht infrage stellt, sondern aufrechterhält und fortsetzt, während sie eine demobilisierte schwul-lesbische Community und eine ins Private zurückgezogene, entpolitisierte schwul-lesbische Kultur in Aussicht stellt, die in Häuslichkeit und Konsum verankert ist« (Duggan 2003: 50).[47]

Obwohl Duggan den Begriff der Homonormativität klassenanalytisch ausrichtet, wird er in der Rezeption oft moralisch auf eine Kritik an Schwulen und Lesben reduziert, die sich an heteronormativen Geschlechterbildern und Lebensweisen orientieren. Dadurch verschiebt sich die Perspektive auf das Phänomen, um das es vor allem gehen sollte: Statt die implizite Klassenpolitik der (neo-)liberalen LGBT-Agenda zu dechiffrieren, die politische Forderungen nach einer radikal anderen Einrichtung der Gesellschaft blockiert, wird ein identitär überformter politischer Antagonismus zwischen guten queeren und schlechten homonormativen Subjekten konstruiert. Spätestens wenn Klassenverhältnisse als Konflikt zwischen Lebensstilen oder Identitäten reartikuliert werden, verhält sich Homonormativitätskritik aber nicht mehr oppositionell zum Neoliberalismus, sondern spiegelbildlich zu ihm (vgl. Lewis 2022: 229 f.).

5. Negativität und Utopie

A steht für Angst. D steht für Depression. H steht für Hoffnungslosigkeit. M steht für Melancholie. R steht für Rage. S steht für Scham – und für Slow Death. T steht für Trauma. U steht für Utopie und V für Vulnerabilität. Diese Aufzählung deckt nur einige Buchstaben aus dem *Alphabet of Feeling Bad* (2015) der Affekt-Theoretikerin Ann Cvetkovich und der Berliner Künstlerin Karin Michalski ab. Weitere Einträge befassen sich mit Einsamkeit, Erschöpfung, Trauer, Prekarität und dem Gefühl, in einer Sackgasse gelandet zu sein. Negative Gefühle und negative Erfahrungen im Zusammenhang mit der eigenen Sexualität und dem eigenen Begehren sind für Queers ein fester Bestandteil ihres Lebens. Sie prägen die individuelle Biografie, die häufig von Ablehnung durch die Herkunftsfamilie und Schulfreund*innen sowie von Gewalterfahrungen in der Privatsphäre und im öffentlichen Raum gezeichnet ist. Sie prägen aber auch das kollektive Gedächtnis von queeren und trans Personen, die um die lange Geschichte wissen, in der Menschen wie sie Hass, Verachtung und Auslöschungsfantasien auf sich gezogen haben. Cvetkovichs und Michalskis *Alphabet of Feeling Bad* erinnert daran, dass diese Geschichte nicht vorüber ist, sondern fortlebt und nachwirkt, selbst wenn die offiziellen Zeichen der Zeit in den liberalen Gegenwartsgesellschaften (im Moment) auf Gleichheit und Inklusion stehen.

Die Befassung mit Negativität war seit jeher ein Markenzeichen queerer Theorien, hat sich aber seit Beginn der 2000er Jahre noch einmal so stark intensiviert, dass von einer ›negativen Wende‹ (engl. *negative turn*) der Queer Theory die Rede ist. Zwei Fragen stehen hierbei im Zentrum der Diskussionen: Wie können negative Erfahrungen und Gefühle aus queerer Perspektive bzw. auf eine queere Weise theoretisiert und politisch verhandelt werden? Und wie soll auf eine Gesellschaft und eine Kultur geantwortet werden, die queeres Leben und queere Sexualität in negativen Begriffen fassen, ja mit Negativität identifizieren? Mehr oder weniger alle Arbeiten, die sich der ›negativen Wende‹ in der Queer Theory zuordnen lassen, sind sich einig, dass die Antwort auf die letzte Frage nicht darin bestehen darf, sich an die Normalitätsvorstellungen der Allgemeinheit anzupassen. Stattdessen gelte es, Wege auszuloten, mit Negativität zu leben, bei denen das verstörende und transformative Potenzial von Queerness nicht aufgegeben wird.

5.1 Aids, Homophobie, sexualisierte Gewalt: Zur Negativität des Sexes

Die Anfänge der ›negativen Wende‹ in der Queer Theory werden häufig mit schwuler Theoriebildung im Kontext der Aids-Krise in Verbindung gebracht. In seinem hierfür wegweisenden Essay *Is the Rectum a Grave?* (1987) analysiert der Literaturwissenschaftler Leo Bersani die phobischen Projektionen und Fantasien, die schwule Sexualität im Kontext von HIV/Aids in den 1980er Jahren zum Emblem für Krankheit und Tod machten. Die Stilisierung des Rektums zum Grab sei der Höhepunkt einer sich als Analphobie manifestierenden Homophobie, die ihm zufolge sowohl die Mehrheitsgesellschaft wie, in internalisierter Form, auch die schwule Szene beherrscht. Der die Schwulenbewegung in den 1970er Jahren anleitende sexuelle Befreiungsgedanke, der seinen sichtbarsten Ausdruck in einer promiskuitiven Sexkultur in den urbanen Zentren fand, gerät in dieser Zeit massiv in die Defensive. Parallel dazu werden die bürgerlichen und konservativen Strömungen in der Schwulenbewegung gestärkt, die Promiskuität und öffentliche Sexkulturen als Hauptursache für die Verbreitung des Virus identifizieren und in Abkehr davon Monogamie und Häuslichkeit predigen. Für Bersani und andere Queer-Theoretiker*innen, wie Peter Rehberg und Karsten Schubert im deutschsprachigen Raum, wird damit eine Entsexualisierung der Homosexualität betrieben, die aus verinnerlichter Schuld und Scham resultiert. Sie fragen sich vor diesem Hintergrund, wie Queer Theory die Idee von sexueller Befreiung in Zeiten von HIV/Aids theoretisch und politisch aktualisieren müsste (vgl. Rehberg 2018; Schubert 2022).

Im Kern besteht Bersanis psychoanalytisch informierte Antwort auf diese Frage darin, Schwule mögen die negativen Assoziationen mit Sex – seine amoralischen, perversen und als unsozial geltenden Seiten – nicht von sich weisen, sondern bejahen. Damit denkt er schwule Sexualität in einem Spannungsverhältnis zur bürgerlichen männlichen Subjektivität. So beruhe letztere auf einer Souveränitäts- und Einheitsfiktion des Selbst, welche nach psychoanalytischem Verständnis durch die Erfahrung des Sexuellen zunichtegemacht wird: Im sexuellen Genuss und in sexuellen Fantasien und Begehren werde die Identität des Selbst dezentriert und überschritten. Homophobie ist ein psychischer Abwehrmechanismus gegen diese Transgressionserfahrung, wobei kaum etwas anderes die Angst vor dem Verlust von Männlichkeit so stark entfacht wie anale Penetration und die Fantasien, die sie umranken. Denn in der heteropatriarchalen symbolischen Ordnung ist sexuelle Rezeptivität weiblich konnotiert und wird dementsprechend mit Unterordnung und Machtverlust in Verbindung gebracht. Das »Bild eines erwachsenen Mannes, der, mit den Beinen hoch in der Luft, nicht im Stande ist, sich der selbstmörderischen Ekstase, eine Frau zu sein, zu verweigern«, so Bersani, sei für das homophobe Imaginäre inakzeptabel (Bersani 2010a [1987]: 18). In den phobischen Reaktionen auf den anal penetrierten Mann kommen daher laut Bersani das Grauen und zugleich die (uneingestandene) Faszination mit der »ego-zersetzenden *jouissance* einer fantasierten weiblichen Sexualität« zum Ausdruck – »eine *jouissance*, die dem männlichen Körper gemäß dieser Fantasie im ›passiven‹ Analsex zur Verfügung steht« (Bersani 2010b [2004]: 133). Wenn das Rektum in diesem Sinne als Grabstätte der tyrannischen männlichen Subjektform fungieren kann, sei es eine schwule Pflicht, das tödliche Potenzial von Analsex zu zelebrieren und so die eigene, internalisierte Homophobie aufzusprengen (vgl. Bersani 2010a [1987]: 29).

Queerfeminist*innen lassen die hier anklingende Gleichsetzung von Passivität mit Unterordnung oft nicht stehen. So hat etwa die Philosophin Bini Adamczak (2016) den Begriff der »Circlusion« als Gegenbegriff zum gebräuchlichen Begriff der Penetration vorgeschlagen. Wo das Paradigma der Penetration Körperöffnungen als rein passiv und aufnehmend konstruiere, kehre die Perspektive der Circlusion dieses Verhältnis um und mache Vulva, Vagina, Anus und Mund zu aktiven Organen, die etwas reinholen, umschließen und festhalten. Bersani würde darauf entgegnen, dass hierbei allerdings etwas Radikales verloren geht, nämlich der Genuss am Penetriertwerden, der vom Genuss der als Unterwerfung und Kontrollabgabe erfahrenen Passivität nicht getrennt werden kann. Die Umkehrung von Aktivität und Passivität hebt den Phallozentrismus aus Bersanis Sicht nicht auf, sondern bestätigt ihn nur. Denn es geht beim Phallozentrismus

»nicht vorrangig um die Leugnung der Macht von Frauen (obwohl er offensichtlich auch dazu geführt hat, und zwar überall und jederzeit), sondern vor allem um die Leugnung des *Werts* der Machtlosigkeit bei Männern wie bei Frauen« (Bersani 2010a [1987]: 24). Die Aufgabe queerer Kritik besteht für Bersani darin, der Negativität von Sex im Rahmen eines Projekts queerer Befreiung einen politischen Eigenwert zuzugestehen – und nicht, der Sexualität neue Wohlfühldiskurse überzustülpen, die ihr das Verstörende und Schmutzige nehmen. Eine solche Tendenz beobachtet Bersani bei links-intellektuellen Schwulen der 1980er Jahre, die die schwule Sexkultur zur Keimzelle einer neuen egalitären und von Fürsorge und Zärtlichkeit getragenen Sozialität erklären. Jeder, der einmal eine Nacht in einer Schwulensauna verbracht habe, wisse jedoch genau, dass dies »eine der rücksichtslosesten, hierarchischsten und wettbewerbsorientiertesten Umgebungen [ist], die man sich vorstellen kann«, weil dort allein das Aussehen und die körperliche Ausstattung bestimmten, »wie glücklich du in diesen wenigen Stunden sein würdest« (ebd.: 12).

Ironischerweise wählt Bersani ausgerechnet die radikalfeministischen Porno- und Penetrationsgegnerinnen Catharine MacKinnon und Andrea Dworkin zu seinen Gewährsleuten, um seine negative Theorie der Sexualität in Abgrenzung vom liberalen Sexdiskurs zu entwickeln. Der sexuelle Liberalismus fasse Macht und Herrschaft als der Sexualität äußerlich; sie erscheinen ihm im Sinne von schlechten Einflüssen, die – etwa durch sexistische Pornografie – eine grundsätzlich von Zärtlichkeit, Liebe und Egalität getragene Sexualität kompromittieren und deformieren. Der sexnegative Feminismus zeichne demgegenüber nicht nur ein realitätsgetreueres Bild von der Sexualität, indem er die Erotisierung von Hierarchien und Macht als einen ihrer unausweichlichen Motoren identifiziert, sondern gebe zugleich den politischen Wert des Sex zu erkennen: MacKinnons und Dworkins »Anklage gegen den Sex – ihre Weigerung, ihn zu verschönern, zu romantisieren, zu behaupten, dass Vögeln etwas mit Gemeinschaft oder Liebe zu tun hat«, habe den »unschätzbaren Wert von Sex« dargelegt, indem dieser – »zumindest in einigen seiner unauslöschlichen Aspekte« – als »anti-kommunitär, anti-egalitär, anti-fürsorglich und anti-liebevoll« offenbar geworden sei (ebd.: 22).

Das politische Potenzial von Sex liegt der negativitätstheoretischen Queer Theory zufolge genau darin, nicht sozial und gemeinschaftsorientiert zu sein. Sie leitetet daraus einen individuellen Freiheitsanspruch gegenüber den normativen Erwartungen und dem sozialen Konformitätsdruck ab, die dem sexuellen Subjekt aus Gesellschaft und Community entgegenschlagen. Allerdings darf die Verteidigung dieses Anspruchs nicht im Sinne einer Gegenüberstellung von Individuum und Gesellschaft gedacht werden. Um Freiheitsgrade des Unsozialen innerhalb des Sozialen zu ermöglichen und auszuweiten, muss sich die Einbeziehung der Negativität von Sex selbst als gesellschaftlicher Prozess vollziehen.

Weil Bersani darauf insistiert, dass die nicht-sozialen Aspekte der Sexualität als intrinsische Momente des Sexuellen anzuerkennen seien, wurde er zum Begründer der so genannten »anti-sozialen These« in der Queer Theory erklärt (Caserio 2006: 819; Halberstam 2008: 140). Der Begriff des Antisozialen lädt allerdings zu Missverständnissen ein, denn es geht Bersani überhaupt nicht um eine Negation von Sozialität und Relationalität schlechthin, sondern um die Opposition zu bestimmten, bürgerlichen und heteronormativen Modi des Sozialen, die die dargestellte Negativität von Sex leugnen und das verunmöglichen, was Bersani »Homo-ness« nennt: ein nicht-identitätsbasiertes Begehren von Ähnlichem/Gleichem, das einer Neubestimmung von Relationalität bedürfe (Bersani 1995). Foucaults Machtbegriff gebe einem solchen Projekt der Neuerfindung des Sozialen wichtige

Impulse, weil Foucault darauf bestanden habe, dass Macht im sozialen Feld nicht von außen, nicht nur von oben nach unten und nicht vorrangig in Form von Oppositionen operiere, sondern allgegenwärtig in das Alltagshandeln und die Beziehungen der Menschen eingelassen sei. Bersani folgert daraus, »dass die Reibungen, die inhärenten Antagonismen und Widersprüche der Macht niemals aus den gesellschaftlichen Gruppierungen eliminiert werden können, und dass sie daher in jedem Projekt der sozialen Reorganisation ihren Platz haben müssen« (ebd.: 138). Die Frage, wie eine solche Reorganisation aussehen könnte, in der die Negativität von Sex ihren Platz hätte und nicht durch pastorale Mechanismen der Sublimierung und Disziplinierung eingehegt würde, hat Bersani allerdings nicht konkret beantwortet.

Bersanis Werk ist durch ein Archiv von überwiegend weißer schwuler Kultur und Literatur geprägt, doch seine grundlegenden Überlegungen zum Verhältnis von Sexualität und Sozialität haben sich auch für nicht-schwule und nicht-weiße Kontexte als anschlussfähig erwiesen. So geht die kubanisch-amerikanische Queer-Theoretiker*in Juana María Rodríguez in ihrer Monografie *Sexual Futures, Queer Gestures and Other Latina Longings* (2014) etwa den »politisch inkorrektesten sexuellen Fantasien« von rassifizierten Frauen nach (ebd.: 25); hierzu gehören Fantasien von Unterwerfung und Hingabe, die der (weißen) feministischen Theoriebildung und Politik in der Regel als empörend und unfeministisch gelten. Eine Tabuisierung und Beschämung solcher widersprüchlichen Begehren sei jedoch keine geeignete Lösung, vielmehr sollten sie zum Ausgangspunkt für ein queere Politik werden, die es rassifizierten Frauen ermöglicht, Lust und Vergnügen in einer Welt zu erfahren, in der ihnen diese nie zugedacht war (ebd.: 182).

In *An Archive of Feelings: Trauma, Sexuality and Lesbian Public Cultures* (2003) untersucht Ann Cvetkovich aktivistische, kulturelle und sexuelle Praktiken in lesbischen Gegenkulturen im Hinblick darauf, wie sie zur Verarbeitung von (individuellen und kollektiven) traumatischen Erlebnissen von sexueller Gewalt bis zu den verheerenden Folgen der Aids-Krise beitragen können. Wo Traumata, Depression und andere psychische Leiden aus der dominanten Öffentlichkeit ausgeschlossen und in den privaten Raum des Häuslichen und Medizinisch-Therapeutischen gedrängt werden, zeigt Cvetkovich, wie sie in queeren Öffentlichkeiten vermittels politischer Aktionen, Performances, Musik sowie Körperpraktiken wie BDSM auf eine Weise erlebbar gemacht und durchgearbeitet werden, dass ihre Bedingungen erkennbar und potenziell transformierbar werden. Cvetkovich befasst sich hierbei auch mit der unter lesbenfeindlichen Prämissen vorgebrachten Hypothese, dass Lesbianismus eine Folge von traumatischen sexualisierten Gewalterlebnissen mit Männern sei. Indem feministische Therapieansätze für lesbische Überlebende einen solchen Kausalzusammenhang aus nachvollziehbaren Gründen leugnen, laufen sie laut Cvetkovich unfreiwillig Gefahr, dessen implizite homophobe Vornahme zu bestätigen, nämlich dass eine nachweisliche Verbindung von sexuellem Missbrauch und Homosexualität letztere diskreditieren würde. Warum, fragt sich Cvetkovich, »kann die Aussage ›Sexueller Missbrauch verursacht Homosexualität‹ nicht genauso leicht auf der Annahme basieren, dass mit Lesbisch- oder Schwulsein etwas richtig statt falsch sein muss?« (ebd.: 90) Während Cvetkovich ebenfalls monokausale Zusammenhänge ausschließt, plädiert sie dafür, die komplexen Beziehungen zwischen Gewalterfahrung und Homosexualität zu ergründen und der Vorstellung Raum zu geben, dass lesbische Sozialität und queere Räume für Subjekte auch deshalb begehrenswert werden können, weil sie heilsame Alternativen zu den gewaltförmigen Beziehungsdynamiken generieren, die heterosexuelle Paar- und Familienformen durchziehen.

Ganz ähnlich argumentiert auch der in Stuttgart lehrende Soziologe Robin Bauer (2014) in seiner Untersuchung von queeren und lesbischen (*dyke*) BDSM-Kulturen. Die queere BDSM-Kultur unterscheide sich von heteronormativer Sexualität nicht darin, dass in ihr Hierarchien und Machtgefälle erotisiert würden, sondern darin, damit einen ehrlicheren und transparenteren Umgang zu finden. So basiere das bürgerliche »Ideal des harmonischen Sex« (ebd.: 3) auf einer realitätsfernen Vorstellung von sexueller Interaktion als machtfreiem Aufeinandertreffen egalitärer Partner*innen. Damit werde die Machtgetränktheit sexueller Beziehungen aber nicht ausgehebelt, sondern nur vernebelt. Die queere BDSM-Kultur bringe demgegenüber »alternative Intimitäten« hervor, die bewusst Spannungen und Risiken umfassen sowie Exzess und Ekstase als Teil von Sex zelebrieren. Anders als in der heteronormativen Kultur des harmonischen Sex, in der sich die ›negativen‹ Seiten des Sex oft in Form von nicht-konsensualer Überschreitung und Gewaltanwendung Bahn brechen würden, böten die Aushandlungs- und Kommunikationsformen in der queeren BDSM-Kultur einen verantwortungsvolleren Rahmen, um nicht-harmonische Formen der Intimität ausleben zu können (ebd.: 4).

Wenn wir die am Ende des vierten Kapitels entwickelte Heuristik von antinormativer, gegennormativer und anerkennungstheoretisch grundierter Normativitätskritik an dieser Stelle noch einmal heranziehen, so lassen sich die genannten Beispiele am ehesten im Sinne einer Gegennormativität verstehen: Mit Sexualität und Begehren einhergehende destruktive, verletzende, riskante und potenziell überbordende Elemente werden weder geleugnet noch als genuin unsozial theoretisiert, sondern der kollektive Umgang mit ihnen kann unter anderen normativen Prämissen zur Produktion von neuen Beziehungsweisen und neuen Formen der Sozialität führen. So wie BDSM, Dildo- und Analsex aus queertheoretischer Perspektive keine Ersatzformen für heteronormativen Genitalsex sind, sondern die Tür zu einem neuen Raum von nicht-reproduktiven und nicht-ödipalen Lüsten und Genüssen aufstoßen (vgl. Musser 2018: 77; Preciado 2003), handelt es sich bei gegennormativen »queeren Beziehungsformationen« (Muñoz 2009: 28) nicht nur um ein aus der Not geborenes Substitut für heteronormative Lebensformen. Mit dem Sozialphilosophen Daniel Loick (2020) lassen sich diese Formationen vielmehr als Formen subalterner Sozialität fassen, die der Gesamtgesellschaft exzentrisch sind und ihr dadurch etwas voraushaben. In Belangen des sexuellen Experimentierens, der sozialen Interaktion und der kommunikativen Fähigkeiten wird – bei aller Imperfektion, die jede Form von Sozialität auszeichnet – eine »Überlegenheit der Unterlegenen« (ebd.) gegenüber der Gesamtgesellschaft offenbar. Der Ausschluss oder die Flucht aus dominanten sozialen Institutionen wie dem privatisierten Familienhaushalt kann insofern für die Ausgeschlossenen – z.B. hinsichtlich der Konfliktbearbeitung oder der Bewältigung von negativen Gefühlen und Unsicherheiten – Bedingungen schaffen, unter denen sich Umgangsweisen einüben lassen, die der Allgemeinheit nicht zugänglich sind. Queere Sozialität ist damit kleiner und zugleich größer als die Gesamtgesellschaft: Indem in ihr alternative Möglichkeiten des Miteinanderseins erprobt und realisiert werden, die der Allgemeinheit verschlossen sind, bildet sie einen Teilausschnitt des Ganzen, das sie zugleich transzendiert.

5.2 ~~No~~ Future – Vom Anti-Utopismus zum queeren Utopismus

An den exzentrischen Charakter queerer Sozialität schließt unmittelbar die Frage an, ob gegennormative »queere Beziehungsformationen« möglicherweise andere gesellschaftliche Zukünfte antizipieren (Muñoz 2009: 28). An ebendieser Frage nach dem Verhältnis von Queerness und Zukünftigkeit hat sich innerhalb der Queer Theory eine produktive Diskussion entzündet, die die Auseinandersetzung mit Negativität auf anderer Ebene fortsetzt. Die zwei zentralen Protagonisten, die mit dieser Debatte in Verbindung gebracht werden, sind der Lacanianer Lee Edelman mit seiner Polemik *No Future: Queer Theory and the Death Drive* (2004) sowie der Queer-of-Color-Theoretiker José Esteban Muñoz mit *Cruising Utopia. The Then and There of Queer Futurity* (2009). Wie schon Bersani berufen sich auch Edelman und Muñoz in ihren Arbeiten vornehmlich auf schwule Archive. Diese Engführung wird aber in nachfolgenden Arbeiten, die sich auf die Debatte von Edelman/Muñoz beziehen, überwunden, etwa im Falle von Jack Halberstams *The Queer Art of Failure* (2011), Mari Rutis *The Ethics of Opting Out* (2017) oder Juana María Rodríguez' *Sexual Futures, Queer Gestures, and Other Latina Longings* (2014). Zudem werden die Positionen von Edelman und Muñoz seit einiger Zeit verstärkt durch das Prisma der Auseinandersetzungen zwischen Afropessimismus und Afrofuturismus gelesen und für die queere Theoriebildung fruchtbar gemacht, wobei Parallelen zwischen Edelmans queerem Negativismus und afropessimistischer Theorie einerseits (z.B. Brilmeyer et al. 2019; Edelman 2019) sowie zwischen Muñoz' queerem Futurismus und afrofuturistischem Denken andererseits betont werden (Brown 2021; Keeling 2019).

Kritik des reproduktiven Futurismus

In *No Future* (2004) plädiert Edelman in einer Zeit, da schwules und lesbisches Leben zusehend mit Ehe, Familie und Reproduktion assoziiert wird, für eine radikale Bejahung von queerer Negativität. Sie ist ihm zufolge das einzige Antidot gegen die kollektive Fantasie, nach der das gute Leben nicht im Hier und Jetzt, sondern in der Zukunft liegt. Edelman wendet sich damit gegen eine Logik, die er als »reproduktiven Futurismus« bezeichnet und die ihm zufolge den Horizont jeglicher Form von Politik bestimmt. Der reproduktive Futurismus predigt Aufschub, Disziplin und Bescheidenheit in der Gegenwart und stellt diese in den Dienst einer fantasierten Welt von morgen, in der sich die Mühsal von heute auszahlen sowie Probleme und Leid überwunden sein werden. Ein Beispiel hierfür ist die Rechtfertigung von Austeritätspolitik, die mit dem Argument, zukünftige Generationen weniger zu belasten, die materiellen Lebensbedingungen für die Mehrheit der Menschen in der Gegenwart verschlechtert. Ein weiteres Beispiel für reproduktiven Futurismus ist die Hoffnung von Eltern, ihren Kindern eine bessere Zukunft zu ermöglichen, indem sie ihre eigenen Bedürfnisse zurückstellen und ein von Arbeit und Entsagungen geprägtes Leben in Kauf nehmen. Das sentimentale Emblem eines solchen reproduktiven Futurismus ist Edelman zufolge das KIND[48] – das er großschreibt, um zu unterstreichen, dass damit nicht empirische, reale Kinder gemeint sind, sondern eine imaginierte Figur, ein Produkt der Fantasie und Projektion. Das KIND nimmt in der symbolischen Ordnung eine Position ein, die für Leben, Optimismus und Zukunft steht. Dominante soziale Formen wie die heterosexuelle Paarbeziehung leiten Edelman zufolge aus dieser symbolischen Aufladung erst ihre Bedeutung und gesellschaftliche Anerkennung ab. Repräsentative und respektable Formen der Heterosexualität beziehen ihren Sinn mit anderen Worten nicht aus sich selbst, etwa aus dem unmittelbaren Genuss des sexuellen Akts, sondern aus ihrer die Zukunft von Familie und Nation sichernden reproduktiven Funktion. Edelman spricht hier vom »heterosexualitätsspezifischen Alibi«, Sex zu haben (ebd.: 22).

Queerer Sex verfüge über kein solches Alibi. Mehr noch, er werde mit einer anti-sozialen, negativen Kraft assoziiert, die das Soziale nicht nur nicht reproduziere, sondern von innen gefährde. Queers, aber auch Personen, die eine Abtreibung vornehmen, würden regelrecht zu Antipoden des KINDES erklärt. Wer *nicht* für die Kinder kämpfe, werde als unvernünftig, gefährlich und verrückt dargestellt und entsprechend außerhalb des politischen und rationalen Diskurses platziert. Die Symbolisierung des Lebens im KIND und die Symbolisierung des Todes in nicht-reproduktivem, queerem Sex repräsentieren für Edelman zwei Seiten eines Antagonismus, der dem Sozialen zugrunde liegt.

Edelman veranschaulicht das an einem dominanten kulturellen Narrativ. So werden Kinder häufig mit der bedrohlichen Anwesenheit einer (proto-)queeren Figur konfrontiert, die sich außerhalb der Ordnung heterosexueller Reproduktion befindet: der kranke Tiny Tim und der alleinstehende Geizhals Ebenezer Scrooge aus Charles Dickens' *Weihnachtsgeschichte*; der ewig ein Kind bleiben wollende Peter Pan und der Kinderhasser Captain Hook; oder Harry Potter und Lord Voldemort, der den Willen zum Tod bereits symbolträchtig im Namen trägt. Die Auflösung des Antagonismus zwischen kindlicher Zukunft und queerer Bedrohung wird in der dominanten Kultur auf zwei Weisen imaginiert: durch den Tod des queeren Subjekts (Harry Potter tötet Voldemort) oder durch dessen Integration in die dominante Sozialität (Scrooge rettet den kleinen Tim und darf zum Dank am intimen Familienweihnachtsfest teilnehmen). Wenn es nach Edelman ginge, dann sollten Queers lieber den Tod wählen, anstatt das sentimentale Familienfest aufzusuchen. Damit versetzt er ›queer‹ in eine radikale Opposition zu jenem homosexuellen liberalen Pragmatismus, der seit den 1980er Jahren seine politischen Ziele darauf konzentriert, wie bürgerliche Heterosexuelle leben zu dürfen.

Dass der Tod erträglicher als das heteronormative Leben ist, meint Edelman natürlich nicht wörtlich, sondern ontologisch. Denn das Verhältnis von Leben und Tod kehrt sich auf der Ebene der Ontologie um: Was in der symbolischen Ordnung mit Tod assoziiert wird, bildet im Register des Realen aus Edelmans Sicht gerade die ontologische Daseinsgrundlage für Queerness, nämlich ein gewisses Maß an sozialer Desintegriertheit gegenüber den heteronormativen Lebensformen, die es erlauben, dem egoistischen Genussdrang im Hier und Jetzt mehr Raum zu geben. Umgekehrt führe die Inklusion von Queers in die dominanten Institutionen des heteronormativen und reproduktiven Lebens dazu, Queerness auszulöschen. Wenn Queerness überleben soll, so muss sie Edelman zufolge ihre Vernähung mit dem Todestrieb annehmen, nicht ablehnen. Hierbei ist zu beachten, dass Edelman seiner Theorie queerer Negativität ein lacanianisches Verständnis des Todestriebs zugrunde legt. Anders als Freud denkt Lacan den Todestrieb nicht als Gegenbegriff zum Lebenstrieb (Eros), sondern als ein dem Leben innewohnendes und den Subjekten meist unbewusst bleibendes »Insistieren der Libido«, das Leben auf eine Weise zu genießen, die den normalen Ablauf der Dinge immerzu sabotieren kann (Žižek 2008: 87).

Aus der lacananischen Begehrenstheorie folgt demnach, dass das Negative dem Sozialen nicht äußerlich, sondern ein intrinsischer Teil von ihm ist. Dominante soziale Formen wie die Familie oder die Paarbeziehung leugnen diese Beziehung aber, um die Fantasie einer abgeschlossenen Einheit aufrechtzuerhalten. Die Negativität der *jouissance* wird nicht genossen, sondern sie löst Unbehagen aus, das auf bestimmte gesellschaftliche Gruppen übertragen wird. Diese Gruppen symbolisieren und verkörpern dann dasjenige, was die Stabilität und Einheit einer heteronormativen Organisation von sozialen Beziehungen zu bedrohen scheint. Solche ›queeren‹ Anderen, auf die Negativität projiziert wird, können Schwule und Lesben sein, trans Personen, proletarische Frauen, Schwarze und andere rassisierte Gruppen, Behinderte (wobei zumeist in der Realität, aber seltener im Imaginären, mehrere dieser Gruppenidentitäten simultan zusammenlaufen). Strukturelle Queerfeindlichkeit ist demnach die notwendige Konsequenz einer Politik und einer Organisierung des Sozialen, die Negativität verwerfen und die die ontologische Instabilität und Offenheit aller sozialen Formen leugnen.

Hieran entzündet sich neben der Ansicht, das heteronormative Leben sei langweilig und unentspannt, Edelmans Hauptkritik am reproduktiven Futurismus: Die Welt von morgen wird nur eine weitere Gegenwart sein, in der das Negative, das dem Sozialen innewohnt, pauschal auf Personengruppen projiziert wird, die in der symbolischen Ordnung eine *queere*, mutmaßlich lebensfeindliche Position besetzen. Queere Subjekte sollten ihr Heil daher nicht in der Erlösungsfantasie einer queerfreundlichen Zukunft suchen, die ihre Pforten nur öffnet, wenn sie ihre Andersheit draußen lassen und sich in die imaginierte Einheit heteronormativer und nationaler Sozialität assimilieren. Vielmehr sollten sie lernen, mit der negativ assoziierten Partikularität des eigenen Begehrens zu leben – und sie so gut es geht zu genießen.

Die Konzentration auf den Augenblick und die Ablehnung der Zukunft kennzeichnen nicht nur Edelmans Konzept von Zeitlichkeit, sondern ebenso das vieler anderer Queer-Theoretiker*innen, die der ›negativen Wende‹ der Queer Theory zugerechnet werden können. So kritisiert Jack Halberstam in *In a Queer Time and Place: Transgender Bodies, Subcultural Lives* (2005) eine herrschende »Mittelschichtslogik reproduktiver Temporalität« (ebd.: 4), die Langlebigkeit um jeden Preis priorisiere, selbst wenn dieser Preis ein mittelklassiges Leben ist, aus dem alles, was es intensiver und lebendiger machte, getilgt wird. Halberstams und Edelmans queere Zeit ist eine, in der die Intensität der Gegenwart den Wert Langlebigkeit aussticht, ohne dieses Privileg nur der kurzen Lebensphase der Adoleszenz zuzugestehen, wie es die *straighte* Zeit tut. Solche Konzepte von queerer Zeitlichkeit verweisen auf die Erfahrung der Aids-Krise, in der sich die Zukunft derer, die sich mit dem HI-Virus infizierten, beständig verkleinerte. »[W]ährend die Bedrohung durch eine fehlende Zukunft wie eine Gewitterwolke über allem schwebt, erweitert die Dringlichkeit des Seins auch das Potenzial des Augenblicks und quetscht neue Möglichkeiten aus der Zeit.« (Halberstam 2005: 2)

Allerdings unterscheiden sich Halberstams und Edelmans präsentistische Versionen queerer Zeitlichkeit in einem gewichtigen Punkt. Für Halberstam sind queere Weisen, in der Zeit zu leben, in kollektive Praktiken und Beziehungen eingelassen, die sie abseits der etablierten Formen von Familie, Paarbeziehung und Generationalität erden – und reproduzieren. Eine solche kollektive, soziale Einbettung fehlt bei Edelman, dessen Emanzipationsverständnis nicht nur radikal antiutopisch, sondern auch individualistisch ist. Edelmans Subjekt queerer Negativität ist ein rebellisches und bindungsloses Individuum, das darin gestärkt werden soll, sich dem Anpassungs- und Normalisierungsdruck einer sex- und queerfeindlichen Gesellschaft zu widersetzen; es soll sich, mit Lacan gesprochen, nicht am »Begehren des Anderen« – an dem also, was die Gesellschaft oder die ›Community‹ von ihm wünschen – orientieren, sondern nach der Direktive des eigenen Begehrens leben.[49] Dass es dafür, in welcher Form auch immer, trotz allem auf soziale Beziehungen und deren Reproduktion angewiesen ist, blendet Edelman aus, weshalb seine Theorie queerer Negativität auch als »antirelational« charakterisiert wird (Caserio 2006).

Während Edelmans Kritik am inspirationslosen Pragmatismus der liberalen Schwulen- und Lesbenbewegungen innerhalb der Queer Theory weithin geteilt wird, ist seine Negativitätsemphase zugleich vielfach auf Kritik gestoßen. Edelman übernimmt den Hedonismus und radikalen Antinormativismus des schwulen Befreiungsgedankens von Mieli und Hocquenghem, nicht aber den queer-kommunistischen Horizont, auf den dieser einst ausgerichtet war. José Esteban Muñoz füllt mit *Cruising Utopia* (2009) einige Jahre nach Erscheinen von Edelmans *No Future* die hierdurch entstandene Lücke. Er versieht Queerness erneut mit einer utopischen Qualität, wobei er Utopie nicht wie Edelman als Gegenbegriff zu Negation versteht, sondern im Anschluss an Theodor W. Adorno und Ernst Bloch beide dialektisch miteinander vermittelt: Weil die Menschen unter der Art und Weise, wie die Gesellschaft eingerichtet ist, leiden, ist sie falsch. Die Negation des Bestehenden wird somit zur Ressource und Bedingung für das utopische Denken (ebd.: 13). Die Welt wird abgelehnt, weil sie nicht genug ist: »Etwas fehlt«, wie es bei Bertolt Brecht heißt (ebd.: 1). Queerness wird hier von Muñoz als eine Gefühlsstruktur theoretisiert, die uns spüren lasse, dass diese Welt unvollständig ist. Entsprechend holt Muñoz zum Frontalangriff auf den präsentischen Anti-Utopismus aus:

> »Einige werden sagen, alles was wir hätten, seien die Freuden des Augenblicks, aber wir dürfen uns niemals mit diesem Minimalangebot zufriedengeben; wir müssen neue und bessere Freuden, andere Weisen, in der Welt zu sein, und schließlich neue Welten erträumen und erschaffen.« (Ebd.)

Vertritt Edelman einen abstrakten Geschichtspessimismus – Queerness ist stets das ontologisch Verworfene und wird es immer bleiben –, so besteht Muñoz auf einer offenen Zukunft. Wie

Edelman geht auch er davon aus, dass Queerness bislang nicht sozial angeeignet und gelebt werden konnte. Er schließt jedoch nicht aus, dass dies einmal möglich sein wird.[50] Während Edelmans radikale Forderung, sich der Zukunft zu verweigern, stillschweigend voraussetzt, man verfüge über eine solche allererst, wird Muñoz' Archiv von queeren Subjekten bewohnt, denen die Zukunft immer schon abgesprochen wurde. So seien Kinder und Jugendliche of Color nicht mitgemeint, wenn der reproduktive Futurismus die Figur des KINDES beschwört – etwas, das Edelmans abstrakter Universalismus ausblendet. Für Muñoz dürfen wir »die Zukunft nicht dem normativen weißen reproduktiven Futurismus« überlassen. Es müsse eine »utopische politische Vorstellungskraft« reaktiviert werden, die einen Ort und eine Zeit des »Noch-Nicht« antizipiere, wo Jugendliche of Color in dem Gefühl aufwachsen, eine Zukunft zu haben (Muñoz 2009: 95 f.).

Mit Bloch versteht Muñoz Hoffnung nicht als naiven Optimismus, sondern als eine reflektierte, kritische Aktivität, die eng mit Blochs Verständnis einer *konkreten Utopie* verbunden ist. Konkret ist diese Utopie (und damit die an sie geknüpfte Hoffnung), weil sie nicht von der gesellschaftlichen Wirklichkeit abstrahiert und sich das Blaue vom Himmel erträumt; sie spürt die in der gesellschaftlichen Wirklichkeit enthaltenen Möglichkeiten auf, die bereits ein zukunftsträchtiges Potenzial für andere Welten in sich bergen. Wenn Muñoz gleich im ersten Satz von *Cruising Utopia* feststellt, dass Queerness noch nicht da ist (»Queerness is not yet here.«, ebd.), dann impliziert das zweierlei. Erstens: Alles, was in der Gegenwart als queer firmiert, ist es (noch) nicht. *Cruising Utopia* ist entsprechend gespickt mit Seitenhieben gegen die Vermarktlichung queerer Repräsentationen und Lebensstile im Spätkapitalismus sowie gegen eine lesbisch-schwule Politik, die den Freiheitsbegriff auf das Recht auf Heiraten und den Zugang zum Militärdienst reduziert. Das Bloch'sche »Noch-Nicht«

impliziert aber zugleich, zweitens, dass das Potenzial für etwas, das zukünftig als ›queer‹ bezeichnet werden könnte, heute sehr wohl gegeben ist. Queerness ist also mehr als ein virtueller Traum; sie ist in dieser Welt materiell verankert, jedoch in der Form einer noch nicht entwickelten Potenzialität. Als in der Gegenwart situierte Erkenntnissubjekte kann uns Queerness daher noch nicht bewusst sein, sie gibt sich erst retrospektiv, von einem zukünftigen Zeitpunkt aus, zu erkennen.

Um Queerness dennoch auf die Spur zu kommen, entwickelt Muñoz eine »utopische Hermeneutik« (ebd.: 19), die sich (wie bei Bloch) auf zwei methodische Vorgehensweisen stützt. Zum einen sucht sie die Potenzialität anderer Zukünfte insbesondere im Bereich der Kunst und der Alltagsästhetik auf. Zum anderen rekonstruiert Muñoz die Zukunft aus der Vergangenheit, weil sie vom Standpunkt der Gegenwart aus nicht freigelegt werden kann. Das »Noch-Nicht-Bewusste« wird dadurch in ein dialektisches Verhältnis zum »Nicht-Mehr-Bewussten« gesetzt.

Muñoz' Archiv sind Bilder, Texte und Performances, die von vergangenen Kämpfen um die Zukunft und von Welten zeugen, deren Zukunft für uns für immer verloren gegangen ist. Er analysiert beispielsweise das von der Gruppe Third World Gay Revolution verfasste Manifest *What We Want, What We Believe* von 1971, in dem die Aufhebung der bürgerlichen Familie, der institutionalisierten Religion und natürlich des Kapitalismus gefordert wurde. »We want a new society – a revolutionary socialist society«, heißt es dort (zit. nach Muñoz 2009: 19). Muñoz kontrastiert dieses Manifest mit einem Manifest unserer Gegenwart, in dem die finanziellen Vorzüge und Freiheitsgewinne der Ehe für gleichgeschlechtliche Paare vorgerechnet werden. Das ist womöglich etwas platt, verfehlt jedoch nicht die intendierte Wirkung, denn Muñoz will daran erinnern, dass Queers vor der Durchsetzung eines homopolitischen Pragmatismus einmal die Möglichkeit einer ganz anderen Welt vor Augen hatten und, mehr noch, an deren Entstehung selbst mitwirkten. Wenn das Manifest der Third World Gay Revolution vom heutigen Standpunkt besehen naiv und pathetisch klingt, dann nicht, weil es immer schon unrealistisch war, sondern weil wir auf eine Geschichte von Niederlagen zurückblicken, in denen die Möglichkeiten von gestern real verloren wurden. Das, was einmal möglich schien, wurde unter den Trümmern der Geschichte begraben. Indem Muñoz diese Trümmer zerbröselt, nutzt er die Vergangenheit als Ressource, um die Gegenwart zu kritisieren und das Begehren (wieder) für eine Zukunft zu öffnen, die noch nicht geschrieben ist.

Es sind allerdings nicht nur die großen kämpferischen Manifestationen, die Muñoz wieder ins Bewusstsein holen will. Die eigentliche Stärke seiner »utopischen Hermeneutik« liegt darin, in gewöhnlichen Alltagspraktiken und kleinsten Gesten die Potenzialität ganzer Welten zu entdecken, wie im schwulen Cruising und Klappensex oder in den Performances der legendären Schwarzen New Yorker Dragqueen Kevin Aviance. Muñoz gelingt das, weil er das Utopische von Queerness nicht entmaterialisiert und – wie Edelman das Antiutopische von Queerness – rein abstrakt und ahistorisch behandelt (vgl. Floyd 2010). Er sucht das utopische Potenzial von Queerness innerhalb von historisch situierten sozialen Formationen auf, vor allem urbanen marginalisierten Queer-of-Color-Formationen, von denen Aviance und seine Performancekunst ein Teil sind. Diese Formationen sind in ihrer Raumzeitlichkeit aber nicht isoliert; sie stehen, mit Walter Benjamin (2010 [1940]) gesprochen, immer in Beziehung zur abstrakten Zeit des Kapitals und deren konkreter räumlicher Materialisierung durch den »Sturm des Fortschritts« der kapitalistischen Akkumulation. In Form der neoliberalen Restrukturierung des Urbanen hat dieser Sturm das soziale Gewebe der Metropolen seit den 1970er Jahren mit hoher Geschwindigkeit zerrüttet und umgeschichtet. Muñoz sucht Orte und Plätze heterogener schwuler und queerer Sozialität auf, die durch diesen Sturm mitgerissen und schließlich verschluckt wurden. Ein wiederkehrendes Thema sind hierbei klassen- und raceübergreifende halböffentliche Sexkulturen im Herzen von Manhattan, denen unter anderem Samuel R. Delany mit *Times Square Red, Times Square Blue* (1999) ein Denkmal setzte. Muñoz rekonstruiert das utopische Potenzial dieser heterogenen Sozialität, die sich in den 1990er Jahren durch Gentrifizierung und die Schließung von innenstädtischen Sexkinos und Saunas verflüchtigte, indem er die Spuren ausfindig macht, die von ihr in Kultur und Ästhetik geblieben sind.

Die Piers am New Yorker Hudson River am Ende jener Christopher Street, auf der sich 1969 vor der Bar Stonewall Inn queere und trans Personen über Tage eine Straßenschlacht mit der örtlichen Polizei lieferten, sind ebenfalls ein solcher Ort queerer Potenzialität, zu dem die US-amerikanische Queer Theory immer wieder zurückkehrt. Die Gegend, wo schwuler Sex in der Öffentlichkeit praktiziert wurde, wurde bis in die frühen 1990er Jahre hinein zudem von queeren und trans Jugendlichen of Color frequentiert, die dort Tanz- und Vogueing-Wettbewerbe veranstalteten. Unter Rudy Giuliani musste diese Infrastruktur queerer Sozialität alsbald Eigentumswohnungen und privaten Sicherheitsdiensten weichen. Die Kapitalisierung New Yorks und die gewaltsame Verdrängung und Zersplitterung queerer klassen- und race-übergreifender Formen von Sozialität überschneiden sich historisch. Wie die in New York City lebende Autorin und Aktivistin Sarah Schulman in *The Gentrification of the Mind* (2012) zeigt, wurde hierbei die Geschwindigkeit, in der die Stadt gentrifiziert wurde, auch durch die Katastrophe der Aids-Epidemie mit ermöglicht; zwischen 1981 und 1996 starben allein in

New York 80 000 Menschen an Aids, die Mehrheit von ihnen Schwule und Queers, deren nach dem Tod freigewordene Wohnungen dem Kapital von einem auf den nächsten Tag zur Verfügung standen.

Das Utopische am Vogueing von Aviance wird für Muñoz erst vor dieser historischen Hintergrundkulisse ablesbar. Seine Performancekunst zelebriert schwule Extravaganz, ist eine »starke Spur des Schwarzen und queeren rassifizierten Überlebens« und eine kraftvolle Geste der Nicht-Identität mit der Zeit des Kapitals und den Ordnungen von Rassismus und Heteronormativität (ebd.: 80). Es ist, mit Adorno gesprochen, zugleich ein Zeugnis des beschädigten Lebens und bleibt an den »falschen Zustand« gebunden, den es ablehnt (Adorno 2003: 22). Wenn Muñoz das Utopische von Queerness negativ bestimmt, dann also nicht im Sinne einer abstrakten Negativität – als immer triumphierende Geste der Ablehnung von Normen und des Widerstands gegen den Lauf der Zeit –, sondern indem das Utopische als praktisch untrennbar vom beschädigten Leben gedacht wird (vgl. Floyd 2010: 17). Dieses beschädigte Leben, in das der queere Utopismus eingebettet ist, nährt Hoffnungen auf andere Zukünfte und bedroht sie zugleich. Wie Adornos negative Dialektik und Benjamins historischer Materialismus radiert der queere Utopismus diese Erkenntnis nicht aus, sondern legt sie dem Projekt einer reflektierten Hoffnung zugrunde, die um die Niederlagen der Vergangenheit weiß – und gerade dadurch queerer Theorie und Politik neue Impulse zu geben vermag. Damit diese auf fruchtbaren Boden fallen, muss das Utopische aber mit einer gesellschaftsverändernden Praxis zusammengedacht werden, wie sie nur von sozialen Bewegungen ausgehen kann. Und genau in diesem Punkt zeigen sich die Schwachstellen eines auf den Bereich des Kulturellen und Ästhetischen fokussierenden kritischen Utopismus in der Linie von Bloch und Muñoz.

Muñoz' *Cruising Utopia* folgt einer gängigen Prämisse kulturmarxistischer Theorie, nach der Kunst die Fähigkeit hat, etwas zu leisten, was Politik und Aktivismus nur selten vermögen, nämlich über die Bedingungen des unmittelbar Praktikablen hinauszudenken und andere Welten zu imaginieren (vgl. Floyd, zit. nach Chavéz 2013: 5). Wie die an der Universität von Texas lehrende Migrationsforscherin und queere Chicana-Feministin Karma Chavéz (2013) einwendet, riskiert eine solche Flucht ins Utopische, die Queerness in die Zukunft verlegt, sich zu weit von den alltäglichen Lebensrealitäten zu entfernen. Schließlich weisen diese im Hier und Jetzt immer schon Risse, Öffnungen und Widersprüche auf, weil sich das Leben nicht einfach der Gewalt beugt und den herrschenden Ordnungs- und Verwertungsweisen fügt. Etwas entkommt immer, und die Bedingungen, die dafür förderlich sind, können ausfindig gemacht, hergestellt und verbessert werden.

Chávez führt vor diesem Hintergrund zwei gewichtige Gegenargumente gegen den queeren Utopismus an: Erstens begrenze nicht lediglich der LGBT-politische Pragmatismus die Vorstellungskraft von radikal anderen queeren Zukünften, wie Muñoz moniert. Auch der umgekehrte Fall treffe zu, insofern sich der Utopismus für die politische Praxis von äußerst begrenztem Nutzen erweisen kann (ebd.: 6). Für Chavéz enthält Politik in der Gegenwart durchaus radikalere Möglichkeiten und Visionen, als Munoz ihr zugestehen will. Diese zu erkennen und zu entwickeln ist allerdings, zweitens, keine Frage allein von Vorstellungskraft mehr, sondern der *Praxis*. Denken ist durch Praxis vermittelt. Chavéz folgt hier der argentinischen Philosophin und Aktivistin María Lugones, für die sich radikale Visionen für eine andere Zukunft nicht in der Schreibklausur, sondern in Praktiken der politischen Organisierung und Koalition herausbilden. Praxis ist in der Gegenwart verankert, während sie zugleich immer in die Zukunft weist. Wenn Queerness, mit Muñoz gedacht, noch nicht ist, sondern stets auf dem Horizont liegt, dann lässt sich dieser Horizont mit Lugones und Chávez praxistheoretisch reformulieren – als Vision, die gegenwärtig ist und die sich im gemeinsamen Engagement für gesellschaftlichen und politischen Wandel in die Zukunft hinein materialisiert (vgl. ebd.: 8).

6. Kapitalismus und Neoliberalismus

Wie seit langem nicht, ist seit der Weltwirtschaftskrise 2008 und einem neuen Zyklus globaler Streik- und Protestbewegungen auch im Globalen Norden ins allgemeine Bewusstsein gedrungen, dass der globale Kapitalismus das Leben auf dem Planeten nicht freier, sondern unfreier und ungerechter macht. Die alles durchdringenden Logiken von Profit, Verwertung und Konkurrenz haben dazu geführt, dass die Existenzgrundlagen von Mensch und Natur bis an den Rand der Zerstörung gefährdet sind. Zugleich halten die Herrschenden noch im Angesicht von Klimakatastrophen, bankrotten Staaten, Sorgekrisen, steigender Armut und enormen sozialen Verwerfungen am Kapitalismus fest – und sind dafür auch bereit, von einem erhöhten Einsatz von staatlichem Zwang Gebrauch zu machen. Als unmittelbare Reaktion auf diese Aporie lässt sich in den Human- und Sozialwissenschaften in den letzten 15 Jahren eine Wiederbelebung marxistischer Theoriebildung beobachten.

Auch die feministische und queere Theorie verzeichnet seit Ende der 2000er Jahre eine solche Renaissance. Nachdem Marxismus und Queer-Theorie in den 1990er Jahren weitgehend getrennte Wege gingen, zeugen die theoretischen Debatten der vergangenen zwei Jahrzehnte von einer beiderseitigen Annäherung, die die alten Schismen (Kulturtheorie vs. Ökonomiekritik, Identitäts- vs. Klassenpolitik) hinter sich lässt (z.B. Chitty 2020; Floyd 2009; Hennessy 2000; Drucker 2015; Gleeson/O'Rourke 2021).

In diesem Kapitel werden sowohl einige der inzwischen als klassisch anzusehenden Beiträge queerer Kapitalismus- und Neoliberalismuskritik rekapituliert als auch neuere Theorieentwicklungen rund um einen queeren und transgender Marxismus vorgestellt. Aus Platzgründen beschränkt sich die Darstellung auf drei zentrale Debattenstränge: erstens die hegemonietheoretische Analyse des sexuellen Liberalismus, der seit Ende der 1980er Jahre die Politik der bürgerrechtlichen Lesben- und Schwulenbewegung bestimmt; zweitens die Frage, ob die kapitalistische Produktionsweise auf Heteronormativität und Gendernormen angewiesen ist und inwieweit Heterosexismus und Transnegativität als spezifisch kapitalistische Herrschaftsverhältnisse theoretisiert werden müssen; drittens die aktuelle Renaissance abolitionistischer Familienkritik und damit zusammenhängende Strategien, soziale Reproduktionsverhältnisse auf einen queeren Horizont auszurichten.

6.1 Jenseits von Homonormativität – Kritik des sexuellen Liberalismus

Die Queer Theory hat ihr gesellschaftstheoretisches Profil unter anderem durch eine kritische Auseinandersetzung mit dem verkürzten Freiheits- und Gleichheitsverständnis des Liberalismus geschärft, das ab Ende der 1980er Jahre auch die Politik der institutionalisierten Lesben- und Schwulenbewegung zu dominieren begann. Freiheit wird in der liberalen Tradition vorrangig negativ, als Schutz der individuellen Handlungssphäre vor staatlicher und gesellschaftlicher Einmischung, verstanden. Gleichheit wird vor allem im Sinne von abstrakter, formalrechtlicher Gleichheit begriffen. Verankert werden Freiheit wie Gleichheit in der Privatperson als Trägerin von Rechten.

Das bürgerliche Emanzipationsverständnis neigt damit zu einem *individualistischen* statt zu einem *gesellschaftlichen* Verständnis von

Freiheit und Gleichheit, das nicht nur die Lebensbedingungen einiger, sondern aller verbessern würde. Beispielsweise verschafft eine Reform des Eherechts binationalen lesbischen und schwulen Paaren zwar individuell den Zugang zur Staatsbürgerschaft und damit zu umfassenden Rechten. An der Fortführung von strukturell rassistischen Grenz- und Migrationsregimen verändert das jedoch nichts. Menschen, einschließlich Queers und LGBT, die bei der globalen Geburtsrechtslotterie der Verteilung von Staatsbürgerschaftsprivilegien leer ausgehen, werden an freier Mobilität und individueller Selbstentfaltung somit weiterhin systematisch gehindert. Das individuelle Recht auf geschlechtsangleichende und/oder gendersensible medizinische Maßnahmen bleibt wiederum, um ein zweites Beispiel zu nennen, für trans Menschen ein rein formales Recht ohne Substanz, solange den Betroffenen der Zugang zu den benötigten Leistungen entweder aus finanziellen Gründen verstellt oder das Gesundheitssystem durch neoliberale Sparmaßnahmen nicht mehr in der Lage ist, diese Leistungen in der angemessenen Qualität zu erbringen. Die beiden Beispiele demonstrieren, warum es nicht nur analytisch, sondern im Sinne der Solidarität auch politisch notwendig wäre, den Kampf um individuelle Emanzipation von Anfang an mit der sozialen Frage und mit Fragen der gesellschaftlichen Emanzipation zusammenzudenken.

Queere Theorie und Politik haben die liberale LGBTIQ-Politik häufig dafür kritisiert, genau das nicht zu tun. Sie sei zu einseitig auf individuelle Freiheitsgewinne versteift, anstatt etwas gegen strukturelle Ungleichheiten, Armut und rassistische Polizeigewalt zu unternehmen, von denen sehr viele LGBTIQ negativ betroffen sind. Letztlich habe sie dadurch daran mitgewirkt, dass zwar der Kampf für die Ehe, nicht aber der gegen repressive Grenzregime und Sozialabbau als Kampf für die Rechte und Belange von LGBTIQ dechiffrierbar ist.

Lisa Duggan hat in *The Twilight of Equality? Neoliberalism, Cultural Politics, and the Attack on Democracy* (2003) im Anschluss an die hegemonietheoretischen Analysen Antonio Gramscis und Stuart Halls für die USA untersucht, wie es dazu kam, dass die institutionalisierte LGBTI-Politik seit den 1980er Jahren eine weitgehende Entkopplung von individuellen und gesellschaftlichen Emanzipationsforderungen, mithin von identitätspolitischer und sozialer Frage, vollzogen hat. Sie erklärt dies einerseits aus den allgemeinen gesellschaftlichen Kräfteverhältnissen, andererseits aus dem konkreten Handeln liberaler und neokonservativer Schwuler, die in den 1990er Jahren privatspendenfinanzierte Organisationen wie die Human Rights Campaign aufbauten, die eine an ihren Interessen orientierte, pragmatische Bürgerrechtspolitik betreiben sollten.[51] Die Öffnung der Ehe für gleichgeschlechtliche Paare avancierte zur alle anderen Themen überragenden Kernforderung, während Verbindungen zur linken feministischen und antirassistischen Bewegung weitgehend gekappt wurden. Auch von zentralen Forderungen der Lesben- und Schwulenbewegungen während der Aids-Krise wurde abgerückt, etwa der nach einer universalen Gesundheitsversorgung und sozialen Absicherung unabhängig von Beschäftigungsstatus und Trauschein. Die Abkehr der institutionalisierten Gay Rights Bewegung von der sozialen Frage fiel in eine Zeit, in der die LGBT-Bewegung einer sozioökonomischen Gerechtigkeitsagenda besonders bedurft hätte. Einkommensschwache und armutsbetroffene LGBTIQ, unter denen der Anteil von Schwarzen und People of Color besonders hoch war, litten in den 1990er Jahren im Kontext des neoliberalen Strukturwandels des Wohlfahrtsstaats und der Innenstädte massiv unter der Kürzung von sozialen Leistungen, städtischer Verdrängung, Wohnungslosigkeit und einer erhöhten Repression durch Polizei und Staat.

Dass ausgerechnet zu einem solchen Zeitpunkt eine Gay Rights Politik hegemonial werden konnte, die an den Interessen von Mittelschichtshomosexuellen ausgerichtet war, erklärt Duggan mit den antagonistischen gesellschaftlichen Kräfteverhältnissen jener Zeit. Sie nennt hier erstens die Krise des wohlfahrtsstaatlichen *New-Deal*-Nachkriegskonsenses und den Aufstieg der Neuen Rechten im Windschatten dieser Krise; zweitens die innerlinken Konflikte zwischen Sozialist*innen und der ›Identitätspolitik‹ der Neuen Sozialen Bewegungen; und drittens die sich zuspitzenden Antagonismen *innerhalb* von identitätspolitischen Formationen, die intersektionale Bündnisoptionen verstellten (Colpani 2017: 99). Diese widersprüchliche gesellschaftspolitische Gemengelage erschwerte die Ausbildung von politischen Koalitionen, die identitäts- und klassenpolitische Strategien hätten zusammenführen können.

In den frühen 1990er Jahren begann der bürgerrechtliche Flügel der Schwulen- und Lesbenbewegung sich immer enger mit den neoliberalen Neuen Demokraten zu vernetzen, die 1992 Bill Clinton ins Weiße Haus hievten. Der Clintonismus wird, wie der Blairismus in Großbritannien und, mit zeitlicher Verzögerung, der rot-grüne Regierungswechsel in Deutschland, zur entscheidenden Phase, die einer neuen sexuellen Politik zum Durchbruch verhilft, welche Duggan als »homonormativ« bezeichnet. Die Politik der Homonormativität stellt das Pedant zum liberalen Multikulturalismus und zum liberalen Corporate Feminism dar. Sie bildet die sexualpolitische Flanke einer sich konsolidierenden polit-ökonomischen Formation, die Nancy Fraser (2017) als »progressiven Neoliberalismus« bezeichnet hat. Es handelt sich hierbei Fraser zufolge um eine Politik der Umverteilung von unten nach oben (Kürzung sozialer Leistungen, Steuersenkungen für Reiche, Schwächung der Gewerkschaften, sinkende Reallöhne etc.), die zugleich die formale Inklusion von Minderheiten vorantreibe und sich von den so ins Boot geholten Neuen Sozialen Bewegungen ein junges, fortschrittliches Charisma borge (vgl. ebd). Die partielle Integration von feministischen, schwul-lesbischen und diversitypolitischen Forderungen ist jedoch nicht lediglich ein Feigenblatt, sondern ermöglicht in vieler Hinsicht – kulturell, sozial und ökonomisch – eine Modernisierung kapitalistischer Verhältnisse, die auch neue Formen der Kommodifizierung und intensivierten Verwertung von Geschlechterdifferenz, Sexualität und Körper mit sich bringt (vgl. Speck 2022).

Duggan argumentiert, die sexuelle Politik im Zeichen eines solchen progressiven Neoliberalismus nutze in erster Linie den überwiegend weißen LGBT-Mittelschichtsmilieus. Es handele sich um eine Politik, die Gleichheit als »Zugang zu den Institutionen häuslicher Privatheit, des ›freien‹ Marktes und des Patriotismus« reformuliere (Duggan 2003: 51), sprich: Schwul- und Lesbischsein wird im progressiven Neoliberalismus nicht mehr mit schlagkräftigen Protesten, alternativen Lebensentwürfen und einer Kritik am heteronormativen Normalzustand in Verbindung gebracht, sondern mit Stars & Stripes, Familie, Karrierismus und Konsum. Duggans Beobachtung ist natürlich nicht falsch: Die individuellen Freiheitsgewinne und formalen Gleichstellungsschritte für Lesben und Schwule in den USA und Westeuropa sind seit Anfang der 1990er Jahre in einen Umbau von Gesellschaft und Staat eingebettet gewesen, der für einen großen Teil der Bevölkerung mehr Unfreiheit und Ungleichheit produzierte. Was folgt nun aber theoretisch und politisch aus dieser Feststellung?

Die Homonormativitätskritik weist diesbezüglich einige Kurzschlüsse auf. Erstens blendet Duggan, wie Fraser, die Errungenschaften aus, die mit dem sexuellen Liberalismus trotz allem auch einhergehen. Beide Theoretikerinnen betrachten die Ausweitung individueller Freiheiten ausschließlich im Hinblick auf ihre neoliberale Vereinnahmung und verkennen daher die Bedeutung des gesellschaftlichen Wertewandels, der sich in den letzten Jahrzehnten in liberalen Gesellschaften vollzogen hat – hin zu mehr Toleranz und Akzeptanz von heterogenen Lebensentwürfen. Das ist besonders in Zeiten eines gesellschaftlichen Rollbacks, in dem queer- und transfeindliche Akteur*innen sich im Aufwind befinden, eine nicht zu unterschätzende Ressource.

Zweitens neigt die queere Homonormativitätskritik teilweise zu einem moralischen Klassenbegriff, womit sie einem liberalen Verständnis von Solidarität und Pluralismus näherkommt, als sie denkt. Diesen Punkt hat Holly Lewis kürzlich ausführlich dargelegt (vgl. Lewis 2022). Sie bezieht sich hierbei unter anderem auf ein verbreitetes queerpolitisches Argument, wonach die Spenden und das Engagement für die Kampagne zur Öffnung der Ehe besser in eine intersektional gerechte und klassensensible Politik für queere Emanzipation geflossen wären, die in ein übergreifendes Projekt der gesellschaftlichen Emanzipation eingebettet ist. Eine solche Argumentation rechnet aber den Klassenantagonismus heraus, der sich durch die LGBTIQ-Community wie durch den Rest der Gesellschaft zieht: Warum sollten neoliberale und konservative Schwule und Lesben ihre Ressourcen für eine Politik zur Verfügung stellen, die radikale Konzepte von ökonomischer Gerechtigkeit und eine Umverteilung von oben nach unten beinhaltet? Die Homonormativitätskritik hat sich von der im Prinzip liberalen Vorstellung einer queeren Allianz, die aufgrund ähnlicher Erfahrungen von sexueller und geschlechtsbasierter Unterdrückung dazu prädestiniert ist, zusammen Politik zu machen, noch nicht konsequent genug verabschiedet. Reiche und wohlhabende Queers werden laut Lewis niemals verlässliche Bündnispartner*innen für arme Queers werden (ebd.: 234). Sie werden, wie andere Reiche und Wohlhabende, womöglich Wohltätigkeitsprojekte wie eine Notunterkunft für obdachlose LGBTIQ unterstützen, aber nicht eine Politik, die auf eine

Überwindung der Klassengesellschaft hinausliefe. Lewis empfiehlt daher allen von Armut und ökonomischer Prekarität betroffenen LGBTIQ der Arbeiter*innenklasse, ihre politischen Bündnisse außerhalb des ideologischen Rahmens einer »Queer Nation« zu organisieren. Zwar litten »queere und trans Menschen in der Regel unter Gewalt und Diskriminierung innerhalb ihrer eigenen Klasse«, so Lewis, doch sei »der Kampf für queere und trans-positive Hegemonie innerhalb der Arbeiter*innenklasse« eine immer noch viel aussichtsreichere Taktik, als zu versuchen, bürgerliche LGBT dazu zu bewegen, ein linkes Transformationsprojekt zu unterstützen (ebd.: 235).

Es gibt noch einen dritten Schwachpunkt, den queere Kritiken des sexuellen Liberalismus oft aufweisen, nämlich eine von der kapitalistischen Produktionsweise und den daraus resultierenden materiellen Zwängen abstrahierende Normalisierungskritik. Besonders deutlich zeigt sich dies an der Kritik der Ehe als Emblem der mutmaßlichen Verbürgerlichung von schwulen und lesbischen Lebensweisen. Die Insinuation der Homonormativitätskritik, bei der gleichgeschlechtlichen Ehe handele es sich um ein Projekt für Homosexuelle mit weißen und Klassenprivilegien, lässt sich weder empirisch stützen noch politisch sinnvoll artikulieren. Wie Lewis zeigt, zählt laut Umfragen das Recht auf Ehe zusammen mit Forderungen nach mehr sozialer und ökonomischer Gerechtigkeit zu den Prioritäten einer Mehrheit von queeren und trans People of Color in den USA. Fast die Hälfte aller lesbischen Schwarzen und Latina-Paare ist dort verheiratet, was Lewis auf den hohen Anteil an Kindern zurückführt, die in diesen Paarkonstellationen großgezogen werden. Die Ehe bringt hier zumindest einen etwas besseren (auch sozialen) Rechtsschutz für Eltern und Kinder als keine Ehe. Lewis erinnert an den Einwand, den bereits Clara Zetkin gegen die Ehe- und Familienkritik von Marx und Engels vorbrachte (ebd.: 234). So existiert die Familie als Rechtsform für die Arbeiter*innenklasse aus anderen Gründen als für das Bürgertum: nicht, um sich durch Vererbung als Klasse zu reproduzieren, sondern um in der Gegenwart knappe Ressourcen für das alltägliche Überleben zu bündeln.

Die Queer Theory neigt in Teilen zu einer zu einseitigen und zu abstrakten Sicht auf den sexuellen Liberalismus, wodurch die in ihm enthaltenen Möglichkeiten übersehen oder vernachlässigt werden. Gerade diese gälte es aber zu radikalisieren, weiterzuentwickeln und zu verbreitern, um die individualistischen und unsolidarischen Begrenzungen des sexuellen Liberalismus zu überwinden und Überschneidungspunkte mit sozialtransformativen Zielen zu identifizieren. Eine materialistisch gewendete Queer Theory erweist sich hierfür als nützlich, insofern sie aufzeigt, wie Sexualität und Geschlecht in konkrete Lebensverhältnisse eingebettet sind, die durch kapitalistische Arbeitsteilung, Kommodifizierung und Eigentumsverhältnisse strukturiert sind. Ein über den sexuellen Liberalismus hinausweisendes queerpolitisches Projekt wäre hiervon ausgehend auszubuchstabieren, denn, so Alan Sears: »Wir können keine wirkliche sexuelle Befreiung erreichen, ohne uns mit der Art und Weise auseinanderzusetzen, wie unsere Körper und unser Leben in die Beziehungen von Arbeit, Haushalt und Markt verstrickt sind und vom Staat reguliert werden.« (Sears 2015: o.S.)

6.2 Soziale Reproduktion, Arbeitsteilung und die Logik von Gender

Ende der 1990er Jahre entzündet sich zwischen Judith Butler (Butler 1997b) und Nancy Fraser (Fraser 1997b) eine Kontroverse über die Frage, ob die Disziplinierung und Normierung von Sexualität und Gender notwendig mit der Reproduktion des Kapitalismus verknüpft ist oder nicht. Butler bejaht diese Frage, Fraser vertritt die gegenteilige Position und begründet sie vereinfacht gesagt folgendermaßen: Der Kapitalismus beutet Homosexuelle aus, wenn sie Frauen sind, wenn sie Migrant*innen sind, wenn sie Arbeiter*innen sind – aber nicht, *weil* sie homosexuell sind. Ihre gesellschaftliche Unterdrückung finde zweifellos statt, jedoch könne daraus nicht geschlossen werden, dass es seitens des Kapitals ein spezifisches Interesse an dieser Unterdrückung gebe. Die Kämpfe von Lesben und Schwulen gegen Homophobie und Heterosexismus seien deshalb auch nicht automatisch Kämpfe, die die kapitalistische Produktionsweise gefährdeten. Es handele sich vielmehr um ein kulturelles Problem fehlender Anerkennung, das materiell und ökonomisch negative Effekte haben kann, zum Beispiel, wenn LGBTIQ-Personen aufgrund von Homo- und Transphobie keine Arbeit finden, von der sie gut leben können. In dem Moment, wo das Anerkennungsproblem gelöst ist, werden schwule Männer aber nicht mehr oder anders ausgebeutet als heterosexuelle Männer, trans Frauen nicht mehr und anders als nicht-trans Frauen.[52]

Butler kritisiert Frasers Position systematisch: Die Unterscheidung von Anerkennung und Ausbeutung zeuge von Überresten einer marxistischen Sphärentrennung, »die bestimmte Unterdrückungsformen als Teil der politischen Ökonomie verortet, andere der ausschließlich kulturellen Sphäre zuweist« (Butler 1997b: 270 f.). Um zu plausibilisieren, dass Ökonomie und Kultur immer schon miteinander vermittelt seien, zieht Butler ein Argument des sozialistischen Feminismus der 1970er Jahre heran. Danach sind Heteronormativität und ihre Kehrseite, die Marginalisierung von Homosexualität, unerlässlich für die Reproduktion einer durch vergeschlechtlichte Arbeitsteilung bestimmten Familienform. Der Kapitalismus stütze sich wiederum für seinen eigenen Erhalt auf die vor allem von Frauen geleistete unbezahlte Care-Arbeit in den Familien, die der Reproduktion von Arbeitskraft dient (ebd.: 271).

Weil Butler ahistorisch argumentiert, macht sie es Fraser leicht, dieses Argument zu entkräften. Fraser zufolge hat die heterosexuelle Familienform die von Butler beschriebene Bedeutung für das Kapital in einer bestimmten Phase der kapitalistischen Produktionsweise womöglich erfüllt. Im Gegenwartskapitalismus sei sie jedoch auf eine Weise erodiert, wie es vor wenigen Jahrzehnten noch unvorstellbar gewesen wäre. Die Reproduktion des Kapitalismus habe das nicht gefährdet und auch die Ausbeutung von Frauen im Rahmen einer vergeschlechtlichten Arbeitsteilung sei dadurch nicht gemindert worden. Dafür seien Individuen heute nicht mehr zwingend darauf angewiesen, ihre Arbeitskraft innerhalb der Familienform zu reproduzieren.

Aus einer intersektionalen queer- und transmarxistischen Perspektive bedarf es zur theoretischen Klärung des Problems von sexualitäts- und genderbasierter Herrschaft im Kapitalismus einer Synthese aus Butlers und Frasers Argumenten sowie einer Erweiterung um zusätzliche Blickwinkel, die bei beiden fehlen. Hervorzuheben ist hierbei zum einen die *Logik der differenziellen Familiarisierung* und zum anderen die *Logik von Gender* als spezifisch kapitalistisch vermittelte Formen der Herrschaft.

Mit Fraser ist gegen Butler festzuhalten, dass die kapitalistische Produktionsweise in der Tat nicht zwangsläufig und überhistorisch auf eine heteronormative Familienstruktur angewiesen ist. Allerdings übersieht Fraser zum einen, dass die materiellen Lebensbedingungen für die Menschen auch im fortgeschrittenen Kapitalismus rein praktisch weiterhin eine starke Abhängigkeit von der Institution der Familie forcieren (vgl. 6.3). Zum anderen und im Widerspruch dazu, zeugt die Geschichte des Kapitalismus davon, dass Staat und Kapital sich schon immer damit arrangieren konnten – und dies aktiv befördert haben –, wenn Menschen sich und ihre Arbeitskraft außerhalb von kleinfamiliären Strukturen reproduziert haben. Diesen grundlegenden Punkt übersieht auch Butler. Ob in der Plantagenökonomie und dem System der Versklavung, in geschlechtersegregierten Kasernen und Sammelunterkünften, in Gefängnissen und Auffanglagern oder im Falle von transnationaler Arbeitsmigration: Für einen großen Teil des (rassifizierten) globalen Subproletariats ist die Kleinfamilie nie Normalität gewesen.

Wir müssen in diesem Sinne von einer *differenziellen Familiarisierung* unter kapitalistischen Bedingungen sprechen. Für die intergenerationelle und die alltägliche Reproduktion der Arbeitskraft hat sich mit Durchsetzung des kapitalistischen Industrialismus die bürgerliche Kleinfamilienform zu Beginn des 20. Jahrhunderts auch für große Teile des weißen Industrieproletariats verallgemeinert, während rassifizierten Arbeiter*innen die Bildung von Kleinfamilien historisch erschwert oder verunmöglicht wurde. Diese differenzielle Familiarisierung setzt sich bis heute fort, etwa wenn weiße, ›gesunde‹ Frauen mit Klassenprivilegien zu Objekten einer geburtenfördernden (Pronatalismus) und Frauen of Color und/oder behinderte und transgeschlechtliche Personen zu solchen einer geburtenhemmenden Politik (Antinatalismus) werden. Für den Schwarzen und Women-of-Color-Feminismus ist es daher beim Thema der reproduktiven Rechte nie einseitig nur um das Recht auf Abtreibung gegangen (das er unterstützt), sondern zunächst überhaupt um das Recht, Kinder bekommen und behalten zu dürfen und sie unter gesellschaftlichen Bedingungen großziehen zu können, die ihre Lebenschancen nicht von vornherein untergraben (vgl. Kitchen Politics 2021).

Differenzielle Familarisierung ist das Resultat einer Politik der differenziellen Reproduktion von Arbeitskraft. Die kapitalistische Produktionsweise bedarf einer auf sie abgestimmten gesellschaftlichen Reproduktion von Arbeitskraft. Jedoch ist für das Kapital nicht jede Arbeitskraft gleich wertvoll und schon gar nicht unersetzlich. Rassifizierte und arme Bevölkerungsgruppen bilden das größte Segment eines Subproletariats, das sich auf niedrigem Reproduktionsniveau zunehmend selbst überlassen wird. Die Schwarze Abolitionismustheoretikerin Ruth Wilson Gilmore (2008) hat für die USA von einer »organisierten Aufgabe« (»organized abandonment«) rassifizierter Communitys gesprochen, in dem Sinne, dass der Staat sich aus Verantwortlichkeiten wie einer Investition in Bildungs- und Gesundheitseinrichtungen in Stadtteilen mit hoher Arbeitslosen- und Armutsquote zurückzieht. Diese Politik gehe zugleich mit einer Form der »organisierten Gewalt« einher: Der Staat bearbeitet gesellschaftliche Problemlagen und Konflikte, die durch das organisierte Im-Stich-Lassen nur noch verschärft werden, in steigendem Maße über Repression und Kontrolle. In den US-amerikanischen Queer und Trans Studies wird diese Realität in Büchern wie Dean Spades *Normal Life: Administrative Violence, Critical Trans Politics, and the Limits of Law* (2015) oder der von Eric A. Stanley und Nat Smith herausgegebenen Textsammlung *Captive Genders: Trans Embodiment and the Prison Industrial Complex* (2015) ins Zentrum gerückt. Die Bände analysieren nicht nur das hohe Maß an Kriminalisierung und Bestrafung, das die Lebensrealitäten von armutsbetroffenen und rassifizierten Queers und trans Personen in den USA bestimmt, sondern auch die Bedeutung von Gefängnissen und anderen Straf- und Erziehungsinstitutionen für die Reproduktion einer normativen Gender-Ordnung.

Aus der Perspektive der gesellschaftlichen Reproduktion von Arbeitskraft lässt sich also nicht nur die differenzielle Familiarisierung erhellen, sondern auch die Bedeutung von genderbasierter Unterordnung und Herrschaft. Der feministische Marxismus hat seit den 1970er Jahren betont, der Kapitalismus instrumentalisiere und zementiere die hierarchische Beziehung zwischen Männern und Frauen. Auf diese Weise würden Frauen die unbezahlten, von der wertschöpfenden Arbeit abgespaltenen Tätigkeiten der Sorge und Reproduktion zugeteilt, die der Herstellung und dem Erhalt von Arbeitskraft dienten. Um die Kosten für die Reproduktion der Arbeitskraft möglichst klein zu halten, ist kapitalistische Akkumulation darauf angewiesen, über eine solche vom Produktionsprozess abgespaltene Sphäre gesellschaftlicher Reproduktion zu verfügen, die nicht direkt marktvermittelt ist. Die feministische Marxistin Lise Vogel (2019 [1983]) hat speziell die Gebährfähigkeit von Frauen als Ursprung der Frauenunterdrückung im Kapitalismus ausgemacht, insofern ihnen durch Schwangerschaft und nachgeburtliche Care-Anforderungen im System der konkurrenzbasierten kapitalistischen Arbeitsteilung strukturelle Nachteile gegenüber Männern entstünden. Die herrschende Geschlechterideologie schlussfolgere aus der Besonderheit der Gebärfähigkeit eine allgemeine, quasi-natürliche Zuständigkeit und Kompetenz von Frauen für Care-Arbeit.

Queer- und trans-marxistische Perspektiven teilen mit dem feministischen Marxismus die Überzeugung, dass genderspezifische Formen der Unterdrückung ein inhärenter Bestandteil der kapitalistischen Produktionsverhältnisse sind, d.h. derjenigen gesellschaftlichen Beziehungen, in denen Menschen Dinge arbeitsteilig produzieren, tauschen, verteilen und konsumieren. Allerdings ließen sich diese Formen der Unterdrückung nicht allein, wie Vogel behauptet, an der Gebärfähigkeit festmachen. Vielmehr müssten die Unterordnung von gebärfähigen Frauen, die Gewalt gegen trans Personen und die gesellschaftlich verbreitete Homophobie als unterschiedliche Ausdrucksformen gesehen werden, die auf dasselbe Prinzip verweisen: die Herstellung und gewaltvolle Aufrechterhaltung einer naturalisierten, binären Gender-Ordnung.

So schreibt Jules Joanne Gleeson (2017) mit Blick auf das obszöne Ausmaß von Gewalt gegen trans Frauen:

»Gewalt gegen Gender-Abweichler*innen ist in erster Linie disziplinarischer Natur, und es lässt sich ein klarer Zusammenhang zwischen den alltäglichen Übergriffen auf uns und Praktiken wie der ›korrigierenden Vergewaltigung‹ von Lesben herstellen. Trans Frauen werden oft vergewaltigt. Wir werden auf der Straße belästigt, und diejenigen von uns, die inhaftiert sind (oft wegen Selbstverteidigung), sind selbst nach den geltenden Standards des Gefängnissystems besonders starken Angriffen ausgesetzt. Wie Bædan richtig feststellt, erfordert Gender eine ständige Reproduktion, die durch Gewalt erfolgt.« (Ebd.: o.S.)

Dass zur Reproduktion der Gender-Ordnung so viel Gewalt und Disziplinierung aufgewendet wird, zeigt nicht nur deren Funktion für die Aufrechterhaltung der herrschenden Verhältnisse an. Es offenbart zudem, dass Ideologien der Naturalisierung allein nicht ausreichen, damit Menschen Geschlecht als Ausdruck einer inneren Wahrheit und nicht länger als äußerliche Begrenzung ihrer Freiheit erleben. Gerade weil Gender aber nicht ›nur kulturell‹ ist, sondern Teil der kapitalistischen Produktions- und Reproduktionsverhältnisse, reicht es zur Beendigung von genderbasierter Herrschaft nicht aus, Geschlecht in einem abstrakten Sinne zu dekonstruieren. Mit anderen Worten: Die Gender-Ordnung kann nicht allein auf dem Terrain der Kultur verändert oder gar überwunden werden, sondern nur innerhalb der gesellschaftlichen Beziehungen von Produktion und Reproduktion selbst, in denen Gender materiell und sozial verankert ist.

In diesem Sinne kann auch der Versuch der Queertheoretiker*innen Renate Lorenz, Pauline Boudry und Brigitta Kuster verstanden werden, die den Begriff des »sexuellen Arbeitens« geprägt haben (Boudry/Kuster/Lorenz 1999). Danach umfasse *jede*

Arbeit immer auch eine Arbeit an der eigenen geschlechtlichen Identität und Körperlichkeit sowie an der sexuellen Performance. Sie kennzeichnen sexuelle Arbeit vor diesem Hintergrund als »doppelt produktiv«, sofern durch sie Wert und zugleich »eine verkörperte, vergeschlechtlichte, sexuelle Subjektivität« produziert werde (Lorenz 2009: 14). Obwohl das Konzept der sexuellen Arbeit nicht in einem marxistischen Theorierahmen entwickelt wird, bietet es Überschneidungspunkte mit queer- und trans-marxistischen Perspektiven. Beispielsweise zeigt Michelle O'Brien in ihrem Aufsatz *Trans Work: Employment Trajectories, Labor Discipline and Gender Freedom* (2021), wie genderbasierte Unterdrückung trans Frauen von weiten Teilen des Arbeitsmarkts ausschließt und auf bestimmte Branchen wie die Soziale Arbeit, die Nacht- und Sexökonomie und die Internet- und Gamingbranche festlegt. Die von O'Brien interviewten trans Frauen of Color berichten von einem hohen Maß an ›Genderüberwachung‹ (*gender policing*) und sexueller Belästigung sowie von Konflikten, die entstehen, wenn ihr Geschlechtsausdruck von normativen Annahmen abweicht oder sich im Laufe ihrer Anstellung verändert. Die Transition ist für viele eine kritische Phase, die mit Jobverlust und, im Falle von Mittelschichtsangehörigen, mit Klassenabstiegserfahrungen verbunden ist. Für O'Brien ist Transmisogynie bei der Arbeit Ausdruck eines allgemeineren Systems der Gender-Unterdrückung, dem alle lohnabhängig Beschäftigten und prekär arbeitenden Soloselbstständigen unterworfen sind. Kapitalistische Arbeitsverhältnisse schränken den Spielraum und das Potenzial von Körpern und Subjekten ein, mit dem eigenen Geschlecht zu experimentieren, es zu erforschen und sich als vergeschlechtlichtes verkörpertes Selbst auf eine Weise frei zu entfalten und auszudrücken, die sich gut und richtig anfühlt.

In den Erfahrungen von trans Personen spiegelt sich O'Brien zufolge jedoch nicht nur besonders deutlich das System der

Gender-Unterdrückung, das die gesellschaftlichen Beziehungen zu einem Ort der Beschränkung und des Zwangs statt zu einem Ort der Freiheit werden lässt. Trans Personen verkörperten außerdem besonders deutlich einen Freiheitswillen, der sich diesem System noch um den Preis entgegenstellt, die eigene berufliche und ökonomische Existenz zu riskieren. Anhand der politischen Selbstorganisierung von Transaktivist*innen in New York zeigt O'Brien auf, wie Erfahrungen von Gender-Policing und Diskriminierung im Arbeitskontext einen zentralen Bezugspunkt darstellen, um die eigene Unterordnung innerhalb der Gesellschaft zu erfassen und politische Strategien zu entwickeln, die auf die Ausweitung von Geschlechterfreiheit innerhalb der konkreten Arbeitsverhältnisse abzielen. Der von ihr untersuchte Transaktivismus ist damit ein Beispiel, wie identitätspolitische und klassenpolitische Auseinandersetzungen zusammenlaufen.

Queere und trans Theorien leisten einen wichtigen Beitrag, um die Position von Frauen in der gesellschaftlichen Arbeitsteilung – ihre Rolle für die gesellschaftliche Reproduktion der Arbeitskraft – zu entnaturalisieren. Sie tun dies, indem nicht nur theoretisch-analytisch, sondern auch gesellschaftspolitisch eine neue Verbindungslinie gezogen wird: zwischen Frauenkämpfen gegen geschlechtsspezifische Unterdrückung *und* den Kämpfen, die queere, trans, inter, nicht-binäre und andere Gruppen gegen Formen der Gender-Unterdrückung ausfechten, welche auf dem Zwang der Binarität und der Cis-Normativität beruhen (vgl. Jaffe 2020: 114).

6.3 Die Aufhebung der Familie

Im *Kommunistischen Manifest* präsentieren Marx und Engels die »Aufhebung der Familie« als eines der Ziele des Kommunismus.

Zugleich stellen sie fest, es gebe kaum eine umstrittenere Forderung als diese: »Selbst die Radikalsten ereifern sich über diese schändliche Absicht der Kommunisten.« Radikale Familienkritik war eine zentrale Komponente des radikalen und des sozialistischen Feminismus der 1970er und 1980er Jahre. Interessanterweise ist das in der neueren Rezeptionsgeschichte jedoch zunächst weitgehend vernachlässigt und dethematisiert worden. So haben feministische Theoretiker*innen, Geschlechter- und Care-Forscher*innen sich in den letzten 15 Jahren zwar intensiv auf die alten feministischen Analysen zur Hausarbeit bezogen, um den Wandel, die Persistenz und die Konflikte rund um die vergeschlechtlichte Arbeitsteilung in der Gegenwart zu untersuchen. Die damals vertretene These, wonach sich der auch global zu fassende, ausbeuterische und herrschaftsförmige Charakter der sozialen Reproduktion im Kapitalismus nicht auflösen lasse, solange die bürgerliche Familienform nicht überwunden ist, hat jedoch weit weniger neue Forschungsprojektideen inspiriert als die Frage, wie die anfallenden Arbeiten in heterosexuellen Paarhaushalten gerechter umverteilt werden könnten.

In ihrem Text *Kapitalistischer Realismus, Postutopie und die heilige Familie* stellt die feministische Theoretiker*in und Aktivistin Felicita Reuschling (2015) fest, dass diese Rezeptionssperre sich in der gesellschaftlichen Praxis widerspiegelt. Wo die Neue Linke nach 1968 eine »Öffnung der Familie zur Gesellschaft hin« praktizierte und hierbei an ältere kommunistische Debatten und sozialistische Wohnutopien anschloss, stellt Reuschling mit Blick auf ihr eigenes linksalternatives Umfeld ernüchternd fest, dass diejenigen »mit Kindern meist als Kleinfamilie leben und häufig mit wenig abgesicherten Arbeitsverhältnissen jonglieren müssen« (ebd.: 133, 129). Anders als in den 1970er Jahren »scheint es heute ein verschwindendes Interesse an alternativen Lebensentwürfen jenseits der Familie zu geben« (ebd.: 139). Für Reuschling steht das »in einem dramatischen Kontrast« zum feministischen Diskurs nach 1968, in dem »die Beziehungsstruktur und Arbeitsteilung in der Familie [...] grundsätzlich infrage gestellt wurde« (ebd.: 142). Damals sollte nicht nur die Unterordnung und Ausbeutung von Frauen in der patriarchalen Kernfamilie überwunden, sondern auch die »Psycho-Ökonomie der Familie« durchbrochen werden (ebd.). Diese verfestigt nach innen Abhängigkeiten, Unglück, sexuelle Langeweile und ein dramatisches Ausmaß an – gegen Frauen, Kinder, Queers und trans Personen gerichtete – Gewalt. Nach außen führt sie derweil auf unsolidarische Weise zur Abschottung »gegenüber anderen Beziehungen und der Öffentlichkeit« (ebd.).

Wir können die von Reuschling beobachtete Erschöpfung linker Familienkritik als Konsequenz eines familialistischen Realismus theoretisieren. So wie der von Mark Fisher (2013) beschriebene »kapitalistische Realismus« ist auch der familialistische Realismus keine freischwebende Normativität. Die von ihm gesetzten Grenzen der Vorstellungskraft sind gesellschaftlich bedingt, präziser: Sie spiegeln die materiellen Lebens- und Reproduktionsbedingungen und deren Zerrüttung im fortgeschrittenen Kapitalismus wider. Die um die Paardyade herum organisierte Familienform bildet im Kapitalismus die Institution, über die die intergenerationale soziale Reproduktion privatisiert wird. Kinder wachsen unter elterlicher Obhut zu Erwachsenen (und Arbeitskräften) heran, die sich im Alter um ihre Eltern kümmern, deren Vermögen sie (wenn vorhanden) erben. Trotz des Wandels, den die Familie in den letzten 150 Jahren durchlaufen hat, erfüllt sie in kapitalistischen Gesellschaften bis heute diese Funktion. Umgekehrt folgt daraus, dass es abseits der exklusiven Familienform schwer bis unmöglich ist, generationenübergreifend füreinander zu sorgen, weil hierfür die (sozialen, institutionellen, rechtlichen) Rahmenbedingungen weitgehend fehlen. Gerade, aber nicht nur in Regionen mit schwacher öffentlicher Infrastruktur erweist sich die Familie für viele als unabdingbare materielle Voraussetzung ihrer alltäglichen Reproduktion. Der familialistische Realismus ist die dominante Ideologie, die diese Familialisierung des Sozialen naturalisiert und legitimatorisch absichert. Er lässt die private Familienform als persönliche Vorliebe und zugleich als die beste aller denkbaren Formen erscheinen, um transgenerationale Beziehungen der Sorge und der Verantwortung in Raum und Zeit zu institutionalisieren.

Obschon es in der Linken und im Feminismus ein breites theoretisches Bewusstsein von der Herrschaftsförmigkeit der Familie gibt, hat sich praktisch auch dort der familialistische Realismus durchgesetzt. Radikale Forderungen nach der Abschaffung der Familie gelten als unrealistisch, sind ungewollt oder werden schlicht nicht als das Problem unserer Zeit verstanden. Sophie Lewis stellt vor diesem Hintergrund mit ironischer Bezugnahme auf Fisher fest, dass es aktuell »immer noch einfacher ist, sich das Ende des Kapitalismus vorzustellen, als das Ende der Familie« (Lewis 2019: 119).

Statt die Familie aufzuheben – eine Forderung, die in der Geschichte der Linken und des Feminismus schon immer als infam galt und doch eine lange Tradition hat (vgl. Weeks 2021) –, wollen Linke, Feminist*innen und auch LGBT heute eher einige ihrer offenkundigsten Mängel beheben: Sie soll diverser und weniger heteronormativ werden, die in ihr anfallenden Arbeiten sollen geschlechtergerechter verteilt und ihre inneren Beziehungen weniger hierarchisch und gewaltvoll sein. Familien sollen durch den Ausbau öffentlicher Infrastrukturen stärker entlastet und ihre Organisation besser mit den Anforderungen des Erwerbslebens synchronisiert werden. Dieses Prinzip prägt im Großen und Ganzen auch die Care- und Geschlechterforschung, die ihren methodologischen Familialismus nur selten hinterfragt (vgl. Laufenberg/Schultz 2021). Entsprechend befindet sie die Familie an sich nicht für erklärungsbedürftig, sondern nimmt sie als gegeben hin. Die Familie wird pluralisiert, nach innen diversifiziert und egalisiert, während ihre Einbettung in globale Herrschafts- und Ausbeutungsverhältnisse intakt bleibt.

Queere Theorie und Politik haben vor diesem Hintergrund in der Vergangenheit oft dazu geneigt, der liberalen reformistischen eine radikale transformative Familienkritik gegenüberzustellen. Aus verständlichen Gründen prägt die Ablehnung der bürgerlichen Kleinfamilienform das queere Denken. Sie gilt ihm nicht nur als Keimzelle von Kapitalismus und Nation, als Bastion männlicher und weißer Vorherrschaft, sondern auch als Agentin gesellschaftlicher Queer- und Transfeindlichkeit. Die Queer Theory hat Queerness vor diesem Hintergrund häufig geradezu als Antidot einer Familialisierung des Sozialen bestimmt. ›Queer‹ wird, wie in den vergangenen Kapiteln deutlich wurde, mit anti- oder gegennormativen Haltungen und Lebensweisen verbunden, die sich – anders als die oft verschmähte liberale Lesben- und Schwulenbewegung – einer Integration in Institutionen wie Familie und Ehe verweigern und damit die Voraussetzung für die Entstehung anderer Beziehungs- und Lebensformen bilden. Der Queer-Theoretiker und Philosoph Ben Trott hat das als Dreischritt beschrieben, der viele zeitgenössische kulturelle Repräsentationen von queerem Alltagsleben (u.a. Serien wie *Pose* und *Queer as Folk*) präge:

»[E]rstens die Möglichkeit zum *Ausbruch aus der Familie*, ihrem Normenregime und der oftmals damit verbundenen Gewalt; zweitens die Suche nach einer *anderen Art von Zuhause* – insbesondere der Zugang zu oder die Schaffung von Orten, die anders sind als eine von der bürgerlichen kulturellen Vorstellung geprägte Form; und drittens die Konstruktion (nicht-homonormativer) *alternativer Formen der Verwandtschaft*.« (Trott 2019: 374)

Ausgehend von einem solchen Dreischritt lässt sich das Verhältnis von reformistischer und transformativer Familienkritik weniger polarisiert denken. Ein radikaler Anti-Familialismus, der sich scharf noch von allen alternativen Familienformen abgrenzt, läuft nämlich Gefahr, in einen statischen und ahistorischen Dualismus zu münden, der analytisch unterkomplex ist und kaum konkrete Anknüpfungspunkte für eine transformatorische Praxis in der Gegenwart bietet. Kathi Weeks (2021) schlägt daher vor, die verschiedenen Vorstöße, Familie zu pluralisieren, zu diversifizieren und egalitärer zu gestalten, dialektisch mit dem Projekt einer Aufhebung der bürgerlichen Familienform zu vermitteln. Denn Veränderung und Überwindung der Familie sind zwei Seiten einer Dialektik, die es zusammenzudenken gilt. Um dies zu veranschaulichen, bedarf es erstens einer begrifflichen Präzision und zweitens einer historischen Einbettung der Dialektik der Familienkritik.

1. Bei der Dialektik aus Veränderung/Abschaffung ist zu beachten, dass die Familie abzuschaffen nicht bedeutet, sie zu zerstören, sondern im Hegel'schen Sinne aufzuheben. Etwas aufzuheben hat mehrere Bedeutungsebenen: es zu annullieren, aber auch, es zu bewahren und aufzunehmen (vgl. O'Brien 2019: o.S.). Die Aufhebung der Familie ist demnach nicht so gemeint, dass Menschen aktiv davon abgehalten werden sollen, sich kleinfamiliär einzurichten, sondern dass diesem Arrangement – wie die feministische Kommunistin Alexandra Kollontai (1977) schon Anfang des 20. Jahrhunderts und die feministischen Sozialistinnen Michèle Barrett und Mary McIntosh (1991) in den 1980er Jahren argumentierten – der *Notwendigkeitscharakter* genommen wird. Individuen sollen nicht mit noch weniger Care-Ressourcen und -Beziehungen zurückgelassen werden als den wenigen, über die sie ohnehin nur verfügen, sondern im Gegenteil: Es geht darum, Beziehungen der Sorge, des Schutzes vor Diskriminierung,

aber auch der Liebe, Sexualität und Intimität auszuweiten – so dass sie universell und öffentlich, jenseits der exklusiven Formen des Paares und des Familienhaushalts, verfügbar werden. »Die Forderung nach Abschaffung der Familie zielt nicht darauf ab, die Fähigkeit der Menschen zu zerstören, fürsorgliche, romantische oder elterliche Bindungen zu knüpfen [...]. Die Abschaffung der Familie bedeutet vielmehr, unsere Fähigkeit, füreinander zu sorgen, in humanere Formen zu überführen.« (O'Brien 2019: o.S.)[53]

Der Übergang von der Privatisierung zur Verallgemeinerung von Ressourcen/Beziehungen sozialer Reproduktion vollzieht sich nicht über einen radikalen Bruch, sondern er mäandert über verschiedene Zwischenstufen der Vermittlung. Gegenwärtige posttraditionale Familienkonstellationen, die gegenüber der traditionellen Kernfamilie pluraler, diverser, in Teilen egalitärer und oft translokaler sind, stellen ebensolche potenziellen Vermittlungsformen dar. Im Falle von migrantischen Communitys (Gopinath 2005), queeren Wahlverwandtschaften (Weston 1991) und trans Sorgenetzwerken (Seeck 2021) existieren Beziehungen und Praktiken der sozialen Reproduktion, die oft quer zu privaten Familienhaushalten und öffentlichen Communitys liegen. Der insulare Charakter, der die bürgerliche Familienform prägt und für den bei proletarischen, migrantischen und queeren Lebensformen in der Regel ohnehin nicht die materiellen Voraussetzungen bestehen, wird zugunsten von transgressiven solidarischen Praktiken umgangen. Weil Subjekte, die an solchen grenzüberschreitenden Formen der sozialen Reproduktion beteiligt sind, an deren Kontinuität und Stabilität interessiert sind, ist davon auszugehen, dass sie Forderungen nach einer Aufhebung der Familie (im Sinne der universellen, öffentlichen Verfügbarkeit von Mitteln der sozialen Reproduktion) in der Regel bereitwilliger unterstützen, als es die bürgerliche Kernfamilie tut. Letztere kauft zwar marktvermittelte Care-Arbeit zu, ist jedoch aufgrund von Privatvermögen nicht zwingend auf kontinuierliche und stabile extrafamiliäre Care-Beziehungen jenseits des Marktes angewiesen.

2. Die skizzierte Dialektik von Veränderung und Aufhebung der Familienform folgt keiner Teleologie. Sie ist in kontingente und umkämpfte historische Prozesse eingelassen, die bedingen, wie sich die Familie verändert und weiterentwickelt. Es ist somit eine Frage der gesellschaftlichen Kräfteverhältnisse, in welche Formen die posttraditionale, pluralisierte Familie überführt werden kann: ob sie als Gravitationszentrum privatisierter sozialer Reproduktion weiter dezentriert und potenziell in die Richtung einer Aufhebung entwickelt werden kann oder aber unter dem Druck politischer reaktiver Kräfte und durch die Fortsetzung der neoliberalen Durchlöcherung öffentlicher Infrastrukturen eine Retraditionalisierung erfahren wird (vgl. Cooper 2017). Um die Kräfteverhältnisse angemessen einzuschätzen, ist es allerdings wichtig, in Erinnerung zu rufen, dass sich die posttraditionale pluralisierte Familie nicht vorrangig der Durchschlagkraft sozialer und politischer feministischer Kämpfe verdankt, sondern zuvorderst das Resultat struktureller Anpassungen an die Krise des fordistischen Akkumulationsregimes ist (vgl. O'Brien 2019).

Wie schon an früherer Stelle ausgeführt wurde, kann seit den 1990er Jahren nicht mehr überzeugend von einer heteronormativen Hegemonie gesprochen werden (vgl. 3.3). Mit der Erosion der den Fordismus prägenden »Infrastrukturen der Normalität« (Chitty 2020: 188) – sozialpolitisch stabilisierte Familienbeziehungen und Vollerwerbsarbeitsverhältnisse (für den Mann) – wurden auch die gesellschaftlichen Moral- und Normalitätsvorstellungen durchlässiger. Dadurch nahm einerseits der Konformitätsdruck auf die individuelle Lebensführung ab, andererseits erodierten mit jenen Infrastrukturen aber auch die materiellen

Bedingungen, die einem wachsenden Bevölkerungsanteil zwei Jahrzehnte lang eine relativ stabile Grundlage für die intergenerationale soziale Reproduktion gewährten.

Feministische und queere Theoretiker*innen betrachten den Niedergang des fordistischen Regulationsmodells wegen der damit verbundenen Freisetzungsdynamiken aus der heteropatriarchalen Kernfamilie nicht in erster Linie als Verlustgeschichte. Die Kehrseite der Liberalisierung ist jedoch, dass die sozialen Reproduktionsverhältnisse im krisenanfälligen finanzmarktdominierten Kapitalismus nicht annähernd wieder in einer Weise stabilisiert werden konnten wie durch das fordistische Regulationsmodell. Die Lebensweisen sind in den fortgeschrittenen kapitalistischen Gesellschaften heute diverser und in bestimmter Hinsicht freier als in den 1950er und 1960er Jahren. Aufgrund der immer stärkeren Ausweitung der kapitalistischen Verwertungslogik auf sämtliche Gesellschafts- und Lebensbereiche sind sie aber eben auch instabiler und in ihrer sozialen Reproduktion gefährdeter. Solange sich keine neuen gesellschaftlichen Verhältnisse stabilisieren können, in denen intergenerationale und andere verbindliche Beziehungen auf angemessenem Niveau lebbar und sozial reproduzierbar werden, ist die Erosion der alten Strukturen allein noch kein Anlass zur Freude.

Weeks folgt Barrett und McIntosh darin, dass eine feministische und queere Familienkritik nicht moralisieren sollte. Menschen, die polyamorös und in Kommunen leben, sind solchen, die Kinder im Rahmen einer monogamen Paarbeziehung großziehen, weder moralisch noch in irgendeiner anderen Weise überlegen. Die Frage ist nicht, für welche Lebensformen sich Individuen entscheiden, sondern ob und welchen Entscheidungsraum eine Gesellschaft ermöglicht. Hier schließt sich der Kreis zum Anfang dieses Kapitels. Unter den Bedingungen des progressiven Neoliberalismus steht es zumindest erwachsenen Individuen formal frei, sich für eine traditionale oder posttraditionale Lebensform zu entscheiden, doch wird die formale Entscheidungsfreiheit substanziell durch materielle und psychosoziale Barrieren eingeschränkt und enggeführt. Eine progressive Familienkritik argumentiert daher nicht moralisierend und individualisierend, sondern sozial: Die Aufhebung der Familie ist kein politisches Programm, das von der Theorie in die Praxis umzusetzen wäre, sondern ein gesellschaftlicher Prozess, der von unten wächst. Sie ist keine Anleitung zur Zerstörung, sondern der Horizont für eine Praxis, Neues zu schaffen, die bereits in vollem Gange ist. Die Frage, welche materiellen Rahmenbedingungen diesen Schaffungsprozess unterstützen würden, rückt damit automatisch ins Zentrum einer queer-feministischen Familienkritik. Sozialpolitische Reformen, die die materiellen Zwänge abmildern, welche Menschen in Familien drängen und sie am Ausbrechen hindern, sind hierfür Weeks zufolge ein zentraler Baustein, der schon heute implementierbar ist: Instrumente wie ein bedingungsloses Grundeinkommen, Arbeitszeitreduktion bei Lohnausgleich oder ein vom Erwerbsarbeits- und Familienstatus unabhängiges Recht auf universale Gesundheitsversorgung sind wie der Ausbau von bezahlbarem Wohnraum förderliche Rahmenbedingungen dafür, dass der Notwendigkeitscharakter von Familie verkleinert wird (Weeks 2021: 17). Weil diese Notwendigkeit aber nicht nur auf direktem materiellen Zwang, sondern auch auf affektiven Bindungen und psycho-emotionalen Abhängigkeiten beruht, kann der Familienabolitionismus nur als langwieriger Prozess der schrittweisen Durchquerung sozialer Beziehungswelten funktionieren: »Die Aufhebung der Familie zu befürworten heißt, bereit zu sein, das lange Spiel zu spielen.« (Ebd.)

7. Post-/Kolonialität, Transnationalität, Migration

»Queerness is now global«, heißt es einleitend in dem von Martin Manalansan und Arnaldo Cruz-Malavé herausgegebenen Band *Queer Globalizations: Citizenship and the Afterlife of Colonialism* (2002: 1). Der Einfluss von Migration, Diasporas und Migrationspolitik auf die Geschichte und Gegenwart von Sexualitäts- und Geschlechterverhältnissen ist seit Ende der 1990er Jahre zunehmend ins Zentrum der Queer Studies gerückt. Auch die Befassung mit der Kolonialität von Geschlechter- und Sexualitätsnormen sowie mit dem transnationalen Charakter von gleichgeschlechtlichen Kulturen und Politiken hat sich seitdem stetig intensiviert. Als eine der ›westlichen‹ Epistemologie entstammende Kategorie etablierte sich ›queer‹ um 1990 als eine Bezeichnung für Begehren, sexuelle Praktiken und geschlechtliche Variationen, die der binären heteronormativen Geschlechterordnung exzentrisch sind. Insofern die Entstehung dieser modernen Geschlechter- und Sexualitätsordnung aber historisch mit der Geschichte der kolonialen Expansion zusammenfiel und nationale Sexualkulturen und Geschlechterbilder im Zuge des 20. Jahrhunderts, wie in den USA, maßgeblich durch Migrationsbewegungen mitgeformt wurden, stellt sich die Frage: War Queerness jemals nicht global? (vgl. Telis/Bala 2015: 16)

Manalansan und Cruz-Malavé beziehen sich mit ihrer Feststellung auf eine seit den 1990er Jahren zu beobachtende weltweite

Zunahme von (sichtbaren) gleichgeschlechtlichen und transgeschlechtlichen Identitäten, Kulturen und Politiken in ganz unterschiedlichen geografischen und gesellschaftlichen Kontexten. Mit der Frage, wie der kapitalistische Transnationalismus diese Entwicklungen befördert hat und welche Kontinuitäten und Brüche hier zu früheren kolonialen und imperialen Formen der Verbreitung und Durchsetzung ›westlicher‹ Sexualitäts- und Geschlechternormen existieren, hat sich die Queer Theory in den letzten Jahrzehnten intensiv beschäftigt. In diesem Kapitel werden einige theoretische Ansätze und Debatten vorgestellt, in denen auf unterschiedliche Weise die Bedeutung der Migration, des Nationalismus und der Transnationalität sowie der Geschichte und des Erbes des Kolonialismus in den Mittelpunkt rücken, um ›queer‹ als theoretisches Konzept und als politische Praxis neu zu bestimmen.

7.1 Migration und Diaspora

Zwischen der Regulierung von Sexualität und der staatlichen Steuerung von Migration gibt es vielfache Verbindungslinien. Bei bestimmten Themen treten diese Verknüpfungen besonders deutlich hervor, so im Diskurs über die Eindämmung des u.a. im Dienst der Zwangsprostitution stehenden Menschenhandels oder bei der Frage, ob Homosexualität und Transgeschlechtlichkeit legitime Flucht- und Asylgründe darstellen, wenn auf ihrer Basis im Herkunftsland Gefängnisstrafen verhängt werden. Wenn lesbische, schwule und trans Personen bei Anhörungen in der Asylbehörde ihre sexuelle bzw. geschlechtliche Identität ›beweisen‹ müssen, Anträge auf Familienzusammenführung und Anerkennung von adoptierten Kindern auf besonders harte Prüfung stoßen und ›Familie‹ hierbei auf biologisch-heteronormative Verwandtschaftsverhältnisse begrenzt bleibt, aber auch wenn Einstellungen zu Lesben und Schwulen zum Gegenstand von Integrationskursen werden: In allen diesen Fällen wird Sexualität dezidiert zu einem Instrument der Migrationspolitik – und die Migrationspolitik zu einem Instrument der Regulierung von Sexualität, mit dem Ein- und Ausschlüsse auf Basis von heteronormativen nationalen Normen vorgenommen werden (vgl. Kosnick 2016). Aber nicht nur bei der Grenzübertretung und beim Antrag auf Asyl oder der Einbürgerung können wir eine Verbindung zwischen der Regulierung von Sexualität und der Steuerung von Migration feststellen. Diskurse über die Sexualität von Migrant*innen und Geflüchteten sind ein wiederkehrendes Element in öffentlichen Auseinandersetzungen über Migration, die oft besonders emotional aufgeladen sind, etwa bei Diskussionen innerhalb von Europa über die Fertilitätsraten von muslimischen Migrant*innen und die daran geknüpfte rassistische Hetze gegen eine »Islamisierung Europas« (vgl. El-Tayeb 2015). Sexualitätsdiskurse fungieren als zentrales Medium für die Konstruktion einer nationalen oder europäischen Identität in Abgrenzung von den ›Anderen‹, etwa indem die ›eigene‹ Sexualität gegenüber der ›fremden‹ als überlegen (zivilisiert, aufgeklärt etc.) fantasiert wird.

Die Wahl des migrationstheoretischen Ansatzes entscheidet maßgeblich mit, welche Verbindungen zwischen Migration und Sexualität überhaupt in den Blick geraten und wie erklärungskräftig die Befunde sind. In der Migrationstheorie lassen sich drei zentrale Analyserahmen voneinander unterscheiden, mit denen Migrationsbewegungen erklärt und untersucht werden: Push-Pull-Modelle, Weltsystemtheorie und Theorien der Transnationalität (vgl. Luibhéid 2014). Seit den 1960er Jahren wurden zunächst sogenannte Push-Pull-Modelle einflussreich, die bis heute die anwendungsbezogene staatsnahe Migrationsforschung und auch die allgemeine öffentliche Wahrnehmung von Migration dominieren. Sie basieren auf einem Rational-Choice-Ansatz, wonach Subjekte die Vor- und Nachteile von Migration abwägen und auf dieser Basis individuell entscheiden, ihr ›Ursprungsland‹ zu verlassen, um in ein neues ›Zielland‹ auszuwandern. Nach der Logik dieses Modells stellt staatliche Verfolgung von Homosexualität einen typischen Push-Faktor dar, der betroffene Menschen zur Abwanderung drängt. Komplementär dazu schaffen Länder einen Pull-Faktor für Wanderungsbewegungen, wenn sie Homosexualität entkriminalisieren. Aufgrund ihres individualistischen Rational-Choice-Zuschnitts haben Push-Pull-Modelle jedoch nur einen geringen Erklärungsgehalt. Warum beispielsweise nur ein kleiner Anteil der Menschheit für längere Zeit oder dauerhaft nationale Grenzen überschreitet oder weshalb – um beim Beispiel zu bleiben – nicht *mehr* Personen aus Ländern, in denen Homosexualität verboten ist, in solche migrieren, in denen sie straffrei ist, können diese Theorien nicht erklären.

Die in den 1980er Jahren an Einfluss gewinnende Weltsystemtheorie sowie neomarxistische Ansätze in der Migrationsforschung fokussieren demgegenüber auf historisch gewachsene, globale Abhängigkeitsbeziehungen und Ungleichheiten, wodurch die strukturellen Bedingungen von Migration erkennbar werden. Solche Ansätze zeigen, wie Staaten vor dem Hintergrund ökonomischer Kosten-Nutzen-Analysen Migration aktiv fördern, filtern, steuern und hemmen und wie die Expansion der kapitalistischen Akkumulationsverhältnisse Wanderungsbewegungen in Gang setzt. Der Weltsystemansatz betrachtet Migration in diesem Sinne als ein Subsystem des Kapitalismus, wobei Migrationsbewegungen oft auf frühere koloniale Verhältnisse verweisen, so etwa bei der Migration von Algerien nach Frankreich oder von Indien nach England (vgl. ebd.). Der Weltsystemansatz macht dadurch strukturelle Migrationsbedingungen kenntlich, die der Rational-Choice-Ansatz unberücksichtigt lässt: Wenn philippinische queere Migrant*innen beispielsweise nach New York auswandern, um dort womöglich ihre Sexualität freier ausleben zu können, so hilft die Weltsystemtheorie nachzuvollziehen, wie die erfahrene Unfreiheit auf den Philippinen *auch* mit den Folgen des repressiven Einflusses der US-Kolonialmacht auf die philippinische Gesetzgebung sowie dem anhaltenden politischen und ökonomischen Abhängigkeitsverhältnis zu den USA im Zusammenhang steht. Indem solche transnationalen Verstrickungen und postkolonialen Erbschaften zum Vorschein gebracht werden, beginnen dominante Narrative vom freien ›Westen‹ als Schutzraum für Migrant*innen, denen in ihrem Herkunftsland Unrecht zugefügt wird, zu bröseln (vgl. Luibhéid 2005: xxvi).

Der weltsystemische Ansatz neigt allerdings zum Strukturdeterminismus und zu einer Viktimisierung von (Arbeits-)Migrant*innen, die auf eine Rolle als Spielball der Nationalstaaten und der Anwerbebüros reduziert werden. Akteurstheoretische Perspektiven betonen demgegenüber den Eigensinn und die Agency von Migrant*innen, womit unvorhersehbare, unkontrollierbare Entwicklungen, soziale Transformationen und Potenziale des Widerstands in und durch Migrationsprozesse sichtbar gemacht werden. Mit dem Konzept der »Autonomie der Migration« wird fassbar, wie Migrationsregime nicht nur die Migration, sondern die Bewegungen der Migration auch die Migrationsregime und die Gesellschaft insgesamt verändern: »Migration ist eine gesellschaftliche Bewegung, in der es um Überlebensstrategien geht und die eigene Organisationsformen und -praxen hervorbringt.« Symptomatisch für Migrationsbewegungen ist gerade »das Überschreiten von Grenzen, das Durchqueren von Territorien, das Verstricken von Kulturen, das Erschüttern von Institutionen (wie Nationalstaaten aber auch Bürgerrechte[n]), das Verbinden von Sprachen« (Bojadžijev/Karakayalı 2015: 203 f.). Zentral für diese Perspektive ist, die relative Autonomie und Handlungsfähigkeit von Migrant*innen nicht individualistisch auf einzelne Subjekte zu beziehen, sondern die sozialen Netzwerke und Community-Strukturen sichtbar zu machen, die Migrationsprozesse ermöglichen und als gesellschaftliche Praxis manifestieren.

Seit den 1990er Jahren bemühen sich transnationale Perspektiven in der Migrationsforschung darum, eine Methodologie, die Nationalstaaten als abgeschlossene Einheiten denkt, zu kritisieren und zu erweitern. Die Integrationsdiskurse der dominanten Öffentlichkeit bewegen sich oft innerhalb eines solchen nationalstaatlichen Containerdenkens; eine erfolgreiche Integration wird als Übergang von einem nationalen Kontext in einen anderen imaginiert und normativ mit der Anforderung verbunden, Migrant*innen mögen die kulturellen Gewohnheiten und sozialen Eigenarten der ›aufnehmenden‹ Nation adaptieren. Transnationale Perspektiven betonen demgegenüber die Nicht-Linearität und Unabgeschlossenheit von Migrationsprozessen, die zumeist nicht nur in eine Richtung verlaufen. Vielmehr stellen Migrant*innen in ihrer Alltagskultur und ihren professionellen, freundschaftlichen und familiären Netzwerken vielfältige Verknüpfungen zwischen Herkunfts- und Zielland her. Indem sie kulturelle und soziale Differenzen zwischen beiden Ländern verhandeln, entstehen kulturelle Formen, Alltagskulturen und Selbstverständnisse, die ein Denken von Identität, Zugehörigkeit oder Gesellschaft in homogenisierenden, nationalstaatlichen Begriffen praktisch aufheben. Weil sich migrantische Kultur und Communitys nicht punktuell und eingegrenzt an einem Ort manifestieren, sondern translokal sind, werden durch solche hybridisierenden Praktiken nicht nur die Gesellschaft und Kultur des Ziellands verändert, sondern auch die der Herkunftsländer. Der in Martinique geborene französische Dichter und Philosoph Édouard Glissant hat diesen Prozess als Kreolisierung bezeichnet.

Wenn es darum geht nachzuvollziehen, wie Normen, Kategorien und Praktiken von Sexualität und Geschlecht in Migrationsprozesse und die Formierung von Nationalstaaten eingelassen sind, haben sich solche Perspektiven auf transnationale Verflechtungen, Hybridität und Kreolisierung für die Queer Theory als äußerst produktiv erwiesen. So befasst sich die queere Migrationsforschung seit den 1990er Jahren ausgiebig mit migrantischen Queer-of-Color-Communitys in Städten des Globalen Nordens. Diese Communitys verhandeln, so Martin Manalansan (2006), unterschiedliche, nicht selten widersprüchliche epistemische und kulturelle Traditionen in Bezug auf Geschlecht und Sexualität, wobei immer auch Fragen von Zugehörigkeit, ›Heimat‹ und Zuhause ausgehandelt werden. Häufig sind sowohl die Beziehungen zur Herkunftsfamilie wie zur weiß dominierten LGBT-Kultur am neuen Lebensort konflikthaft und von Erfahrungen mit Rassismus in der LGBT-Öffentlichkeit sowie von Homo- und Transfeindlichkeit in der heteronormativ dominierten migrantischen Community geprägt. Queer-of-Color-Migrant*innen bilden daher oft eigene Räume und Aktivitäten aus, die quer zu LGBT- und Diaspora-Kulturen liegen (Manalansan 2006: 236).

Diese aktive Produktion neuer sozialer Räume und Netzwerke stellt, wie Manalansan zeigt, die verbreitete Vorstellung infrage, wonach eine ›erfolgreiche‹ Migration in die passive Assimilation von Migrant*innen in die Mehrheitsgesellschaft mündet. Zudem übersieht die westzentrische Fantasie, in der queere und trans Migrant*innen aus nicht-westlichen Ländern vor allem aufgrund ihrer Queerness bzw. ihres Transseins entscheiden, nationale Grenzen zu überschreiten, um woanders ›neu anzufangen‹, entscheidende materielle Dimensionen der Migration. Denn oft genug migrieren LGBTIQ-Personen – genauso wie Heterosexuelle und Cisgeschlechtliche – schlicht deshalb, um sich und ihren Herkunftsfamilien ein materielles Überleben zu sichern. Die meisten LGBT-Migrant*innen, die aus dem Globalen Süden in den Globalen Norden wandern, zählen nicht zur »kreativen Klasse« oder zur kosmopolitischen Mittelschicht, sondern – wie der Großteil der anderen Migrant*innen aus dem Globalen Süden – zum globalen Surplus- und Dienstleistungsproletariat. Sie arbeiten als Sex- und Carearbeiter*innen, putzen Toiletten und Büroräume, stehen in den Küchen von Fastfood-Restaurants oder riskieren Haftstrafen, indem sie die Besucher*innen von queeren Technoclubs mit Partydrogen versorgen. LGBT-Migrant*innen leisten nicht nur Reproduktionsarbeit für die Mehrheitsgesellschaft, sondern auch für die Aufrechterhaltung der Infrastrukturen und Sexkultur der LGBT-Szene.

Indem die queere Migrationsforschung sich solchen Formen der Reproduktionsarbeitsmigration widmet, erweitert sie das in der Geschlechter- und Migrationsforschung etablierte Forschungsfeld zur Care-Migration. Dieses zeichnet sich oft durch eine methodologische Heteronormativität aus, weil vor allem Care-Arbeiter*innen im Fokus sind, die als verheiratete Mütter ihre Kinder ›zurücklassen‹, um sich anderswo um die Kinder anderer zu kümmern – obschon laut Manalansan nicht nur die Hälfte in diesem Fall weiblicher philippinischer Care-Arbeiter*innen als Single migrieren, sondern viele männliche Care-Migrant*innen schwul sind (Manalansan 2006: 236–241).

Queere Theorien bereichern die Migrationsforschung, dies gilt aber auch umgekehrt. Ein Beispiel, an dem sich das gut verdeutlichen lässt, ist die Verkomplizierung des Verhältnisses von privater Häuslichkeit und Öffentlichkeit. Wie in vorangegangen Kapiteln gesehen, privilegieren viele Queer-Theoretiker*innen Öffentlichkeit und Gegenöffentlichkeiten als Räume des Politischen, während die Privatheit als unpolitisch gilt. Konzepte wie das Haus oder das Zuhause, die in der bürgerlichen Gesellschaft unmittelbar mit der Privatsphäre verknüpft sind, erscheinen damit als weniger *queer*; sie werden nicht als potenzielle Räume der Emanzipation und Kollektivität gewürdigt, wodurch die (neo-)liberale Konzeption des Hauses und des Privaten als unpolitische Sphäre verfestigt wird. Die Queer-of-Color- und die queerdiasporische Kritik betonen hingegen die Bedeutung des Zuhauses (›home‹), der sozialen Reproduktion und des Place-Making für queeres Begehren und das Ausleben nicht-konformer Geschlechtlichkeit und Sexualität (vgl. z.B. Bailey 2013; Gopinath 2005; Haritaworn 2015). Sie beziehen sich hierbei insbesondere auf Schwarze und Women-of-Color-Feminismen. In *Homeplace: A Site of Resistance* (1991) rekonstruiert die Schriftstellerin und Theoretikerin bell hooks etwa, wie Schwarze Frauen in den USA das Zuhause als Ort des Widerstands und der Freiheit vor dem System weißer Vorherrschaft erlebten, schützten und gestalteten.

Queer-of-Color-Kritiken konstruieren das Haus nicht als Gegenpol zur öffentlichen Sphäre, sondern betonen seinen Vermittlungscharakter. Für diejenigen, denen öffentliche Räume und Ressourcen – inklusive jene der Mainsteam-LGBT-Kultur – aufgrund von klassenbasierten, geschlechterspezifischen und rassistischen Mechanismen unzugänglich sind, fungiert das Zuhause als materielle und affektive Basis für die individuelle Reproduktion wie als Ort für kollektive gegenkulturelle Praktiken, Beziehungen und Organisationen. Aus einer solchen Perspektive stehen queere Gegenöffentlichkeiten nicht im Gegensatz zu Räumen des Privaten, sondern befinden sich in einem dynamischen, wechselseitigen Austausch mit ihnen.

Gayatri Gopinath (2005) hat am Beispiel der südasiatischen Diaspora in den USA gezeigt, dass sich insbesondere weibliche Queers dort nicht entsprechend der Konvention des lesbischen/schwulen Coming-out als ›sexuelle Subjekte‹ konstituieren. Das ›westliche‹ Emanzipationsnarrativ des Coming-out stilisiere dieses zum entscheidenden biografischen Moment des Exodus aus dem privaten (elterlichen) Haus, der zugleich den Eintritt in die Öffentlichkeit der ›Community‹ bedeute. Dieser Coming-out-Diskurs basiert laut Gopinath auf einem doppelten Bias: Mit seiner Priorisierung von Öffentlichkeit in Abgrenzung von Privatheit sei er einerseits stark an einer schwulen *männlichen* Subjektivierungsweise orientiert, während er andererseits verkenne, dass die Privatheit des Hauses von (häufig *weiblichen*) queeren Subjekten nicht einfach übernommen, sondern umgewandelt und in eine eigene Form von Kollektivität und Semi-Öffentlichkeit transformiert werde (ebd.: 79).

Dabei romantisiert Gopinath das Zuhause in der Diaspora nicht, sie arbeitet vielmehr die hetero-patriarchalen und nationalistischen Strukturen heraus, die in diasporischen Gemeinschaften wirksam sind, und fragt, wie diese abgebaut werden könnten. Ähnlich wie Muñoz und andere Queer-of-Color-Theoretiker*innen entdeckt Gopinath in der Literatur, in Filmen und in der Musik von – vor allem weiblichen – queer-diasporischen Künstler*innen Versuche in diese Richtung. Repräsentationen und Verhandlungen von queerem Begehren würden dort zu einem Medium, um einen rückwärtsgewandten, melancholischen Blick der Diaspora neu auszurichten. Gopinath bringt Queer Theory und Diasporatheorie in einen produktiven Dialog, um einen Analyserahmen zu entwickeln, bei dem das *Verhältnis* zwischen heteropatriarchalen und nationalen Einflüssen auf die Diaspora in den Blick rückt und zurückgewiesen werden kann.

»Ein queerer diasporischer Rahmen macht sich auf produktive Weise das analoge Verhältnis zwischen Nation und Diaspora einerseits sowie das zwischen Heterosexualität und Queerness andererseits zu eigen: Mit anderen Worten, Queerness ist für die Heterosexualität das, was die Diaspora für die Nation ist. Wenn in der heteronormativen Logik das Queere als die minderwertige und unzureichende Kopie des Heterosexuellen angesehen wird, so wird die Diaspora innerhalb der nationalistischen Logik als das queere Andere der Nation, als ihre inauthentische Nachahmung dargestellt. Das Konzept der Diaspora ermöglicht eine gleichzeitige Kritik an Heterosexualität und der Nation-Form, während es die binären Oppositionen zwischen Nation und Diaspora, Heterosexualität und Homosexualität sowie Original und Kopie sprengt.« (Ebd.: 11)

Diese Kritik macht Gopinath für die konkrete Analyse von Diasporakonstellationen und ihrem reaktionären Gehalt produktiv. Schon Stuart Hall (2003) führte den Konservatismus des diasporischen Imaginären, der auch ein Geschlechter- und Familienkonservativismus ist, auf Erfahrungen der Vertreibung und zwangsläufigen Migration zurück, die nostalgische Sehnsüchte nach verloren gegangenen ›Ursprüngen‹ der eigenen Geschichte wachhalten würden. Wie Gopinath zeigt, werden diese Ursprünge oft von einer heteropatriarchalen Nostalgie überschrieben, die die Existenz queeren Lebens als Teil der (vor-)diasporischen Geschichte auslöscht. Queere diasporische Kulturproduktion – insbesondere solche, die queere Weiblichkeiten ins Zentrum rückt – interveniert hier in die dominanten, ödipalen und auf patrilineare Verwandtschaftsstrukturen rekurrierenden Ursprungsnarrative und eröffnet dadurch einen Vorstellungsraum, in dem die Diaspora ihr hybridisierendes Potenzial als Gegenkonzept zur Nation entfalten kann:

»Eine Berücksichtigung von Queerness wird mit anderen Worten eine Methode, um nationalistische Ideologien infrage zu stellen, indem das unreine, inauthentische und nicht-reproduktive Potential des Begriffs der Diaspora wiederhergestellt wird. Tatsächlich ist es gerade die dringende Notwendigkeit, die enge Beziehung zwischen Nationalismus und Heterosexualität zu stören und zu denaturalisieren, welche den Begriff einer queeren Diaspora so überzeugend sein lässt.« (Gopinath 2005: 11)

Zugleich verdeutlicht Gopinath, dass die Diaspora immer auch Produkt des transnationalen Kapitalismus ist. Strategien der Hybridisierung allein bieten noch kein ausreichendes Antidot gegen die Vereinnahmung durch die ›Heimatnation‹, weil diese auch ökonomisch vermittelt ist. Selbst wenn sie sich von den ideologischen Reinheits- und Ursprungsgeboten des Nationalismus entfernt, kann sie mithelfen, diesen ökonomisch zu stabilisieren. Gopinath nennt hier beispielhaft die Bedeutung des »NRI-Kapitals« (NRI steht für non-resident Indians, d.h. indische Staatsbürger*innen im Ausland) für die finanzielle Unterstützung hindu-nationalistischer Projekte in Indien. Mit Jenny Sharpe nimmt Gopinath vor diesem Hintergrund eine kritische Haltung gegenüber Paul Gilroys Analyse diasporischer Kulturproduktion ein, weil dieser die Verstrickungen der Diaspora nicht nur mit der Nation, sondern auch mit dem transnationalen Kapitalismus nicht systematisch genug bedenkt.

Laut Gopinath sind die Beziehungen der Diaspora sowohl zur Nation als auch zur Kapitalakkumulation durch Diskurse von Sexualität und Geschlecht vermittelt. So hätten in der Vergangenheit pejorative Bilder von der sexuell promiskuitiven und moralisch unreinen indischen Frau im Ausland als Folie fungiert, auf der die mit den moralischen und heteropatriarchalen Werten des indischen Nationalismus übereinstimmende Norm der keuschen und tüchtigen indischen Frau ›zuhause‹ produziert wurde. Gopinath betrachtet »institutionalisierte Heterosexualität« und die Verwerfung von Queerness hierbei als eine dem britischen Kolonialismus sowie dem indischen Nationalismus innewohnende Struktur. An solchen Beispielen lässt sich aufzeigen, dass der Transnationalismus den Nationalismus keinesfalls automatisch in eine Krise stürzt. Der Verlust von staatlicher Souveränität durch bestimmte Zentrifugalkräfte der Globalisierung kann ideologisch auf eine Weise wiederhergestellt werden, die ebenfalls transnational vermittelt ist. Gopinath plädiert jedoch dafür, den Transnationalismus als Feld kultureller Kämpfe um eine gegenhegemoniale Zukunft ernst zu nehmen: »Auch wenn Transnationalismus das Resultat der Erfordernisse des Spätkapitalismus ist, stimme ich zugleich Lisa Lowes und David Lloyds Einschätzung zu, dass ein Verständnis von Transnationalismus als Homogenisierung globaler Kultur radikal die Möglichkeiten für die Schaffung von Alternativen reduziert« (Lowe/Lloyd 1997); die von Gopinath untersuchten queer-diasporischen kulturellen Formen und Praktiken entstehen ihr zufolge notwendig »aus, aber zugleich in Opposition zu einem transnationalen Kapitalismus« (Gopinath 2005: 197). Dahinter steht die Annahme, dass der transnationale Kapitalismus wie vor ihm der koloniale Kapitalismus überschüssige kulturelle Formen produziere, die er sich nicht wieder (vollständig) einverleiben könne und die daher besonders gut für eine Kritik am globalen Kapitalismus fruchtbar gemacht werden könnten. Ein Beispiel hierfür seien nicht-heteronormative diasporische Identitäten, Communitys und Praktiken, welche nur begrenzt Ähnlichkeiten mit der dominanten eurozentrischen Form von »gayness« aufwiesen, die im globalen Gegenwartskapitalismus heute in hohem Maße kommodifiziert sei (ebd.: 12).

Indem Gopinath transnationale Verhältnisse, die Verbindung vom Lokalen zum Globalen, zum Bezugspunkt für emanzipatorische Kämpfe erklärt und ›Queer‹ als ein hierfür brauchbares Konzept betrachtet, positioniert sie sich indirekt gegen manichäische, ›antiimperialistische‹ Gegenüberstellungen vom Westen und Nicht-Westen, die – wie die folgenden Unterkapitel verdeutlichen – in bestimmten Strömungen der Queer Theory durchaus anzutreffen sind.

7.2 Homonationalismus

Muslimische Menschen, die sich 2006 in dem damals CDU-geführten Baden-Württemberg einbürgern lassen wollten, mussten sich auf dem dafür zuständigen Amt erst einem Gesinnungstest unterziehen. Der so genannte »Gesprächsleitfaden« enthielt Fragen zu den persönlichen Einstellungen der Anwärter*innen auf die deutsche Staatsbürgerschaft, darunter die Frage, wie sie auf ein schwules Coming-out ihres Sohnes reagieren würden und was sie darüber denken, dass Homosexuelle in Deutschland öffentliche Ämter bekleiden. Auch ob sie es für zulässig hielten, wenn ein Mann seine Frau schlage oder zuhause einsperre, wurde abgefragt. Die Einführung des Einbürgerungstests stieß bundesweit auf Kritik. Die Prüfung der Akzeptanz von Homosexualität sorgte selbst bei Konservativen für Unbehagen, aus deren Sicht die Enttäuschung angesichts eines schwulen oder lesbischen Kindes allzu menschlich wäre und nicht gleich einen Indikator für Verfassungsuntreue darstellte. In Reaktion auf die Proteste ließ der zuständige Innenminister die Homosexualität betreffenden Fragen streichen, einige Jahre später schaffte die neu gewählte grün-rote Regierung den Fragebogen ganz ab. In der deutschen Schwulen- und Lesbenbewegung stieß der Homophobietest teils auf Zustimmung. Während sich der Lesben- und Schwulenverband LSVD seinerzeit davon distanzierte und davor warnte, dass Homosexualität instrumentalisiert werden könnte, »um Minderheiten gegeneinander auszuspielen«[54], sprang beispielsweise der bekannte schwulenbewegte Bürgerrechtler Jan Feddersen der baden-württembergischen CDU zur Seite und verteidigte die amtliche Überprüfung der Einstellungen von muslimischen Männern zu Homosexualität und Frauenrechten als »republikanisches Anliegen«.[55]

In den Begriffen der an der Rutgers University in New Jersey lehrenden Geschlechter- und Queerforscherin Jasbir Puar handelt es sich im Falle des Einbürgerungstests und seiner Verteidigung durch Akteure der schwulen Bürgerrechtsbewegung um einen Fall von »Homonationalismus« (Puar 2007; 2013). Der Neologismus ist eine Kurzform für »homonormativen Nationalismus«, er lehnt sich demnach eng an Duggans Begriff der Homonormativität an (vgl. 6.1). Wie Duggan interessiert sich auch Puar für Strategien der Vereinnahmung und neoliberalen Transformation von liberaler LGBT-Politik, hier für explizit nationalistische, migrationsabwehrende und geopolitische Zwecke. Puar kritisiert, wie »liberale Rechtsdiskurse Fortschritts- und Modernitätsnarrative produzieren«, die einigen Lesben und Schwulen Zugang zu kultureller und rechtlicher Anerkennung verschafften, dies jedoch »auf Kosten des teilweisen oder vollständigen Ausschlusses anderer Bevölkerungsgruppen von diesen Rechten« gehe (Puar 2013: 25). Puar folgert daraus nicht, rechtliche Errungenschaften sollten abgelehnt werden. Sie will die »unprogressiven Konsequenzen progressiver Gesetzgebung« analysieren (ebd.: 24), die dann eintreten, wenn im Namen von Recht Unrecht produziert wird. Dies sei der Fall, wenn sich staatliche Souveränität auf die Verteidigung der Rechte von LGBT berufe, um im Ausland militärische Einsätze zu legitimieren sowie im Inland ganze Bevölkerungsgruppen unter Generalverdacht zu stellen und auf dieser Basis einem repressiven Regiment der Überwachung, Disziplinierung und Einschränkung zu unterwerfen.

Puar entwickelte das Konzept des Homonationalismus im Kontext der US-amerikanischen innen- und außenpolitischen Zeitenwende, die auf die Terroranschläge des al-Qaida-Netzwerks vom 11. September 2001 auf das New Yorker World Trade Center und das Pentagon in Washington folgte. Der danach ausgerufene *War on Terror* brachte eine geopolitische Neuordnung globaler Machtverhältnisse, restriktivere Einwanderungs- und Asylgesetze in den USA und Europa sowie eine verstärkte Militarisierung und Versicherheitlichung nationaler und transnationaler Beziehungen mit sich. Ideologisch wird der *War on Terror* als Zivilisationskrieg zwischen zwei als homogen gedachten Blöcken konstruiert: ein freier, aufgeklärter und toleranter Westen und eine religiös-fundamentalistische, unfreie islamische Welt. Die Polarisierung zwischen ›dem Westen‹ und ›dem Rest‹, wie Stuart Hall (1992) es formulierte, dethematisiert Widersprüche und interne Differenzierungen auf beiden Seiten. Sie stützt sich auf tradierte »Überlegenheitsnarrative« (Dietze 2019) des Westens gegenüber dem Nicht-Westen, die sich nicht nur in der internationalen Politik, sondern auch in lokalen Diskursen niederschlagen, welche migrantischen Gruppen archaische Umgangsweisen mit Sexualität und Geschlecht attestieren. Rassifizierte Bevölkerungsgruppen werden dadurch, wie Fatima El-Tayeb in *Undeutsch: Die Konstruktion des Anderen in der postmigrantischen Gesellschaft* (2016) zeigt, als »räumlich wie temporal deplatziert« konstruiert und auf »eine Position sowohl außerhalb Deutschlands als auch außerhalb der Moderne« verwiesen (ebd.: 41).

Puars Hauptaugenmerk in diesem Kontext liegt – wie die Wortschöpfung des Homonationalismus unschwer erkennen lässt – auf dem Verhältnis von Nation und Homosexualität. Dieses durchlaufe ihr zufolge seit Ende des 20. Jahrhunderts einen Wandel, der sich nach dem 11. September weiter beschleunigt habe. Seien Homosexuelle traditionell aus der imaginären Gemeinschaft der Nation ausgeschlossen gewesen, so vollziehe sich nunmehr zu Beginn des 21. Jahrhunderts ein patriotischer Einschluss derselben, der sowohl vom Staat wie von Teilen der US-amerikanischen Schwulen- und Lesbenbewegung vorangetrieben werde. Puars Diagnose geht demnach über eine bloße

Instrumentalisierungsthese hinaus und konstatiert eine wechselseitige Annäherung von homosexueller Bürgerrechtspolitik mit nationalistischen Kräften, die durch eine von beiden Seiten geteilte ›Islamkritik‹ vermittelt ist (Puar 2007: 39).

Eine von Puars zentralen Thesen lautet in diesem Zusammenhang, dass ›der Terrorist‹ in der nationalen symbolischen Ordnung in den USA seit 9/11 jene Position besetze, die historisch von Schwulen und Lesben verkörpert wurde. Wie schon Edelman spricht Puar nicht über konkrete, empirische Personen, sondern über den Terroristen als Metapher, die im Imaginären und in der Kultur ein Eigenleben zu entwickeln beginnt. Die Fantasien, die sich um ihn ranken, der Hass, die Abwehr und das Unbehagen, die er auf sich zieht, würden in Form von rassistischen Projektionen auf muslimische und arabische Subjekte (bzw. auf alle, die als solche gelesen werden) übertragen. Puar bleibt aber nicht dabei stehen zu behaupten, die Position der imaginierten sexuellen Andersartigkeit sei heute von (weißen) Schwulen und Lesben auf rassifizierte Subjekte übergegangen. Zwischen der Besserstellung der Einen und der Schlechterstellung der Anderen konstruiert sie einen kausalen Zusammenhang.

»Einfach ausgedrückt, ist Homonationalismus die gleichzeitige Zunahme der rechtlichen und repräsentativen Anerkennung von LGBTQ-Subjekten und die Beschneidung von Sozialleistungen, Einwanderungsrechten und die Ausweitung staatlicher Überwachungs-, Inhaftierungs- und Abschiebungsbefugnisse. Die Fortschrittserzählung für die Rechte von Homosexuellen wird somit *auf dem Rücken* von rassifizierten und sexualisierten Anderen ausgetragen, für die dieser Fortschritt entweder einmal erreicht wurde, aber nun wieder zurückfällt oder erst noch erreicht werden muss. Dieser Prozess *stützt sich* auf die Verstärkung der Respektabilität homosexueller Subjekte in Bezug auf die performative Wiederholung der pathologisierten perversen (Homo- und Hetero-)Sexualität der rassisierten Anderen, insbesondere der muslimischen Anderen, auf die orientalistische und neo-orientalistische Projektionen übertragen werden.« (Ebd.: 25, Hervorh. M.L.)

Um ihre These einer Korrelation von schwul-lesbischer Besserstellung und rassistischer Abwertung theoretisch zu begründen, greift Puar auf Michel Foucaults und Achille Mbembes Analysekonzepte der Biopolitik und der Nekropolitik zurück. Mit Foucault und Mbembe lässt sich in der Tat nachvollziehen, wie sich ausgehend von Europa und im Zusammenhang mit der kolonialen Expansion imperialer Staaten eine auf die Verwaltung und an ökonomischen wie biologischen Kriterien orientierte Optimierung des Lebens abzielende Politik entwickelt, deren Kehrseite die Produktion von Tod ist. Der Rassismus ist der zentrale Mechanismus, mit dem Staaten im Namen des Lebensschutzes und der Gesundheitsförderung der ›eigenen‹ Bevölkerung das Recht in Anspruch nehmen, das Leben anderer zu zerstören. Mbembe hat Foucault in entscheidender Weise korrigiert, indem er das vom modernen Staat praktizierte souveräne Recht zu töten nicht als Überrest einer anachronistischen und exzeptionellen Macht, sondern als permanent mitlaufende Signatur der Moderne begreift. Moderne Staaten schafften in ihren Kolonien und Postkolonien, in ihren Gefängnissen und Auffanglagern regelrechte »Todeswelten«, in denen »riesige Bevölkerungen Lebensbedingungen unterworfen werden, die sie in den Status lebendiger Toter versetzen« (Mbembe 2011: 89). Puar verortet ihre Homonationalismus-These theoretisch in ebendiesem Analyserahmen; die nationale Integration jener Homosexuellen, die heute patriotische weiße Lesben und Schwule seien, stelle eine »Rückfaltung« bestimmter queerer Subjekte ins Leben dar, während die »rassifizierte Queerness« dem (mindestens sozialen) Tod geweiht ist (vgl. Puar 2007: 35).

In seiner Monografie *Queer Lovers and Hateful Others: Regenerating Violent Times and Places* schließt Jin Haritaworn (2015) in zentralen Punkten an die Analytik der Homonationalismus-Kritik an, um Entwicklungen in einem lokalen Berliner Kontext zu untersuchen. Die Bedeutung des Buches liegt unter anderem darin, die Widersprüche aufzuzeigen, die dem durch Gentrifizierungsprozesse begleiteten Imageaufstieg Berlins zur international gefeierten ›queerfreundlichen‹ Metropole eingeschrieben sind. So verortet Haritaworn die neue Qualität, mit der in den 2010er Jahren auch vonseiten einiger LGBT-Akteure ein rassistischer Diskurs über ›den homophoben muslimischen Mann‹ vorangetrieben wurde, in einem größeren Kontext: der Umwandlung und ›Aufwertung‹ von traditionell migrantisch und proletarisch geprägten Stadtteilen (Neukölln und Kreuzberg) zugunsten von privilegierten und kaufkräftigen Personengruppen, zu denen Haritaworn explizit auch LGBTQ-Subjekte mit weißen und Klassenprivilegien zählt. Ein Verdienst von Haritaworns Arbeit ist es, der Wut und der Trauer, aber auch den Analysen und politischen Strategien von queeren und trans People of Color Raum zu geben, die den Gentrifizierungsprozess und die durch ihn katalysierten Diskurse über homophobe Migrant*innen nicht nur als rassistischen Angriff auf sich und ihre Communitys, sondern auch als reale Verdrängung und als Verlust eines sozio-kulturellen Gefüges, in dem sie sich zuhause fühlen, erleben. Die Ähnlichkeit von Haritaworns mit Puars Argumentation zeigt sich vor allem dort, wo er eine Dreiecksbeziehung von Staat, weißen LGBT und rassisierten Subjekten konstruiert: Weiße Queers seien erst in dem Moment zum »liebeswerten« und »schutzwürdigen« Subjekt der Öffentlichkeit und des Staates avanciert, als sie als Opfer eines homophoben Hasses rassifizierter Anderer in Erscheinung getreten seien.

Schon bei Puar verbleibt in *Terrorist Assemblages* allerdings die Behauptung eines solchen Kausalzusammenhangs im Assoziativen. Sie erhebt Daten zu beiden Prozessen – den Anerkennungsgewinnen für ›homonormative‹ Lebensweisen und dem Angriff auf die Rechte von rassifizierten Subjekten –, jedoch ohne zwischen ihnen eine direkte Korrelation aufzeigen zu können (vgl. Perreau 2016: 121 ff.). Dass die Rechte von Frauen und Homosexuellen für rassistische und migrationsabwehrende politische Maßnahmen in Gebrauch genommen werden, steht außer Frage und ist inzwischen auch für den deutschen Kontext gut erforscht (vgl. u.a. Kosnick 2016; Yilmaz-Günay 2012; Hark/Villa 2017). Auch dass die verbesserte formale Rechtsstellung von Schwulen und Lesben in den fortgeschrittenen kapitalistischen Ländern zeitlich mit politischen und ökonomischen Prozessen zusammenfiel, die für viele eine Verschlechterung ihrer materiellen Lebensbedingungen nach sich zog, ist, wie im sechsten Kapitel gezeigt wurde, nachweislich der Fall; hierzu zählt auch, dass Migrant*innen in den USA und in vielen europäischen Ländern im selben Zeitraum Einschränkungen bürgerlicher Freiheitsrechte und Rückschläge im Sozial-, Einreise- und Aufenthaltsrecht erfahren mussten.

Die Pointe der Homonationalismus-Kritik besteht aber darin, diese gleichzeitig ablaufenden Entwicklungen nicht als widersprüchlich oder als Prozesse der Ausdifferenzierung zu betrachten, in deren Verlauf einige Gruppen inkludiert (und dabei aber weiterhin untergeordnet), andere ausgeschlossen werden, sondern als kausal ineinandergreifende Prozesse. Zugeständnisse in Richtung einer größeren Anerkennung von Homosexuellen seien ihr zufolge von Beginn an damit verbunden gewesen, die Entrechtung rassifizierter ›Anderer‹ zu legitimieren. Diese Deutung beruht letztlich auf einer Nullsummenlogik, die Widersprüche und Ambivalenzen ausblendet, wofür die Homonationalismus-Kritik auch vielfach kritisiert worden ist.[56] Drei Einwände stehen hierbei im Vordergrund:

Erstens stelle sich das Verhältnis zwischen Nationalstaat und LGBT-Rechten als weitaus widersprüchlicher und umkämpfter dar, als die Homonationalismus-Kritik suggeriert. Beispielsweise geht die Instrumentalisierung von LGBT-Belangen für rassistische und migrationsabwehrende Zwecke nicht per se mit einer grundsätzlich befürwortenden Haltung gegenüber liberalen Freiheitsgewinnen von LGBT einher. Donald Trump war es während seiner Präsidentschaft etwa möglich, antimuslimischen Rassismus mit dem Schutz von LGBT zu legitimieren und gleichzeitig eine LGBT-feindliche politische Agenda zu vertreten, die formale Gleichstellungsprozesse in Teilen rückgängig machte. In Frankreich firmieren wiederum christliche Gruppierungen als die stärksten queer- und transfeindlichen Kräfte, die mit Vertreter*innen anderer monotheistischer Religionen durchaus Bündnisse eingehen, um gegen die Einführung der ›Ehe für alle‹ zu mobilisieren (Perreau 2016). Diese Beispiele weisen auf Ungleichzeitigkeiten und widersprüchliche Entwicklungen im Verhältnis von Staat, Homosexualität, Religion und race hin, die der Begriff des Homonationalismus auch aufgrund seiner fehlenden hegemonietheoretischen Einbettung nicht zu fassen erlaubt.

Der zweite Einwand, der gegen die Homonationalismus-Kritik vorgebracht wird, zielt auf deren Tendenz ab, einer manichäischen und simplifizierenden Gut/Böse-Schematik zuzuarbeiten, indem die herrschaftsförmigen Strukturen innerhalb von rassifizierten Formationen ausgeblendet oder relativiert werden (vgl. Dhawan 2015; Rao 2020). So werden bei Puar nicht nur nationalistische, sondern auch heteropatriarchale Strukturen und Antisemitismus in rassifizierten Communitys und Diasporas weitgehend dethematisiert. Um die notwendige Analyse rassistischer und nationalistischer Sexualitätsdiskurse nicht auf Kosten der

Untersuchung von Sexismus, Homosexualitätsfeindlichkeit und Antisemitismus in postkolonialen Ländern und muslimischen Communitys zu betreiben (sie treten dort genauso in Erscheinung wie in anderen Kontexten und müssen entsprechend adressiert und in ihrer Spezifik erklärt werden), plädiert die an der TU Dresden lehrende Politikwissenschaftlerin Nikita Dhawan in diesem Sinne für eine »komplexere, multidirektionale Kritik, die gewalttätige Praktiken auf beiden Seiten der postkolonialen Trennlinie in den Blick nimmt« (Dhawan 2015: 38, vgl. auch 43).

Eine dritte Gruppe von Einwänden richtet sich gegen Puars Antizionismus, der sowohl in *Terrorist Assemblages* als auch in nachfolgenden Texten Raum erhält. Die öffentliche Auseinandersetzung um Puars Homonationalismus-Kritik ist hier, zumal im deutschsprachigen Raum, hoch polarisiert, weil sie als Teil eines übergreifenden Streits über israelbezogenen Antisemitismus und Puars einseitige Positionierung zum Israel/Palästina-Konflikt geführt wird. Puar hat wiederholt behauptet, die USA und Israel profitierten als Staatsprojekte von Homonationalismus am meisten. Sie verstünden es besonders gut, LGBT-Rechte politisch zu instrumentalisieren, um sich gegenüber einem pauschal als LGBT-feindlich gebrandmarkten Islam als zivilisatorisch überlegen zu gerieren. Kritiker*innen wenden ein, dass Puars Perspektive von einer Dämonisierung Israels geprägt sei, die sie mithin auf unseriöse Quellen stütze; ihre Argumente wiesen zudem teilweise verschwörungsmythischen Charakter auf und seien anschlussfähig für ein antisemitisches Weltbild (vgl. u.a. Nelson 2019: 207–257).

7.3 Kolonialität, Postkolonialität, Transnationalität

Im Jahr 2016 versammelten sich Tausende Indigene aus den Amerikas zusammen mit Unterstützer*innen zu einem Protestcamp im Standing Rock Reservat der Sioux, um den Weiterbau der Dakota Access Erdölpipeline zu verhindern. Der Widerstand, dessen Bilder um die Welt gingen, stand unter dem Motto *Mni wiconi* (Lakota für dt. »Wasser ist Leben«) und lenkte die internationale Aufmerksamkeit für einige Wochen auf einen Protest, bei dem es sich zugleich um die größte Versammlung von Indigenen Gruppen aller Zeiten handelte. In Standing Rock sollte der letzte Teil der Dakota Pipeline gebaut werden, ein milliardenschweres Bauprojekt der fossilen Energieindustrie, das dem Transport von Erdöl dient, welches zuvor durch die mit Umweltvergiftung und hohen Gesundheitsrisiken für den Menschen verbundene Fracking-Methode gefördert wird. Die lokale Grundwasserversorgung zu retten war ein ganz konkretes Ziel der Lakota und Sioux, doch es ging um weit mehr. Weltweit führen Indigene die Kämpfe gegen das Natur- und Artensterben und den kapitalistischen Raubbau an Mensch und Erde an. Der Indigene Widerstand in Standing Rock stand allerdings nicht nur im Zeichen von Umwelt- und Klimagerechtigkeit, sondern wurde zugleich zu einer symbolträchtigen Etappe im Kampf der Indigenen Bevölkerungen, Rechtshoheit über die von ihnen bewohnten Territorien zu erstreiten. Standing Rock wurde zum Emblem für einen Kampf um Indigene Selbstbestimmung, der in seiner Geschichte zugleich immer ein Kampf gegen die fortschreitende globale kapitalistische Akkumulation gewesen ist. Denn Vertreibung, Enteignung, Plünderung, die Zerstörung der Lebensgrundlagen von Menschen und Tieren bis hin zur Auslöschung von Indigenen Gemeinschaften sind keineswegs nur Effekte eines aus den Fugen geratenen Kapitalismus. Sie bilden für die kapitalistische Akkumulation genauso eine Ermöglichungsbedingung wie für den Nationalstaat und den bis heute anhaltenden siedlerkolonialistischen Prozess.

Die Proteste in Standing Rock, die den Bau der Pipeline letztlich nicht zu verhindern vermochten, waren aber noch aus einem anderen Grund bemerkenswert, denn sie wurden – sichtbar für alle, die an ihnen partizipierten – wesentlich von Frauen, Queers und *Two Spirits*[57] angeführt. Diese sind es auch, die durch Forschung, Öffentlichkeitsarbeit und Aktivismus in den letzten Jahrzehnten die systematischen Wechselbeziehungen aufgezeigt haben, die zwischen der Unterwerfung und Auslöschung Indigener Kultur und der vom siedlerkolonialen Staat aufgezwungenen heteropatriarchalen Ordnung bestehen. Die Umstrukturierung der Geschlechter- und Familienbeziehungen innerhalb von Indigenen Communitys nach weißem europäischen Vorbild war seit der zweiten Hälfte des 19. Jahrhunderts ein zentraler Baustein der Assimilation Indigener Bevölkerungen in die siedlerkoloniale Kultur und das System der vergeschlechtlichten Arbeitsteilung (Smith 2010). So wurde etwa im Rahmen von Zwangsumsiedlungs- und Landzuweisungsprogrammen in Nordamerika die Erlaubnis, Land zu erhalten, an die Bedingung geknüpft, kleinfamiliäre Haushaltstrukturen und Monogamie einzuführen. Männern wurden gegenüber Frauen rechtliche und staatsbürgerliche Privilegien eingeräumt, womit vertikale Geschlechterbeziehungen forciert wurden. Durch die Einführung christlich geführter Boarding-Schulen wurden Kinder über längere Zeiträume von ihren Familien getrennt; dort war es ihnen untersagt, ihre Sprache zu sprechen und ihre Kultur auszuüben.

Mit dem Verlust der kulturellen Traditionen ist auch die Auslöschung Indigenen Wissens über Geschlecht und Sexualität verbunden. Vor der Kolonialisierung und Zwangsassimilation existierten in vielen Indigenen Communitys, beispielsweise bei den Navajo, vielfältige und fluide Geschlechter- und Sexualitätsanordnungen mit zum Teil vier oder fünf verschiedenen Geschlechtern und anerkannten Formen des Geschlechtswechsels sowie der Geschlechtsuneindeutigkeit. Wenn Indigene LGBTIQ und Two-Spirits mit Bezug auf diese Geschichte heute ihr Recht auf geschlechtliche und sexuelle Selbstbestimmung einfordern, so handelt es sich daher zugleich um einen Protest gegen die anhaltende Disziplinierung ihres Geschlechtsausdrucks und ihrer geschlechtlichen und sexuellen Identitäten innerhalb eines siedlerkolonialen Kontextes. Denn der Staat verwehrt Indigenen Queers und Two-Spirits nach wie vor die rechtliche Anerkennung nicht-euroamerikanisch kodierter Formen des Geschlechts und der Sexualität. Die vor allem in den Amerikas und Australien angesiedelten Queer Indigenous Studies[58] (Driskill et al. 2011) beharren vor diesem Hintergrund darauf, dass Diskussionen über Geschlecht und Sexualität – sowie über Queerness – grundsätzlich innerhalb des analytischen Rahmens des Siedlerkolonialismus zu führen seien. Es handele sich bei diesem um »die historische, institutionelle und diskursive Wurzel heteronormativer binärer Sex/Gender-Systeme auf gestohlenem Land«; Kritik der Heteronormativität ist damit zugleich praktizierte Kritik der kolonialen Macht (Driskill 2011: 217).

Die Diskussionen um queere Indigenität und die hiervon ausgehende Kodierung von Kämpfen für sexuelle und geschlechtliche Selbstbestimmung als dekoloniale Kämpfe rücken das Nachleben der von Europa ausgehenden Kolonialisierung von 85 Prozent der weltweiten Landfläche ins Zentrum der Queer Theory. Eine der zentralen Debatten seit den 1990er Jahren dreht sich in diesem Zusammenhang um die Frage, wie es zu bewerten ist, dass sich im Windschatten des transnationalen Kapitalismus eine Globalisierung von Kategorien wie homosexuell, lesbisch, schwul und trans vollzogen hat. Schließlich ist es kein Zufall, dass der Ursprung dieser Kategorien, auf die sich nunmehr weltweit – positiv wie negativ – bezogen wird, um damit wahlweise Anerkennung einzufordern oder gruppenbezogene

Diskriminierung zu legitimieren, in Westeuropa und den USA liegt.

Innerhalb queerer Debatten lassen sich diesbezüglich zwei gegensätzliche Positionen voneinander unterscheiden, in deren Zwischenbereich sich ein heterogenes Spektrum an Arbeiten verorten lässt. Die eine Position vertritt die Ansicht, dass sich westliche Sexual- und Geschlechterkategorien und spezifische Formen, sich mit diesen zu identifizieren und sie politisch einzusetzen (z.B. in Form einer liberalen homosexuellen Identitäts- oder Bürgerrechtspolitik), zwar durch die Globalisierung der Märkte, durch internationale Organisationen (z.B. Menschenrechtsorganisationen) und das Internet transnational ausgebreitet hätten, jedoch nicht gleichförmig und gleichmachend (z.B. Adam et al. 1999; Altman 1997; Drucker 2000). Mit anderen Worten: Auch wenn sich Kategorien wie schwul, lesbisch, trans und auch queer heute in Ländern des Globalen Südens nominell ausbreiten, bedeutet das nicht automatisch, dass damit eine Homogenisierung von Identität oder ein Bedeutungsverlust des Lokalen einherginge. Eher, hier schließen diese Positionen an das Paradigma der Transnationalität und an die Ausführungen von Theoretiker*innen wie dem Anthropologen und Globalisierungsforscher Arjun Appadurai (1996) an, komme es zu einer Hybridisierung und Kreolisierung, in deren Rahmen sich Subjekte die Kategorien auf eigensinnige Weise aneigneten und auf lokal spezifische Weise umformten.

Gegenpositionen vertreten demgegenüber die Ansicht, dass die Transnationalisierung von westlichen Kategorien und Politiken im Kontext ihrer kolonialen und imperialen Kontinuitäten zu betrachten und auf dieser Basis einer Kritik zu unterziehen seien. Der palästinensisch-amerikanische Politikwissenschaftler Joseph Massad hat mit *Desiring Arabs* (2007) eines der bekanntesten und zugleich kontroversesten Bücher vorgelegt, in dem er diese Position vertritt. Er arbeitet dort maßgeblich mit dem Konzept des »Orientalismus« seines Mentors, des postkolonialen Theoretikers Edward Said. Said hatte in seiner 1978 erschienenen einflussreichen Monografie *Orientalism* vor der Hintergrundannahme einer durch den Kolonialismus verfestigten »europäisch-atlantischen Macht über den Orient« argumentiert (Said 2009: 15), die Herrschaft des Westens über arabische Subjekte beruhe auch auf deren Identifikation mit den Bildern, die sich der Westen vom Orient macht. Exotisierende Vorstellungen von einer orientalischen weiblichen Sexualität und von Geschlechtsverkehr zwischen Männern bildeten hierbei ein zentrales Diskurselement des Orientalismus.

Die Kontroverse um Massads *Desiring Arabs* entzündete sich insbesondere an dessen Bewertung des LGBT-Menschenrechtsdiskurses, der seit den 1980er Jahren verstärkt das Ende der Diskriminierung von Homosexuellen in arabischen Ländern forderte. Für Massad setzt das nur die koloniale und orientalistische Tradition fort, in der westliche sexuelle Diskurse und Politiken zum Maßstab für die ganze Welt erhoben würden. Er spricht hier polemisch von der »Schwulen Internationalen« (»Gay International«). Dieser gehörten nicht nur (wenn auch überwiegend) westliche Homosexuelle an, sondern zudem »verwestlichte« Araber*innen, womit er arabische LGBTI-Organisationen, arabische Diasporas und in arabischen Ländern agierende Aktivist*innen und Homosexuelle der Mittelschicht meint, die – aus Massads Sicht in alter orientalistischer Tradition – die Episteme des Westens übernähmen.

Dass sich seit Ende des 20. Jahrhunderts zunehmend auch Araber*innen als homosexuell, schwul, lesbisch oder queer bezeichnen, ist für Massad Ausdruck der anhaltenden kulturimperialistischen Dominanz des Westens über den Nicht-Westen. Für ihn wird damit etwas sehr Erstrebenswertes zerstört, nämlich eine nicht identitätsbasierte Form der gleichgeschlechtlichen Intimität, für die keine Unterscheidung von Hetero- und Homosexualität Relevanz hatte, sondern die dem freien Spiel körperlicher Begierden gehorcht habe. Die Schwule Internationale verdränge solche »sozialen und sexuellen Konfigurationen des Begehrens in dem Interesse, eine Welt nach ihrem eigenen Bilde zu reproduzieren, eine Welt, in der ihre sexuellen Kategorien und Begehren sicher davor sind, hinterfragt zu werden« (Massad 2007: 189). Für Massad erreicht die westliche LGBT-Lobby damit das Gegenteil von dem, für das sie angetreten ist. Wegen ihrer Assoziation mit einem westlichen Lebensstil führe die Identifizierung mit Homosexualität zu einem politischen und gesellschaftlichen Backlash, der nicht nur diejenigen treffe, die sich zur Homosexualität bekennen, sondern alle, die gleichgeschlechtliche Sexualkontakte pflegten. Massad zufolge sei dies der Hauptgrund, warum es in den letzten Jahrzehnten zu einem starken Rückgang öffentlich sichtbarer und ehemals weitläufig praktizierter Intimität zwischen Männern gekommen ist. Die Schwule Internationale mache die Welt demnach nicht queerer, sondern heterosexueller. Indem sie »dort einen Diskurs über Homosexuelle anzettelt, wo es vorher keine gab, heterosexualisiert sie eine Welt, die dann gezwungen werden soll, sich durch eine westliche Binarität reparieren zu lassen« (ebd.: 188).

Nicht nur, weil er die ›vorhomosexuelle‹ gleichgeschlechtliche Intimität zwischen arabischen Männern in stark romantisierender Weise verklärt und sich über deren Pendant, die Tabuisierung weiblicher gleichgeschlechtlicher Praktiken, ausschweigt, ist Massads postkolonialer Antiimperialismus größtenteils auf Ablehnung gestoßen: innerhalb der Queer Theory, aber auch bei arabischen LGBTIQ-Aktivist*innen, die er zu bloßen »Agent*innen des Westens« erklärt (vgl. u.a. Makarem 2009). Dass Massad ihnen abspricht, ihre eigenen Wünsche am besten zu verstehen und für ihre Realisierung kämpfen zu wollen, ist symptomatisch für den von ihm vertretenen Strang der Orientalismus-Kritik. Wie schon bei Puar besteht auch bei Massad das grundsätzliche Problem darin, dass er die manichäische Gegenüberstellung von Westen und Nicht-Westen, die es eigentlich zu kritisieren gälte, selbst befestigt und verabsolutiert. Die hieraus resultierende Kritikvariante ignoriert nicht nur die durch den transnationalen Kapitalismus und durch die digitale Revolution katalysierte Kreolisierung der Welt. Sie hat sich auch von den realen Bedürfnissen und Lebensverhältnissen der Menschen maximal entfernt: Nicht eine materialistische Analyse der um sich greifenden Homosexualitätsfeindlichkeit und der dadurch produzierten Misere – aber auch der Widerständigkeit – von queeren Subjekten bildet ihren Kern, sondern eine »Fixierung auf die geografische Herkunft der Begriffe, unter denen sich zeitgenössische queere Araber*innen ihre Befreiung imaginieren« (Rao 2020: 166).

Mit *Out of Time: The Queer Politics of Postcoloniality* (2020) hat der an der University of London lehrende Politikwissenschaftler Rahul Rao eine Studie über LGBT-Politik und Homophobie in postkolonialen Staaten vorgelegt, deren theoretischer Rahmen eine konstruktive Alternative sowohl zu Massads Antiimperialismus als auch zu Puars Konzept des Homonationalismus darstellt. Bereits in früheren Texten hat Rao den Thesen von Massad widersprochen und davon ausgehend drei grundsätzliche Verschiebungen für die queere postkoloniale Theorie angeregt (vgl. Rao 2010): Erstens sollte eine postkolonial informierte Queer Theory einen Weg finden, um Dominanzverhältnisse innerhalb einer global agierenden LGBT-Politik zu kritisieren, ohne die reale Gewalt und Unterdrückung in Form von Homophobie herunterzuspielen oder zu ignorieren, die in postkolonialen Ländern existiert. Zweitens sei subalternen Subjekten eine Agency zuzugestehen, selbst zu entscheiden, wie sie ihre Sexualität deuten und worauf sie sich beziehen, um für bessere Lebensumstände zu kämpfen; drittens kritisiert Rao undifferenzierte Konstrukte wie das einer Gay International, die sich allein wegen ihrer geografischen Verortung im ›Westen‹ disqualifizieren würde. Tatsächlich beteiligen sich unterschiedliche politische Fraktionen mit verschiedenen Ansätzen und Interessen an einer globalen LGBT-Politik.

Raos Arbeit kreist um die Frage, was queere Kritik in geopolitischen Kontexten beitragen kann, in denen kein sexueller Liberalismus und keine Homonormativität existieren, mit denen sie sich so ausgiebig befasst hat. Wie funktioniert eine queere Kritik dort, so Rao in Anlehnung an Gayatri Spivak, wo »Menschen, nicht nicht wollen können, was sie nicht haben«? (Rao 2020: 2): etwa ein Recht auf sexuelle Selbstbestimmung oder die Möglichkeit, eine Beziehung mit dem Menschen führen zu dürfen, den man liebt.

Eines der von Rao untersuchten Fallbeispiele sind die Rahmenbedingungen, unter denen 2014 in Uganda mit dem Anti-Homosexuality-Act ein Gesetz zur Strafverschärfung für gleichgeschlechtliche Sexualhandlungen verabschiedet wurde. Die Verabschiedung des Gesetzes erregte international Aufmerksamkeit, weil es für bestimmte homosexuelle Praktiken die Todesstrafe vorsah. Die Weltbank fror nur wenige Tage später einen Kredit von neunzig Millionen Dollar ein, der zur Verwendung in der Familienhilfe und der Versorgung von Müttern und Kleinkindern gedacht war. Einige westliche Staaten, darunter die USA, begannen, Entwicklungshilfegelder zurückzuhalten. Rao interessiert sich insbesondere, wie es zu der Gesetzesverschärfung kam, nachdem in Uganda bereits ein Homosexualitätsverbot rechtskräftig gewesen war, das auf die Einführung der Antisodomiegesetze während der britischen Kolonialzeit zurückreicht. Es stellte sich schnell heraus, dass das neue Gesetz durch US-amerikanische evangelikale Akteure forciert wurde, die in Uganda enge Beziehungen zu Politik und Kirche aufgebaut hatten. Doch Raos Analyse geht tiefer und legt frei, wie im Windschatten von Strukturanpassungsprogrammen und dem damit zusammenhängenden Rückbau staatlich organisierter Daseinsvorsorge lokale Geistliche und Kirchen an Einfluss gewannen, indem sie zu zentralen Anbietern für soziale Dienstleistungen im Bildungs- und Gesundheitsbereich aufstiegen. Die aufkeimende HIV/Aids-Epidemie Anfang der 2000er Jahre hatte die moralische Macht der Kirchen weiter gestärkt, die ihre homophobe Propaganda in der Öffentlichkeit und an der Bevölkerungsbasis nun noch intensivierten. Rao zufolge kann das Agieren der geistlichen Elite Ugandas allerdings erst im Kontext der transnationalen anglikanischen Gemeinschaft angemessen gedeutet werden, innerhalb derer die ugandischen Akteure sich stärker zu profilieren und etablieren suchten.

Einer der zentralen theoretischen Beiträge Raos besteht darin, die Verortung von Homophobie im Kontext postkolonialer Staatlichkeit neu zu fassen. Er geht von einer »transnationalen Produktion von Homophobie« (2020: 71) aus und bietet damit eine Alternative zu den zwei dominanten Deutungsweisen im Diskurs über LGBT-Feindlichkeit und globale Rechte an. Bei der ersten handelt es sich um die in Kontinuität zur Kolonialzeit stehende westzentrische Deutung, wonach Uganda und andere Staaten, in denen Homosexualität unter Strafe steht, rückständig seien und zivilisiert werden müssten (sozusagen die »homonationalistische« Lesart). Die zweite Deutungsweise beruht auf einer verkürzten postkolonialen Kritik, wonach Homophobie in den Postkolonien vor allem oder ausschließlich das Ergebnis westlicher (kolonialer, imperalistischer) Eingriffe sei. Diese Kritik erklärt nicht, warum Teile der Eliten in den Kolonien die Einführung homophober Gesetze begrüßten und diese Jahrzehnte nach dem Ende des Kolonialismus durch sie und in der Bevölkerung nach wie vor Zustimmung erfahren. Rao versteht Homo- und auch Transfeindlichkeit in Uganda demgegenüber als Ergebnis eines Zusammenspiels, ja einer aktiven Kollaboration zwischen westlichen Akteuren und afrikanischen Eliten, die einen wechselseitigen Austauschprozess von »Menschen, Waren, Geld und Ideen« (ebd.: 9) zwischen Zentrum und Peripherie in Gang halten. Vor diesem Hintergrund plädiert er für eine Selbstreflexion des Projekts der post- bzw. dekolonialen Kritik, das längt selbst zu einem Instrument transnationaler Machtkämpfe geworden sei:

»Wenn postkoloniale Kritik in der heutigen Welt weiterhin von Bedeutung sein soll, muss sie mehr tun, als uns nur an die fortdauernden Hinterlassenschaften des Kolonialismus zu erinnern. Sie kann es nicht vermeiden, sich in die schwierige kritische Aufgabe zu stürzen, zu bestimmen, wie die Verantwortung für anhaltende Unterdrückung zwischen kolonialen und postkolonialen Regimen aufgeteilt werden muss. Sie muss auf Machtverschiebungen achten, auch auf solche, die es ehemals kolonisierten Staaten ermöglichen, selbst kolonial zu werden. In den besonderen Kontexten, die dieses Buch untersucht, muss es die Möglichkeit in Betracht ziehen, dass das Projekt der Dekolonialität selbst zu einem Vehikel für die Politisierung von ›Homophobie‹ wird.« (Ebd.: 9)

Mit dem letzten Punkt spielt Rao auf eine Paradoxie der Homosexualitätsfeindlichkeit in der Postkolonie an: Der ugandische Staat legitimiert die Kriminalisierung von Homosexualität damit, diese sei »unafrikanisch« und ein Zeichen westlicher Dekadenz. Damit wird die ehemalige koloniale Logik übernommen, aber umgedreht (ein Phänomen, das Parallelen zur Antihomosexualitätspropaganda in einigen der postsozialistischen Staaten aufweist): Auch für die ehemaligen westlichen Kolonialmächte galt sexuelle und geschlechtliche Nonkonformität nicht nur als zurückgeblieben, sondern ebenso als dekadent. Die Einführung der Antisodomiegesetze in den Kolonien wurde damit legitimiert, die Kolonisierten zu zivilisieren und ihnen zur Entwicklung zu verhelfen. ›Dekadenz‹ ist ein Deutungsmuster, das gesellschaftliche Veränderungsprozesse im Sinne von Verfall denkt. Eine Gesellschaft und eine Kultur, die Dekadenz hervorbringen, sind nach dieser Interpretation im Niedergang begriffen und dem Untergang geweiht (ebd.: 174 f.). Es braucht daher die souveräne Gewalt des Staates, der die Gesellschaft vor jenen schützt, die sie von innen destabilisieren. Wo der postkoloniale Staat im Falle von Uganda mit Unterstützung der geistlichen Eliten also die Homosexualität als Produkt des Westens darstellt, das die afrikanische Gesellschaft zersetzt, kontern ugandische LGBT-Aktivist*innen, nicht die Homosexualität, sondern deren Stigmatisierung, Kriminalisierung und Verfolgung müssten als westliches Produkt angesehen werden: als ein in die Gegenwart hineinragender »Schatten der Kolonialität« (ebd.: 6).

Rao theoretisiert diese paradoxen politischen und diskursiven Strategien im Sinne einer »Dialektik von kolonialer und postkolonialer Macht« (ebd.: 10). Die Frage nach dem ›Ort‹ der Homophobie, der im westlichen Imaginären gerne in einer bestimmten Kultur dingfest gemacht oder in einem spezifischen Land verortet wird, muss aus dialektischer Perspektive verkompliziert werden. Raos Analyse zeigt, dass sich der Ort der Homophobie in komplexen transnationalen Verhältnissen herausbildet und über die Zeit entfaltet (ebd: 34). Eine dekolonisierte, globale queere Politik, die tradierte westliche Überlegenheits- und Retternarrative hinter sich lässt, aber angesichts der Gewalt gegen gender- und sexuell nonkonforme Menschen überall auf der Welt zugleich nicht tatenlos bleiben will, erfährt in einer solchen Analyse Rückendeckung. Denn Rao zeigt, dass der Ort der Homophobie weder in Uganda noch in Indien oder in Polen liegt. Er ist ein translokales gesellschaftliches Verhältnis und zeugt von komplexen transnationalen Verflechtungen und Herrschaftsbeziehungen, die dieses Verhältnis durch die Zeit konstituieren und reproduzieren. Aus der Transnationalität dieses Verhältnisses ergibt sich sogleich die Notwendigkeit einer ebenso translokal verankerten Solidarität, die um die geteilte Verantwortung weiß, die sich aus der verschränkten Geschichte ergibt.

8. Queer Theory im Interregnum

Rund um den Christopher Street Day (CSD), den Jahrestag, an dem mit Straßenumzügen an die Proteste in der New Yorker Bar Stonewall Inn im Juni 1969 erinnert wird, liest man häufig den Satz: *Stonewall was a Riot!* Angesichts einer zunehmenden Kommerzialisierung und Entpolitisierung des CSD wollen zumeist linke Aktivist*innen mit dem Slogan ins Gedächtnis rufen, dass das Schlüsselereignis der westlichen LGBTIQ-Bewegung eine sich über mehrere Tage erstreckende Revolte samt handfesten Auseinandersetzungen mit der Polizei gewesen ist. Das von der Mafia kontrollierte Stonewall Inn zählte zu jenen Spelunken im New Yorker Nachtleben, in denen *faggots*, *dykes* und *transvestites* toleriert wurden. Sowohl Homosexualität als auch Crossdressing (das Tragen von mehreren Kleidungsstücken, die mit einem anderen als dem zugewiesenen Geschlecht assoziiert werden) waren zu jenem Zeitpunkt verboten. Die regelmäßig stattfindenden Polizeirazzien im Stonewall Inn mündeten Augenzeug*innenberichten zufolge in demütigende Genitalkontrollen, Schläge, Verhaftungen und mitunter auch in Misshandlungen und Vergewaltigungen im Gefängnis. Das Stonewall Inn war kein Ort der arrivierten Homosexuellen aus der Mittelschicht. Diese hielten sich zu jener Zeit aus Angst vor Statusverlust weitgehend bedeckt und führten ein heterosexuelles Doppelleben. Die Bar und die sie umgebenden Straßen, in denen sich in den frühen Morgenstunden des 28. Juni 1969 der Riot zu formieren begann, wurden vor allem von jungen Queers und trans Personen des Prekariats sowie des Surplus-Proletariats frequentiert, unter ihnen viele Schwarze und People of Color. Nicht wenige von ihnen waren minderjährig von zuhause ausgebrochen oder wurden durch ihre Familien verstoßen. Sie waren von formaler Lohnarbeit weitgehend ausgeschlossen, lebten von der Hand in den Mund und sicherten ihr Überleben mittels irregulärer Einkommensquellen aus der Schattenwirtschaft. Diejenigen von ihnen, die sichtbar queer/trans waren, befanden sich damit auf zweifache Weise in offener Opposition zum Staat: Sie verstießen gegen das gesetzliche Sodomie- und Crossdressing-Verbot und wurden dadurch umso mehr an die kriminalisierten Ränder der kapitalistischen Ökonomie wie die Sexarbeitsbranche abgedrängt (vgl. Cohen/Munk 2017).

Dass der Stonewall-Aufstand in entscheidender Weise von Queers und trans Personen aus dem Subproletariat losgetreten wurde, lag nicht nur daran, dass diese weniger zu verlieren hatten als LGBTIQ-Personen mit Klassenprivilegien. Für sie war die Gegend um das Stonewall Inn ein sozialer Raum, in dem sie nicht nur ihre Sexualität und ihr Geschlecht auslebten, sondern wo sie auch arbeiteten, Geld verdienten, tauschten, wohnten, Zuflucht fanden und sich gegenseitig unterstützten und umsorgten. Das eine existierte nicht losgelöst vom anderen. Sie erlebten die polizeilichen Angriffe auf ihre Körper, ihre Sexualität und ihr geschlechtliches Sein als einen Angriff auf ihre gesamte Lebenswelt und deren ohnehin prekäre Reproduktionsgrundlagen.

Mit Joshua Clover (2021) lassen sich Aufstände und Formen der Gegenorganisierung in der Reproduktions- und Zirkulationssphäre kapitalistischer Gesellschaften als klassenkämpferisches Äquivalent zum Streik der Lohnarbeiter*innen in der Produktionssphäre verstehen. Wo sich der Streik als Kampfform in der Aushandlung des Werts von Arbeit herausbildete, geht es beim

Riot der Prekarisierten und überschüssig Gemachten um den Wert des Lebens selbst und die Fähigkeit, dieses Leben erhalten und reproduzieren zu können (vgl. Cohen/Munk 2017). Queers der Surplus-Bevölkerung wie die Schwarze Dragqueen Marsha Johnson und die trans Latina Sylvia Rivera – zwei der zentralen Figuren des Stonewall-Aufstands –, erfahren ihre untergeordnete Klassenposition im Kreislauf des alltäglichen Überlebens nicht unabhängig von, sondern immer schon vermittelt durch race und das Stigma, das ihre queeren Körper und Ausdrucksweisen als sexuell pervers und geschlechtlich deviant brandmarkt. Das Klassenbewusstsein derjenigen, deren soziale Reproduktion auf informellen Ökonomien basiert und in kriminalisierten, polizeilich durchrasterten sozialen Räumen verankert ist, bildet sich zudem weniger im Konflikt mit ausbeuterischen Arbeitgeber*innen als mit dem Staat und seinen repressiven Apparaten heraus, die die Interessen der Besitzenden gegen die Bedürfnisse der Besitzlosen durchzusetzen helfen.

Vor diesem Hintergrund erweist sich der Slogan *Stonewall was a Riot!* als durchaus vielschichtig. Er ruft in Erinnerung, dass die spätmoderne LGBTIQ-Bewegung in zivilem Ungehorsam wurzelt, der sich nicht etwa eindimensional gegen sexuelle Repression, sondern gegen ein ganzes System der Unfreiheit, der Unterdrückung und der Prekarität richtete, das durch staatliche Gewalt aufrechterhalten wurde. Theorie und Praxis der queeren Befreiung entwickelten sich Hand in Hand mit politischen und sozialen Kämpfen für veränderte gesellschaftliche Beziehungen, in denen Sexualität und Geschlecht frei ausgedrückt, gelebt und genossen werden können sollen.

Stonewall was a Riot! läuft allerdings Gefahr, zur Farce zu werden, wenn so getan wird, als könnte Geschichte einfach wiederholt werden. Die Gesellschaft und ihr Verhältnis zur Homosexualität und Transgeschlechtlichkeit sind heute andere als jene, die den queeren Befreiungsgedanken vor fünfzig Jahren hervorbrachten. Die Familie, das Geschlechterverhältnis, die Sexualmoral und die Arbeitsverhältnisse haben sich seitdem stark gewandelt. Sexuelle und geschlechtliche Nonkonformität bilden in liberalen und postliberalen Gesellschaften nicht mehr das radikale Außen von Staat, Familie, Markt und Kultur, sondern sind im Rahmen liberaler Inklusions- und Diversitätsparadigmen auf widersprüchliche und ambivalente Weise von diesen absorbiert worden. Wichtige Grundrechte wie die Entkriminalisierung von gleichgeschlechtlichem Sex sowie ein Ende von Zwangssterilisationen und -operationen von trans Personen wurden auf diesem Wege erkämpft. Doch diese Errungenschaften hatten auch ihren Preis. Queere und trans Personen leiden heute nicht nur an einer Welt, die ihr launisches, gespaltenes Verhältnis zu sexueller und geschlechtlicher Nonkonformität selten verbirgt. Sie sind zudem in einem leidvollen Maße Teil des materiellen Gemeinwesens des Kapitals geworden, aus dem es immer weniger Ausgänge zu geben scheint. Die Überzeugung des queeren Liberationismus nach Stonewall, die transgressiven Begierden der Perversen und Genderqueers ließen sich nicht durch das Kapital absorbieren, hat sich nicht bewahrheitet. Es reicht daher nicht, die alten Horizonte für sexuelle und geschlechtliche Befreiung schlicht wiederzubeleben, die ja in Teilen der Boden sind, auf dem LGBTIQ heute stehen (vgl. Pinko 2019). Stattdessen müssen neue Horizonte für politische und soziale Kämpfe imaginiert werden: Was heißt queere Befreiung heute? Sowohl die Queer Theory als auch der queerpolitische Aktivismus müssen sich dieser Frage stellen, wenn sie mehr sein wollen als ein abgehobenes Theorieprojekt oder ein symbolischer Aufstand zum alljährlichen CSD.

Die gegenwärtigen Verhältnisse, in denen sexuell und geschlechtlich nonkonforme Subjekte um Emanzipation ringen, sind durch eine organische Krise der kapitalistisch-bürgerlichen

Gesellschaftsordnung gekennzeichnet, die mit sozialer Verunsicherung, wachsender ökonomischer Prekarität und politischer Instabilität einhergeht. Antonio Gramsci hat 1929 im Angesicht der Weltwirtschaftskrise und im Kontext des erstarkenden Faschismus in Europa den Begriff des Interregnums eingeführt und damit den Blick auf die politische und kulturell-ideologische Dimension einer solchen fundamentalen Krise gerichtet. Ein Interregnum ist von ideologischen Widersprüchen gekennzeichnet, wobei die herrschenden politischen Strategien und Narrative über keinen breiten Konsens in der Bevölkerung mehr verfügen. Es handelt sich um eine Phase unausbalancierter Hegemonie, in der sich verschiedene gesellschaftliche Kräfte gegenseitig blockieren, so dass der Weg für einen neuen Konsens versperrt ist. Das schließt auch Normen der Lebensführung einschließlich sexueller, geschlechtlicher und familiärer Normen mit ein, die in Zeiten des Interregnums besonders polarisiert sind. »Die Krise«, so Gramsci in einer vielzitierten Formulierung, »besteht genau darin, dass das Alte stirbt und das Neue nicht geboren werden kann; in diesem Zwischenreich tritt eine Vielzahl von morbiden Symptomen auf.« (Gramsci 1967: 386, veränderte Übersetzung M.L.) Die Geschichte ist in einer organischen Krise in einer Weise offen, die radikale Veränderungen ermöglicht – im Guten wie im Schlechten. In welche Richtung sich Gesellschaft verändert, hängt davon ab, welchen gesellschaftlichen Kräften es gelingt, die Zustimmung einer breiten Bevölkerungsmehrheit für ihre Vorstellungen von Gesellschaft, Zusammenleben und Arbeit zu gewinnen.

Queer Theory ist immer schon eine Theorie des Interregnums gewesen und das im doppelten Sinne. Sie findet in ihm ihre eigene historische Ermöglichungsbedingung *und* sie untersucht die Dialektik von Freiheitszugewinnen und neuen herrschaftsförmigen Einhegungen, die den Wandel von Sexualität und Geschlecht seit den 1980er Jahren kennzeichnen. Die Queer Theory entsteht in den USA zu einem Zeitpunkt, als sich abzeichnete, dass der Hegemonieverlust der alten bürgerlich-heteronormativen Sexual- und Geschlechtermoral einer Pluralisierung und Diversifizierung von Lebensweisen, sexuellen Praktiken und geschlechtlichen Ausdrucksweisen den Weg bereitete, die auf massive kulturelle und politische Gegenreaktionen trafen. Die Konsolidierung eines queeren Liberalismus als neues sexualpolitisches Hegemonieprojekt seit den 1990er Jahren stellte einen Kompromissversuch der herrschenden Klassen dar, die formale Liberalisierung und kulturelle Pluralisierung von Sexualität und Geschlecht mit einer Umverteilung von unten nach oben und dem neoliberalen Prinzip der Responsibilisierung (Privatisierung und Entkollektivierung von Verantwortung für Lebensrisiken) zu kombinieren. Die Queer Theory hat sich seit den 1990er Jahren besonders intensiv mit der widersprüchlichen Absorption von LGBTIQ in das Projekt des queeren Liberalismus befasst. Die Queer-of-Color-Kritik, die Homonormativitäts- und die Homonationalismus-Kritik treffen sich allesamt in der Ablehnung des queeren Liberalismus, weil in ihm die Freiheit einiger mit der Unfreiheit und Prekarisierung anderer erkauft werde, die die sozialen Kosten für die hegemoniale Lebensweise tragen.

Jedoch steckt mit dem progressiven Neoliberalismus seit den 2010er Jahren auch der queere Liberalismus in einer Legitimationskrise, die der Verfestigung seines hegemonialen Status entgegenwirkt. Die Queer Theory realisiert erst seit kurzem, dass einige ihrer Schlüsselkonzepte und Theorien womöglich von begrenztem Nutzen sind bzw. erneuert werden müssten, um der Tatsache Rechnung zu tragen, dass es vielerorts zu einer autoritären, rechtspopulistischen und illiberalen Modernisierung des Neoliberalismus kommt, bei der erkämpfte Zugeständnisse an minorisierte Gruppen aufgekündigt werden. Nicht nur substanzielle, sondern auch formalrechtliche Freiheitsgewinne von queeren und trans Personen rufen weltweit massive Widerstände hervor, verursachen politische Konflikte und entfachen moralische Panik und Kulturkämpfe, in denen Queers und trans Personen einmal mehr als Volksteufel ausgerufen werden, welche die Familien und die Kinder, die Geschlechterordnung und den ganzen gesellschaftlichen Zusammenhalt gefährden. Dies sind die »morbiden Symptome« des Interregnums, vor deren destruktiver Kraft Gramsci warnt. Sie zeugen von den Versuchen, eine Welt zu verteidigen oder wiederauferstehen zu lassen, deren Notwendigkeitscharakter durch die gelebte Praxis widerlegt worden ist und für die die gesellschaftlichen Voraussetzungen längst nicht mehr bestehen.

Dass die kulturellen Paniken und negativen Affekte, die sich heute vielerorts an queerem Sex, an trans Körpern und trans Identitäten entzünden, durch politische und staatliche Akteure äußerst rational eingesetzt und strategisch befeuert werden, um bestimmte Ziele zu erreichen, darf nicht über ihren zutiefst irrationalen Kern hinwegtäuschen. Sie geben uns Hinweise darauf, wie angstbesetzt und verunsichernd Geschlecht und Sexualität als Bereiche der menschlichen Erfahrung und Psyche sind und welche zerstörerischen Wirkungen von dieser Angst und Unsicherheit ausgehen können, wenn diese unbearbeitet bleiben und rücksichtlos ausagiert werden. Queer und trans sind Kategorien mit verschiedenen Genealogien, die Unterschiedliches benennen, doch weisen sie zugleich viele Überlappungen auf. Fast nirgendwo zeigt sich dies so deutlich wie im Unbehagen und Hass, die Homosexuellen und trans Personen entgegenschlagen. Gender-Panik und Sexualisierung amalgamieren in diesen jeweils; der transfeindliche Diskurs dreht sich in weiten Strecken um Genitalien, die Homophobie um geschlechtliche Transgression.

Genauso wenig wie schwuler Sex oder lesbisches Begehren ist die Geschlechtstransition bereits an sich gesellschaftlich transformativ oder revolutionär. Sie ist eine sehr intime und persönliche Praxis, wie Jules Joanne Gleeson bemerkt, die allerdings so gut wie jeden Aspekt des sozialen Lebens berührt. Die Transitionserfahrung eröffnet somit eine Erkenntnisposition, von der aus deutlich wird, »dass vieles von dem, was uns als ›natürlich‹ und unvermeidlich präsentiert wird, in Wirklichkeit flexibel ist und sich mehr verändern kann, als den Menschen bewusst ist« (Gleeson 2021: o.S.). Dieses Veränderungspotenzial verdankt sich jedoch keiner allein individuellen Entscheidung, sie ist das Resultat gesellschaftlicher Kooperation und Produktion. So »ernten« trans Personen die »Früchte« des wissenschaftlichen Fortschritts – etwa die endokrinologische Entdeckung der Selbstregulierung des Körpers durch Hormone – und »genießen« sie auf eine Art und Weise, die die »allgemein angenommene Ordnung von geschlechtlichen Körpern bedroht« (ebd.). Gesellschaften produzieren mit anderen Worten selbst das Wissen und die Möglichkeiten, durch die grundlegende Prinzipien ihrer Ordnung – wie die Annahme eines biologisch verankerten *eigentlichen* Geschlechts – in eine Krise gestürzt werden können. Menschen machen heute von den Möglichkeiten einer Entkopplung der Fortpflanzung vom heterosexuellen Geschlechtsakt Gebrauch, verändern ihren amtlichen Geschlechtseintrag, verwenden Hormone und/oder unterziehen sich einem chirurgischen Eingriff zur eigenen Geschlechtsaffirmation. Die Motive dafür mögen sehr unterschiedlich sein, doch sie alle beruhen auf der gar nicht so banalen Voraussetzung, dass es *möglich* ist. Indem queere, nicht-binäre und trans Personen öffentlich dafür streiten, dass die Freiheit zur selbstbestimmten Nutzung dieser Möglichkeiten grundsätzlich gegeben sein muss, sind sie es, gegen die sich eine bereits angezählte Zweigeschlechterordnung mit zunehmender Aggression zu rechtfertigen sucht, wie Gleeson argumentiert.

Je stärker kapitalistischer und gesellschaftlicher Wandel die Stabilität von Familie, Zweigeschlechterordnung und Heterosexualität untergraben, desto vehementer beschwören die Ideologien der Hetero- und Cisnormativität deren Unsterblichkeit. Hierbei wird affektiv ein Beziehungsmodus besetzt, den Lauren Berlant (2011) als *cruel optimism* bezeichnet: die fantasmatische Bindung an ein Objekt, das Befriedigung und Besserung verspricht. Dieses Objekt kann vieles sein, ein Mensch (etwa eine Liebespartnerin oder ein eigenes Kind) oder eine Fantasie des guten Lebens. Grausam wird eine solche Objektbeziehung, wenn sie sich hinter dem Rücken der Subjekte nicht als Ermöglichung, sondern als Hindernis für ein besseres Leben erweist. Das Begehrte entpuppt sich als dasjenige, was unerreichbar ist und das Subjekt damit in Wahrheit zurückhält. Berlant prägt den Begriff nicht zufällig im Kontext der großen Wirtschaftskrise 2008. Diese zeigte einmal mehr auf, dass die materiellen Grundvoraussetzungen für ein gutes Leben innerhalb der gegebenen gesellschaftlichen Verhältnisse, wie etwa bezahlbarer Wohnraum, ausreichendes Einkommen, Zugang zu Bildung und Gesundheitsversorgung oder auch verlässliche stabile soziale Bindungen, durch kapitalistische Krisendynamiken immerfort zerrüttet werden. Statt den Kapitalismus über Bord zu werfen, kommt es jedoch gerade in solchen Zeiten zur Erneuerung alter Objektbindungen, welche alte Fantasien des guten Lebens wiederauferstehen lassen: das meritokratische Versprechen auf Aufwärtsmobilität durch Leistung, die Wiederkehr des Normalarbeitsverhaltnisses, die Eindeutigkeit, wer Mann und Frau ist, die private Idylle des kleinfamiliären Lebens. Hierin liegt die eigentliche Grausamkeit des heteronormativen Optimismus: Er bietet ein Leben als Wunschobjekt an, für das die Voraussetzungen unwiederbringlich verloren sind.

Zu Beginn des 21. Jahrhunderts haben sich die Anzeichen verdichtet, dass sich die Krise der Heterosexualität als politischer Institution weiter vertieft hat. Sie ist nach vier Jahrzehnten neoliberaler Sozial- und Arbeitsmarktpolitik nicht nur sozioökonomisch entsichert, sondern hat sich durch die Verbreiterung eines feministischen Bewusstseins, dank #metoo und jahrzehntelangen Konflikten um asymmetrisch verteilte Haus- und Beziehungsarbeit offenbar auch sozial und ästhetisch erschöpft. Der reproduktive Futurismus hat es lange vermocht, Heterosexualität ideologisch über solche heteropessimistischen Krisenerscheinungen hinwegzuretten. Doch die Zukunft jener Welt, aus deren Erhalt die heteronormative Paar- und Familienform ihre Bedeutung abgeleitet hat, ist heute auf beunruhigende Weise und für alle spürbar ungewiss: »Wer könnte angesichts des düsteren Schattens des Zusammenbruchs der Biosphäre [...] noch den Ewigkeitsversprechen der Heterosexualität glauben? Jeder kann den Sturm kommen sehen.« (Pinko 2019: o.S.) Was Adorno über die ideologische Form des Nationalismus kundgetan hat, gilt auch für die ideologischen Formen der Heteronormativität, des Familialismus und des ›wahren‹ Geschlechts: »Es glaubt eigentlich niemand mehr so ganz daran« (Adorno 2019: 13). Doch oft nehmen »Überzeugungen und Ideologien gerade dann, wenn sie eigentlich durch die objektive Situation nicht mehr recht substantiell sind, ihr Dämonisches, ihr wahrhaft Zerstörerisches« (ebd.) an.

Für diejenigen Subjekte, die erkennbar auf Abstand zu den Institutionen normativer Heterosexualität und Geschlechtlichkeit stehen, ist dieser historische Moment aus den dargelegten Gründen gefährlich. Er birgt aber auch Möglichkeiten für die Entwicklung neuer sexueller und geschlechtlicher Institutionen, Beziehungen und Praktiken, die weniger durch Angst als durch Selbstbestimmung und den Genuss von befriedigenden Begegnungen und Bindungen zusammengehalten werden; die keine Akkumulationsstrategie für das Kapital darstellen, sondern der Freude und Lust dienen (vgl. Gabriel 2019). Eine queere Theorie des Interregnums muss vor diesem Hintergrund mindestens zweierlei leisten: Sie muss die Krise der Heterosexualität und der Zweigeschlechterordnung analysieren; *und* sie muss helfen, die historischen Möglichkeiten und Horizonte freizulegen, die sich aus dieser Krise für andere Gegenwarten und bessere Zukünfte ergeben.

Die Zukunft wird zeigen, ob es der Queer Theory gelingt, die verschiedenen Stränge des sexuellen und geschlechtlichen Befreiungsdenkens seit 1969 – Identitätskritik, antiautoritärer/antiödipaler Hedonismus, intersektionale Kapitalismuskritik und soziale Revolutionstheorie –, die in der Rezeptionsgeschichte weitgehend voneinander entkoppelt weiterentwickelt und diskutiert wurden, auf einem aktualisierten Niveau auch in praktischer Hinsicht wieder zusammenzuführen. Was nach dem queeren Liberalismus kommt und ob Queerness heute oder morgen (wieder) das Potenzial hat, zu einem Artikulations- und Kristallisationspunkt von gegenhegemonialen Bewegungen zu werden, ist derzeit allerdings völlig unvorhersehbar. Entschieden werden diese Fragen aber sowieso nicht in der Theorie, sondern in den Kämpfen und in der gesellschaftlichen Praxis. Und dort ist aktuell alles offen – im Guten, aber leider auch im Schlechten.

Dank

Mein Dank gilt zunächst Ina Kerner, Michael Hagner und Dieter Thomä, für die Anfrage und die damit verbundene Möglichkeit, dieses Buch über Queere Theorien in der Reihe *zur Einführung* zu publizieren. Steffen Herrmann vom Junius Verlag danke ich für das Lektorat und die konstruktive Zusammenarbeit.

So einsam sich der Schreibprozess an einem Buch wie diesem oft darstellt, so sehr entstehen und reifen Gedanken und kritische Positionen im gemeinsamen Denken und in der Diskussion mit anderen. Mein Dank gilt allen Kolleg*innen, Aktivist*innen, Studierenden, Freund*innen und Mitstreiter*innen, die mein Nachdenken über die Stärken und Schwächen queerer Theoriebildung in den letzten Jahren begleitet, inspiriert und kritisch herausgefordert haben. Besonders bedanken für anregende Diskussionen, die in diesem Buch ihre Spuren hinterlassen haben, möchte ich Andrés González Axthammer, Birgit Bosold, Jan Hutta, Markues, Thomas Love, Karsten Schubert, Ben Trott, Tunay Altay und meinen Kitchen Politics Mitstreiterinnen Darja Klingenberg, Susanne Schultz, Sarah Speck und Vanessa E. Thompson. Erik Fritzsch, Darja Klingenberg, Karsten Schubert und Sarah Speck gebührt mein Dank für ihre Lektüre und klugen Kommentare zu einzelnen Kapiteln sowie Markues dafür, nicht nur das ganze Manuskript gelesen und mit wichtigen Anmerkungen bedacht zu haben, sondern auch für die Unterstützung bei der Erstellung des Registers und des Literaturverzeichnisses. Andrés González

Axthammer danke ich dafür, mich stets in der Relevanz des Projekts bestärkt zu haben – und darin, es loszulassen, als die Zeit dafür gekommen war.

Anmerkungen

1 Ein Indikator hierfür ist der starke Anstieg von deutschsprachigen Publikationen mit explizit queer-/transtheoretischem Zuschnitt, von denen viele auf akademischen Qualifikationsarbeiten (Promotions- und Habilitationsschriften) basieren.

2 Ein vielzitierter Text in diesem Zusammenhang ist der oben bereits genannte Einleitungsessay in das *Social Text*-Sonderheft *What's Queer about Queer Studies Now?* (2005), in dem Eng, Halberstam und Muñoz das Feld der queeren Theoriebildung neu vermessen. Vor dem zeithistorischen Hintergrund einer zunehmenden massenmedialen und warenförmigen Vermittlung schwuler und lesbischer Identität sprechen sie vom Heraufziehen eines »queeren Liberalismus«. Dieser unterbreite Lesben und Schwulen formalrechtliche Zugeständnisse wie Anti-Diskriminierungsgesetze und ein Recht auf Ehe, jedoch ohne die sozialen und materiellen Grundlagen herzustellen, auf deren Basis diese Rechte zu einer substanziellen Verbesserung der Lebensverhältnisse für queere und trans Subjekte ohne Klassenprivilegien führen würden. Die von Eng, Halberstam und Muñoz umrissene Erneuerung der Queer Studies pocht daher auf eine intersektionale Analyse sowie »eine umfassendere Betrachtung der globalen Krisen des späten zwanzigsten Jahrhunderts, die die historischen Beziehungen zwischen den politischen Ökonomien, der Geopolitik von Krieg und Terror und den nationalen Manifestationen sexueller, rassisierter und geschlechtsbasierter Hierarchien gestaltet haben« (ebd.: 1).

3 Das Surplus-Proletariat, auch als ›Überschussbevölkerung‹ bezeichnet, ist eine Marx'sche Kategorie zur Bezeichnung einer Bevölkerungsgruppe, die durch die kapitalistische Entwicklung in die Lohnabhängigkeit getrieben wird, jedoch nicht oder nicht dauerhaft in den Produktionsprozess und damit in ein formales Lohnarbeitsverhältnis integriert wird. Die Lebens- und sozialen Reproduktionsbedingungen

dieser Gruppen erweisen sich unter kapitalistischen Bedingungen als entsprechend prekär.

4 »Butch« ist eine Selbstbezeichnung von Lesben, deren Geschlechtsausdruck (u.a. Kleidungsstil und Körpersprache) soziale und kulturelle Elemente umfasst, die in der traditionellen Zweigeschlechterordnung als maskulin gelten und gedeutet werden. *Butch* verkörpert und inszeniert damit eine nicht-heterosexuelle Form der Maskulinität, eine »weibliche Maskulinität ohne Männer«, wie Jack Halberstam (1997: 1) es in *Female Masculinity*, einem einflussreichen Buch der Queer Theory, formulierte. Das Pendant zur *Butch* ist die *Femme*, die Elemente eines traditionell feminin gedeuteten Geschlechtsausdrucks verkörpert, ohne innerhalb lesbischer und queerer Gegenkulturen als heterosexuell gelesen zu werden (vgl. Kuhnen 1997). Vor allem als Adjektiv ist *butch* mittlerweile auch in der (englischsprachigen) Schwulenkultur üblich, um eine Form von schwuler Männlichkeit zu beschreiben, deren Geschlechtsausdruck besonders viril und maskulin ist.

5 Rich und Lorde standen in engem Austausch, und Rich weist darauf hin, dass ihr Konzept des lesbischen Kontinuums stark durch die Lektüre von Texten Schwarzer Feministinnen und Women of Color geprägt wurde. Allerdings ist zu betonen, dass der Schwarze (lesbische) Feminismus, obschon er politisch selbst den Begriff der *sisterhood* mobilisierte, dessen separatistischen Auslegungen widersprach (vgl. Kapitel 2.2).

6 Obwohl Rich ihren Ton in späteren Fassungen des Textes etwas entschärfte und die Tür zur Schwulenbewegung wieder einen Spalt öffnete, blieb die Ansicht im politischen Lesbianismus weiterhin verbreitet, wonach Schwule in erster Linie Komplizen des Patriarchats seien und sich im Zweifel mit heterosexuellen Männern gegen Frauen (einschließlich Lesben) verbrüdern würden (vgl. z.B. Jeffreys 1994). Wenn solche Pauschalurteile sicherlich problematisch sind, sind Anlässe für Kritik zugleich nicht von der Hand zu weisen. Die Verbreitung von Misogynie und Lesbenfeindlichkeit in schwulen Kulturen ist ebenso hinreichend dokumentiert wie die (bis heute nur unzureichend aufgearbeitete) Zusammenarbeit mit der pädosexuellen Bewegung, die in Deutschland ausschlaggebend für einen Bruch zwischen Lesben- und Schwulenbewegung war (zur Komplizenschaft schwuler Männer mit hegemonialer heterosexueller Männlichkeit vgl. auch Connell 2006).

7 Wittig gehörte zusammen mit Christine Delphy, Marie-Jo Bonnet und Colette Guillaumin zum materialistisch-feministischen Flügel des 1970 gegründeten Mouvement de libération des femmes (MLF). Der Flügel lieferte sich theoretische und politische Gefechte mit »Psych et Po« (Kurzform für »Psychoanalyse und Politik«), dem dominanten differenzfeministischen Flügel des MLF, welcher sich auf die Arbeiten von u.a. Hélène Cixous, Julia Kristeva und Luce Irigaray stützte.

8 Wittig entlehnt ihren Ideologiebegriff hier der *Deutschen Ideologie* von Marx und Engels (MEW Bd. 3: 46), wonach die »herrschenden Gedanken« die Gedanken und Wahrnehmungen der herrschenden Klasse sind.

9 An Stellen wie diesen zeigt sich ein weißer Mittelschichtsbias in Wittigs Kritik am »straight mind«, sofern die pronatalistischen Anrufungen in den 1980er Jahren genauso wie heute insbesondere weiße Frauen der mittleren sozialen Klassen adressierten. Rassisierte und arme Frauen waren und sind hingegen traditionell nicht nur von solchen Erwartungen ausgeschlossen, sondern wurden häufig politisch an der Realisierung ihres Kinderwunschs ge- bzw. behindert.

10 Seit Mitte der 1970er Jahre verbreiteten sich in der westlichen Frauenbewegung zunehmend Vorstellungen von der wahren Natur von Frauen, die der männlichen Natur moralisch, sozial *und* biologisch überlegen sei. Weil diese Weiblichkeit durch Patriarchat und Kapitalismus verschüttet gegangen und nunmehr nur in entfremdeter, gespaltener und verstellter Form existiere, wurde die Suche nach positiven Weiblichkeitskonzepten zu einem prägenden Motiv (so etwa in Matriarchatstheorien und Konzepten einer weiblichen Moral). Für Wittig sitzt dieser Versuch einer essenzialistischen Aufwertung der Andersheit ›der Frau‹ jedoch dem ideologischen Irrtum auf, sich außerhalb der herrschenden androzentrischen Ordnung zu wähnen. Wenn aber z.B. die gesellschaftlich produzierte Passivität von Frauen in Abgrenzung zur männlichen Aggressivität in eine tugendhafte Friedfertigkeit ›der Frau‹ umgedeutet werde, sei dies zuvorderst im Interesse von Männern. Wittig kommt daher zu dem Schluss, dass eine radikale Befreiung von Herrschaft und Entfremdung innerhalb des Geschlechterverhältnisses, das die Kategorien Frau und Mann intakt lässt, nicht realisierbar ist. Hiervon ausgehend präzisiert sie auch ihren Begriff von Feminismus, bei dem es für sie nicht um die Eman-

zipation und Verteidigung ›der Frau‹, sondern um die Befreiung von der Identifizierung mit ›der Frau‹ als Kollektivsingular geht.

11 In späteren Kapiteln dieser Einführung wird deutlich, dass beide Strategien – Negieren und Wiederholen, Exodus und Einmischung – in der Queer Theory eine bedeutende Rolle spielen werden. Anders als bei Wittig werden diese hierbei allerdings häufig nicht komplementär, sondern gegensätzlich zueinander positioniert. So denken Queer-Theoretiker*innen, die von den psychoanalytischen Arbeiten Jacques Lacans beeinflusst sind, die Möglichkeit radikalen Handelns als Bruch mit der Macht, die durch das Regime der Heterosexualität symbolisiert wird. Demgegenüber entsteht für Theoretiker*innen in der Tradition von Foucault und Butler Handlungsvermögen nicht in der Abwendung von, sondern durch das Interagieren mit der Macht (des Sexualitätsdispositivs, der heterosexuellen Matrix etc.).

12 In Deutschland nehmen Alice Schwarzer und die Zeitschrift *Emma* die Positionen der radikalfeministischen Anti-Porno-Fraktion ein. Im Rahmen der PorNO-Kampagne legte die *Emma* 1988 einen Gesetzesentwurf vor, der das Verbot von (heterosexueller) Pornografie vorsah. Der »zentrale Sinn der Pornographie« wurde hierbei in der »Propagierung und Realisierung von Frauenerniedrigung und Frauenverachtung« gesehen (Online: https://www.emma.de/artikel/pornografie-das-gesetz-264424).

13 Die 1984 erschienene Anthologie *Pleasure and Danger: Exploring Female Sexuality* (Hg. Carole S. Vance) versammelt Texte, die von einer solchen grundsätzlichen Widersprüchlichkeit und Ambivalenz weiblicher Sexualität(en) ausgehen: »The tension between sexual danger and sexual pleasure is a powerful one in women's lives. Sexuality is simultaneously a domain of restriction, repression, and danger as well as a domain of exploration, pleasure, and agency. To focus only on pleasure and gratification ignores the patriarchal structure in which women act, yet to speak only of sexual violence and oppression ignores women's experience with sexual agency and choice and unwittingly increases the sexual terror and despair in which women live.« (Vance 1984: 13).

14 In der Art, wie die feministischen *Sex Wars* heute erinnert würden, wird laut Duggan oft vergessen, dass die Angriffe der anti-pornografischen Fraktion in besonders heftiger Weise auf lesbische Feminist-

*innen zielten, die in queerer Weise mit Sexualität und Begehren experimentierten. Während Fragen der Anerkennung von Lesben und sogar »die Aufwertung des Lesbischseins – solange es als eine grundsätzlich egalitäre Beziehung imaginiert wird« unter Feminist*innen zu dem Zeitpunkt weitgehend unstrittig waren, wurde queeres Begehren im Sinne der »Akzeptanz mehrerer Geschlechter, Gender-Bending, Kink und die Ausprägung intimer und nicht-intimer Beziehungen jenseits der monogamen Paarform« (Duggan 2021: o.S.) zum zentralen Schauplatz der politischen Auseinandersetzungen.

15 ›Dritte-Welt-Feminismus‹ und ›Dritte-Welt-Frauen‹ waren Selbstbezeichnungen, mit denen Zusammenhänge zwischen der Unterordnung und Ausbeutung von rassifizierten Frauen im Globalen Süden und im Globalen Norden herausgestellt werden sollten. Auf dieser Basis wurde eine internationalistische Solidarität gegen das globale System des »racial capitalism« (Robinson 2000) eingefordert, das als Hauptursache von ungleicher regionaler Entwicklung, kriegerischen Konflikten und der Entmachtung von Frauen identifiziert wurde. Seit Ende der 1980er Jahre, also schon vor dem Zusammenfall der Sowjetunion, kamen die Begriffe aus dem Gebrauch, und an ihre Stelle trat das ebenfalls bereits seit den 1970er Jahren verwendete und bis heute gebräuchliche Konzept des Women-of-Color-Feminismus.

16 Ein Beispiel, an dem das besonders deutlich wird, ist die Kriminalisierung von Armut, die seit den 1970er Jahren kontinuierlich zunahm. Folgen materieller Not wie eine erhöhte Quote an Diebstahlsdelikten in armutsbetroffenen Stadtvierteln werden vorrangig mit polizeilichen und strafrechtlichen Mitteln verfolgt, statt ihnen durch sozial- und arbeitsmarktpolitische Maßnahmen die Notwendigkeit zu nehmen.

17 Das CRC war eine 1974 in Boston ins Leben gerufene Gruppe von Schwarzen, überwiegend lesbischen Sozialistinnen, deren Aktivitäten und Publikationen soziale Bewegungsgeschichte schrieben. Der Name des Kollektivs, dem u.a. Barbara Smith angehörte, nimmt auf ein bedeutendes Ereignis Bezug, das die Rolle von Schwarzen Frauen in der Geschichte des Abolitionismus bezeugt: Nachdem die Abolitionistin Harriet Tubman aus der Versklavung entkommen konnte, schloss sie sich dem Unionsheer an und leitete als erste Frau einen bewaffneten Angriff, der am Combahee River in South Carolina zur Befreiung von 750 versklavten Menschen führte. Die Namensgebung

unterstreicht, dass sich das CRC in der Tradition des radikalen feministisch-schwarzen Aktivismus seit dem 19. Jahrhundert (Tubman, Sojourner Truth, Anna Julia Cooper u.a.) sowie innerhalb der Schwarzen Befreiungsbewegungen der 1960er und 1970er Jahre verortete. Das CRC zählt zu der von Cedric Robinson als »Black Radical Tradition« (1983) bezeichneten, über Generationen akkumulierten »kollektiven Intelligenz«, die aus den Kämpfen von Schwarzen gegen weiße Vorherrschaft erwachsen ist und die auf den Umsturz sämtlicher rassistischer Strukturen abzielt.

18 *Das Homosexuelle Begehren* von Guy Hocquenghem wurde 2019 von Lukas Betzler und Hauke Branding neu ins Deutsche übersetzt und mit einem instruktiven Nachwort versehen. Die beiden Herausgeber haben zudem 2021 ein Dossier über Hocquenghems Werk und Aktivismus bei der Plattform *Soziopolis* mit vielen lesenswerten und kritischen Textbeiträgen unter anderem von Esther Hutfless, Cornelia Möser, Jule Govrin und Julia König editiert. Bereits 2018 hat auch Heinz-Jürgen Voss einen Sammelband zur Aktualität von Guy Hocquenghem herausgegeben. Nachdem Hocquenghems *Le désir homosexuel* bereits 1993 in englischer Übersetzung neu bei Duke Press aufgelegt wurde, ist 2022 mit dem Band *Gay Liberation after May 68* ebenfalls bei Duke Press eine Sammlung übersetzter Texte von Hocquenghem erschienen. Auch Mario Mielis *Elemente einer homosexuellen Kritik* sind 2018 neu ins Englische übersetzt worden und zusammen mit einem Vorwort des Queer-Theoretikers Tim Dean unter dem Titel *Towards a Gay Communism* bei Pluto Press erschienen.

19 Historisch tradierte antihomosexuelle Ideologeme der kommunistischen Linken wirkten hierbei nach und wurden durch die Wiederentdeckung der freudomarxistischen Faschismusanalysen der 1930er Jahre, insbesondere von Wilhelm Reich, neu belebt. Homosexualität wurde hiernach als Dekadenzerscheinung der bürgerlichen Gesellschaft verurteilt und pauschal mit Faschismus in Verbindung gebracht, indem die individuelle Homosexualität mit der verdrängten gesellschaftlichen Homosexualität von Männerbünden kurzgeschlossen wurde. Darüber hinaus waren schwule Befreiungstheoretiker auch mit theoretischen Vorbehalten des Traditionsmarxismus konfrontiert, der die homosexuelle Frage als nebensächlich oder gänzlich irrelevant für den Kampf für eine befreite Gesellschaft verstand.

20 Homosexuelle Handlungen wurden 1972 (das Erscheinungsjahr von Hocquenghems *Homosexuellem Begehren*) in Frankreich, wie in allen westlichen Gesellschaften, noch massiv pathologisiert. Bei Personen unter 21 Jahren standen sie zudem seit dem Vichy-Regime unter Strafe, das ›Schutzalter‹ wurde bei Homosexualität erst im Jahr 1984 wie bei Heterosexuellen auf einheitlich 15 Jahre festgesetzt.

21 Nachdem Freud, wie oben gezeigt, das homosexuelle Begehren im Rahmen seiner Polymorphismus-These zunächst universalisierte, begrenzt er diese Offenheit in späteren Überarbeitungen seiner Sexualtheorie mit der »analen Phase« auf eine frühkindliche Entwicklungsstufe, die der ödipalen phallischen Phase vorausgeht. Freud nennt diese Entwicklungsphase anal, weil das Kind in dieser Zeit das Ausscheiden und Zurückhalten von Exkrementen bewusst als stimulierend und lustvoll zu erleben beginnt. Die anale Phase ist zugleich narzisstisch, da das Kind in ihr eine stimulierende Beziehung zum eigenen Körper aufbaut und sich als Individuum wahrzunehmen beginnt. Weil das auf sich selbst gerichtete Begehren für Freud strukturell homosexuell ist, kommt er zu dem Schluss, dass »große Beträge von wesentlich homosexueller Libido [...] zur Bildung des narzißtischen Ichideals herangezogen« wurden (Freud, *Zur Einführung des Narzißmus*: 163, zit. nach Hocquenghem 2019: 54).

In der phallischen Phase beginnt das Begehren, zielgerichtet zu werden, was laut Freud – im Normalfall – mit der Ausbildung einer gegengeschlechtlich begehrenden männlichen oder weiblichen Geschlechtsidentität einhergeht. Spätestens an dieser Stelle beginnt Freud nun eine deutliche normative Linie in seine ursprünglich nicht-normative Theorie des Begehrens einzuziehen. Er unterscheidet jetzt zwischen gelungenen und misslungenen Prozessen der Sexualentwicklung und macht sich damit zum Anwalt von zeitgenössischen bürgerlichen Moralvorstellungen über Sexualität, Familie und Geschlecht. Ihnen zufolge galt reproduktive und phallozentrische Heterosexualität im Rahmen einer geregelten Langzeitbeziehung als die einzige zivilisierte soziale Form, die Begehren und Sexualität annehmen können und sollten. Es ist die ödipale phallische Phase, in der Freud das Ich, das zuvor narzisstisch auf sich selbst bezogen war, sozial werden lässt. Sein Begehren dient nun nicht mehr nur der egoistischen Triebbefriedigung, sondern es wird in den Aufbau von sozialen Beziehungen (zur

Mutter und zum Vater) kanalisiert. Während das Begehren in der analen Phase keine geschlechtliche und keine sexuelle Identität kannte, bildet es jetzt ein Dreieck mit beiden. Der Eintritt des Subjekts in die symbolische Ordnung des Sozialen wird also einerseits durch die Sublimierung des als narzisstisch und vorsozial verfemten homosexuellen Begehrens, andererseits durch die Geschlechtsbildung qua Identifikation mit dem Vater oder der Mutter vermittelt. Das passiert jedoch nicht von alleine und nicht aus freien Stücken. Der Motor hinter diesen Vorgängen speist sich vielmehr aus Angst und Scham, wie Hocquenghem betont (ebd.: 51). Sie bilden die affektive Struktur jenes von Eifersucht und Konkurrenz durchdrungenen Familiendramas, das Freud als Ödipuskonflikt bezeichnet.

22 Theoretiker*innen, die den frühen akademischen Queerdiskurs geprägt haben, stützen sich maßgeblich auf Foucaults Schriften: Judith Butler übernimmt in *Gender Trouble* Foucaults an Nietzsche geschulte genealogische Untersuchungsmethode, um Geschlecht und Sexualität »als Effekte einer spezifischen Machtformation zu enthüllen« (Butler 1991: 9). Eve Kosofsky Sedgwick bezeichnet Foucaults These, wonach Sexualität in der Moderne weniger unterdrückt als vervielfältigt werde, als ebenso »axiomatisch« für ihre eigene Arbeit wie seine daran anknüpfende Beobachtung, dass Sex in der bürgerlichen Gesellschaft zum Marker von individueller Identität und innerer Wahrheit schlechthin avanciere (Sedgwick 1990: 3). Und für David Halperin (1995: 6) ist Foucault schlicht ein »fucking saint«: ein Rollenvorbild für queere Akademiker*innen, die ihre Leidenschaft für die Forschung mit politischem Aktivismus verbinden und sich vom queerphoben Rauschen der dominanten Wissenschaftskultur nicht davon abbringen lassen, belächelten Forschungsfragen nachzugehen (vgl. zu Foucaults schwulentheoretischen Perspektiven auch Schubert 2020).

23 Dem Wortsinn nach lässt sich der Begriff so verstehen, dass biologische und soziale Realitäten durch solche netzwerkartigen Arrangements disponierbar, das heißt steuerbar, beeinflussbar, verfügbar werden. Ein Dispositiv im Foucault'schen Sinne zeichnet sich demnach immer auch durch eine strategische Funktion aus, die der Kontrolle und Lenkung dient.

24 Foucault – und noch mehr die queere Foucault-Rezeption – hat den direkten Einfluss der Diskurse und Wissenschaften vom Sex auf das

Selbstverständnis und Sexualverhalten der Massen allerdings maßlos überstrapaziert und unzulässig verallgemeinert: Sexualmedizin und Psychoanalyse behandelten in der Regel die Bourgeoisie, Überlieferungen von Patient*innen aus der Armuts- und Arbeiter*innenklasse bilden die Ausnahme.

25 Das Proletariat übernahm die bürgerliche Sexualmoral freilich nicht umstandslos. Das änderte sich erst mit der Zweiten Internationale in den 1890er Jahren, als die Übernahme der familien- und geschlechterkonservativen Sexualvorstellungen des Bürgertums an sozialstaatliche Absicherung und verbesserte Wohn- und Arbeitsbedingungen geknüpft wurden (O'Brien 2019).

26 Individuell erweist sich das emanzipatorische Versprechen einer Geständnispraxis, die die eigene (schwule, lesbische, bisexuelle etc.) Identität vereindeutigt und öffentlich macht, daher als hoch ambivalent; sie kann Möglichkeiten und Freiräume eröffnen, aber zugleich mit erhöhter Vulnerabilität und verschärften Erfahrungen des sozialen Drucks und der Fremdbestimmung einhergehen (vgl. Brodersen 2020).

27 Foucault gesteht der *ars erotica* im Gegensatz zur *scientia sexualis* weder eine zeitliche Entwicklung noch eine geografische und kulturelle Ausdifferenzierung zu, sondern ordnet ihr unterschiedslos eine ganze Reihe von altertümlichen und zeitgenössischen Gesellschaften zu: von China, Japan, Indien über das antike Rom bis zu den arabischen Ländern.

28 Indem Foucault Schwulwerden als offenen Prozess denkt, der nicht vorab durch Identität oder ein geschlechtlich kodiertes Begehren definiert ist, kehrt er dessen polemische Stellung zum majoritären Modell der Heterosexualität heraus: »Wir können eine Frau lieben und vielleicht sogar ein intensiveres Verhältnis zu ihr haben als zu einem Mann, und trotzdem werden wir nie den Wunsch haben, heterosexuell zu werden.« (Foucault 2005, DE Bd. IV, Nr. 308: 307) Da es eine »objektive Tatsache« sei, wie Foucault ironisch anmerkt, »dass Homosexualität interessanter ist als Heterosexualität«, kenne man »viele Heterosexuelle [...], die homosexuell werden möchten, aber kaum Homosexuelle, die wirklich heterosexuell werden wollten« (ebd.).

29 Die Situation von Schwarzen HIV-Positiven und Menschen mit Aids wurde Cohen zufolge aber nicht nur deshalb ignoriert, weil sie nicht als Gemeininteressen ›der‹ Schwarzen Community verstanden wur-

den. Vielmehr wurde befürchtet, dass eine generelle Assoziation von Schwarzsein mit Aids das allgemeine Anliegen von Schwarzen gefährden könnte, gesellschaftlich umfassend anerkannt und respektiert zu werden. Wenn diese Sorge aufgrund des rassistisch aufgeladenen Aids-Diskurses auch zweifelsohne nicht aus der Luft gegriffen war (und ist), kritisiert Cohen, dass Schwarze Organisationen und Kirchen diesem Diskurs nicht genügend die Stirn boten.

30 https://www.dukeupress.edu/differences

31 Schon zwei Jahre zuvor nimmt de Lauretis in ihrem 1988 erschienenen Essay »Sexual Indifference and Lesbian Representation«, der als Klassiker der Gay and Lesbian Studies gilt und rückwirkend zu einem Grundlagentext der Queer Theory erklärt wurde, direkt auf das Combahee River Collective und Audre Lorde Bezug, um zu dem Schluss zu kommen, dass ›die Lesbe‹ als Subjektposition und Identität nicht existiert. »In einer politisch verantwortungsbewußten Theorie der Sexualität, des Geschlechts oder der Kultur« müsse stets berücksichtigt werden, dass Lesben nicht lediglich als Frauen, sondern »zugleich« als perverse Queers und häufig zusätzlich als *women of color* unterdrückt würden, ohne dass sich diese Unterdrückungserfahrungen scharf voneinander trennen ließen (de Lauretis 2003a: 94).

32 Die Leitdifferenz von Hetero-/Homosexualität muss Sedgwick zufolge im Zusammenhang mit der Durchsetzung der modernen Zweigeschlechterordnung in der bürgerlichen Gesellschaft betrachtet werden. Das spiegelt sich auch in den sexualwissenschaftlichen Theorien seit dem 19. Jahrhundert wider. Wo Freud die Homosexualität als eine universale Möglichkeit des Begehrens betrachtet, konzipieren sie die meisten Vertreter*innen der Sexuologie als eine Sondernatur – und greifen hierfür auf geschlechtliche und kolonialrassistische Deutungsmuster zurück (Somerville 2000). Theorien der geschlechtlichen Inversion, die u.a. von Havelock Ellis und Richard von Krafft-Ebing entwickelt wurden, verstanden homosexuelle Männer als weibliche Seelen in Männerkörpern und weibliche Homosexuelle als invertierte Männer. Diesem Inversionsmodell standen – prominent vertreten durch den deutschen jüdischen Arzt und Sexualwissenschaftler Magnus Hirschfeld – separatistische Theorien gegenüber, die Homosexuelle als eigenständiges neues Geschlecht zwischen bzw. jenseits der beiden dominanten Geschlechter verorteten. Sedgwicks Pointe lau-

tet, dass die in der Kultur simultan verfügbaren minorisierenden und universalisierenden Deutungsmuster von Sexualität bis heute anhaltende Inkohärenzen und Instabilitäten in den sexuellen Kategorien erzeugen, die durch die queere Analyse zum Vorschein gebracht werden sollen.

33 Sedgwick übernimmt den Begriff der homosexuellen Panik aus der psychiatrischen und forensischen Diskussion. Er wurde 1920 von dem Psychiater Edward J. Kempf geprägt und das, was er bezeichnen soll, als psychische Störung eingestuft. Die Diagnose der »homosexuellen Panikabwehr« wurde in den USA zu der Zeit, als Sedgwick publizierte, noch vor Gericht als Grund eines vorübergehenden Verlusts der Affekt- und Selbstkontrolle geltend gemacht, um auf diese Weise das Strafmaß für Angreifer oder Mörder an Homosexuellen zu reduzieren.

34 Das zeigt sich exemplarisch an der Art, wie der Differenzfeminismus die Lesbe theoretisiert. Bestimmte Wittig (als wichtiger Einfluss für Butler, vgl. 2.1) die Lesbe durch ihre Ablehnung der an die Institution der Heterosexualität gekoppelte Subjektposition der Frau, theoretisieren die französischen Differenzfeministinnen weibliche Homosexualität genau im Gegenteil gerade als Verkörperung der weiblichen Differenz, die durch den Phallogozentrismus unterdrückt werde (vgl. Marcus 2005: 194).

35 So 2002 bei einem Workshop der Gruppe *Feministische Philosophinnen* an der Goethe-Universität Frankfurt am Main. Vgl. Alexandra Ommert (2004): Wo ist das politische Subjekt versteckt?, Frankfurt a.M., S. 88 (online: https://d-nb.info/1049592859/34).

36 Das psychoanalytisch konnotierte »Unbehagen«, das in der deutschen Übersetzung an die Stelle des *trouble* rückt, fängt die Mehrdeutigkeit des Originaltitels nicht ein; *trouble* bedeutet neben Besorgnis auch »Ärger machen, beunruhigen, verstören, in Schwierigkeiten bringen« (Hark 1993: 108), was durchaus begehrenswert sein und Begierden wecken kann.

37 Butler zitiert hier in *Körper von Gewicht* aus den *Thesen über Feuerbach* von Karl Marx, in denen es heißt: »Der Hauptmangel alles bisherigen Materialismus (den Feuerbachschen mit eingerechnet) ist, daß der Gegenstand, die Wirklichkeit, Sinnlichkeit nur unter der Form des Objekts oder der Anschauung gefaßt wird; nicht aber als sinnlich menschliche Tätigkeit, Praxis; nicht subjektiv.« (Marx/Engels,

Werke, Band 3, Thesen über Feuerbach, Berlin: Dietz 1958: 5, zit. nach Butler 1997: 344)

38 Butler bezieht sich auf die Sprechakttheorie von Austin, die Sprache nicht lediglich repräsentationalistisch als Bezeichnungspraxis versteht, sondern als Handlung. Wörter und Sätze benennen und bezeichnen laut Austin nicht bloß, sondern mit ihnen wird etwas getan (*How to Do Things with Words* lautet der Titel von Austins Buch aus dem Jahr 1962). Wichtig ist hierbei, dass Austin die konstituierende Kraft des Sprechakts nicht allein im Sprechen verortet, sondern im Zusammenspiel aus Sprachhandeln, sozialem wie kulturellem Kontext *und* der Autorität der Sprecher*innen. Die Aussage des Priesters oder der Standesbeamtin »Und hiermit erkläre ich Sie zu Mann und Frau« drückt nicht nur etwas aus, sondern stellt etwas her, nämlich einen rechtlich anerkannten Ehebund. Dass die performative Macht des Sprechakts nicht intrinsisch im Gesprochenen selbst verankert ist, zeigt sich schon daran, dass eine Sandkastenhochzeit von Kindern nicht zu diesem Ergebnis führt. Damit performative Akte wirksam sind, bedarf es in der Regel aber nicht nur konkreter Kontexte und einer epistemischen Autorität wie bei der Eheschließung, sondern auch einer Ritualität: Das Gesagte muss rezitierbar, sprich wiederholbar sein. Dass die Macht von Performativität erst aus ihrer Wiederholbarkeit herrührt, übernimmt Butler von Derrida, der Austins Sprechakttheorie damit um eine zeitliche Dimension erweitert.

39 Weil soziale Normen auf die Mitwirkung der Subjekte angewiesen seien – sie müssen Normen unaufhörlich rezitieren, um in den Augen der anderen intelligibel zu bleiben –, seien Momente des Scheiterns an der richtigen Verkörperung und Identifizierung mit Normen unausweichlich. Die Wiederholungen sind keine identischen Kopien vorheriger Geschlechterbilder, sondern produzieren Differenz, und in eben diesem Prinzip verortet Butler das subversive Potenzial der Destabilisierung und Bedeutungsverschiebung von Normen.

40 Das Problem ist selbstverständlich nicht, dass sich Queer-Theoretiker*innen mit Diskursen, Repräsentationen und dem Symbolischen befassen – sie sind ein zentraler Bestandteil gesellschaftlicher Wirklichkeit, ein sehr materieller noch dazu. Problematisch wird es, wenn Gesellschaftsanalyse auf Diskurse, Repräsentationen und das Symbolische reduziert wird (vgl. Hennessy 1993).

41 Der Geschlechtsstatus von trans Personen wird von den Behörden oft auf das Zuweisungsgeschlecht bei Geburt festgelegt, so dass ihre Ehen rechtlich als gleichgeschlechtlich gelten, auch wenn es sich um eine gegengeschlechtliche Verbindung handelt.

42 Das bedeutet nicht, dass Kämpfe für (bürgerliche, soziale, politische) Rechte grundsätzlich abgelehnt werden. Sie ersetzen jedoch keine soziale Emanzipation und werden auch nicht als ein verlässliches Instrument betrachtet, um die Ursachen für Ungleichheiten und Diskriminierung an der Wurzel zu packen. Queere Ansätze suchen einen Umgang mit dem Dilemma zu finden, dass Rechte – mit Gayatri Spivak gesprochen – etwas sind, das wir nicht *nicht* wollen können, obschon sie uns immer auch an Bedingungen von Herrschaft und Unterwerfung fesseln (vgl. Spivak 1991: 234).

43 So sind sexuell und geschlechtlich nonkonforme Gruppen häufiger als der Durchschnitt von Diskriminierung auf dem Arbeitsplatz und in öffentlichen Institutionen und Verwaltungen betroffen (Fric 2016; Frohn et al. 2019; ILGA World 2020). Sie erleben häufiger Gewalt in der Familie und in der Schule sowie durch Polizei und medizinische Einrichtungen. Sie sind signifikant häufiger von Armut und Erwerbslosigkeit sowie von Mord und frühzeitigem Tod betroffen als der Durchschnitt (Badgett et al. 2019; Movement Advancement Project 2013). Queere und trans Jugendliche verzeichnen eine drei- bis sechsfach höhere Suizidrate, und LGBT haben aufgrund einer Vielzahl von Faktoren eine deutlich niedrigere Lebenserwartung als die durchschnittliche Bevölkerung (Giacoma et al. 2018). Mehrfachmarginalisierte LGBT wie Schwarze Queers und trans Personen of Color führen diese Statistiken in allen genannten Punkten an. Insbesondere ihre Situation hat sich mit veränderter individueller Rechtsstellung nicht maßgeblich verbessert, manche Studien zeigen sogar eine Verschlechterung an, etwa im Hinblick auf eine signifikante Erhöhung der Mordrate an trans Frauen seit 2019 (vgl. https://transrespect.org/en/trans-murder-monitoring).

44 Vgl. exemplarisch die Sammelbände von Hartmann et al. 2007 und Herrera Vivar et al. 2016 sowie den Überblicksartikel von Woltersdorff 2019.

45 In der Queer Theory gilt es heute gemeinhin als Konsens, dass Heteronormativität eine mehrdimensionale Struktur bezeichnet, die durch

unterschiedliche verschränkte Herrschaftsverhältnisse hervorgebracht wird – auch wenn der daraus abgeleitete Anspruch, mehrdimensionale Analysen zu betreiben, in der Praxis oft uneingelöst bleibt (vgl. hierzu Herrera Vivar et al. 2016: 14 ff.; Mesquita 2016).

46 Eric Stanley (2021: 21) veranschaulicht diese Wechselbeziehung an einem drastischen Fall von tödlicher Gewalt, der sich 2002 mit dem Mord an der lateinamerikanischen trans Frau Gwen Araujo in Kalifornien ereignete. Aus den Aussagen eines der Mörder vor Gericht folgert Stanley, dass dieser mit dem tödlichen Angriff auf Araujo seine vermeintliche Heterosexualität öffentlich wiederherzustellen suchte, die er durch seinen sexuellen Kontakt mit ihr infrage gestellt sah. Dass der Täter auf die Siebzehnjährige einschlug, bis sie tot am Boden lag, rechtfertigte er damit, angewidert davon gewesen zu sein, Sex mit einem Homosexuellen gehabt und in der Folge selbst den Verdacht der Homosexualität auf sich gezogen zu haben. Insofern es einen heterosexuellen Mann nicht homosexuell mache, wenn er Sex mit einer trans Frau hat, so Stanley, unterstreiche die mörderische Tat die innere Verbindung von Heteronormativität und aufgezwungener Geschlechtsidentität. Die folgenreiche Verkennung von Araujo als homosexuell demonstriere demnach, wie Heteronormativität auch dazu beiträgt, die vermeintlich natürlichen Grenzen zwischen den Geschlechtern mit aller Gewalt abzusichern und zu bewachen.

47 Duggan geht es also bei dem Begriff um die Entstehung neuer Allianzen zwischen neoliberalen und LGBT-politischen Akteuren seit den 1990er Jahren. Die andere Seite der Privatisierung und Verhäuslichung schwulen und lesbischen Lebens bilde demnach ein Schwinden nicht nur der allgemeinen, sondern auch der subkulturellen Öffentlichkeit. Die fortschreitende Institutionalisierung und Professionalisierung der LGBT-Bewegung habe Politik weitgehend auf eine von der Bewegungsbasis entkoppelte Lobbypolitik reduziert, die von einer kleinen Gruppe von Funktionär*innen getragen wird. Der große Rest beschränkt sich überwiegend auf passives Engagement wie Spenden, das Unterzeichnen von Petitionen und den Besuch der jährlich stattfindenden, von den Profis organisierten Pride-Paraden (West 2014: 97).

48 Ich übernehme den Vorschlag, Edelmans Schreibweise von »Child« im Deutschen als KIND wiederzugeben, von Gabriele Dietze, Elahe Haschemi Yekani und Beatrice Michaelis: Queer und Intersektiona-

lität (Online: http://portal-intersektionalitaet.de/theoriebildung/ueberblickstexte/dietzehaschemimichaelis).

49 Edelman lässt sich hierbei vom ethischen Grundsatz der Lacan'schen Psychoanalyse leiten, der es nicht um Heilung und Anpassung geht, sondern darum, das Subjekt mit der Abgründigkeit der sozialen Realität und des eigenen Begehrens zu konfrontieren. Es soll darin bestärkt werden, die Unverstehbarkeit des Begehrens – einschließlich seiner dysfunktionalen, zwanghaften und destruktiven Seiten – zu akzeptieren, allerdings ohne sich ihm willenlos auszuliefern (Allen 2019: 442).

50 Damit schert er aus einer bestimmten poststrukturalistischen Linie aus, die in der Queer Theory oft anzutreffen ist und die auch Edelmans Lacanianismus kennzeichnet. Queerness firmiert dort als das ewig Abjekte, Virtuelle, Mobile und Fluide, das keine stabilen sozialen Formen annehmen kann und auch nicht soll. Die an der Universität von Kalifornien lehrende Queer-Theoretikerin Elizabeth Freeman hat den avantgardistischen Charakter dieses vor allem in den 1990er Jahren dominanten Verständnisses von ›queer‹ entschieden kritisiert, dem zufolge es stets darum gehe, »Formen aufzulösen, Identitäten zu zersetzen, Taxonomien zu nivellieren, das Soziale zu verschmähen« und in seinen extremen Varianten – wie im Falle von Edelman – »sogar die Politik gänzlich abzulehnen« (Freeman 2010: xiii). Freeman stieß zusammen mit Muñoz und anderen Queer-Theoretiker*innen wie Lauren Berlant (2011), Ann Cvetkovich (2003) und Heather Love (2007) ab den 2000er Jahren eine affekttheoretische Reformulierung dieser avantgardistischen Version der Queer Theory an, indem sie sich verstärkt für die sozialen Formen und affektiven Objektbindungen von Queerness zu interessieren begannen, die nicht transgressiv, sondern behäbig, nicht sexy, sondern selbstzerstörerisch, nicht hervorstechend, sondern banal sind. Was mit queer bezeichnet wird, ist nun nicht länger seiner Zeit voraus, sondern hängt dieser hinterher.

51 In *The Revolution Will Not Be Funded* (2017), einer von dem am Konzept der transformativen Gerechtigkeit orientierten Netzwerk »INCITE! Women of Color Against Violence« herausgegebenen Textsammlung, analysieren Aktivist*innen und Forscher*innen die Entstehung eines »Non-Profit Industrial Complex« in der US-Zivilgesellschaft, zu dem Organisationen wie Human Rights Campaign gehören. Die Bei-

träge zeigen eindrücklich auf, wie die NGOisierung sozialer Bewegungen undemokratische und intransparente Strukturen befestigt und zu einer Konzentration von Ressourcen und Entscheidungskompetenzen in den Händen einiger weniger geführt hat. Politisch ging die Professionalisierung des Bewegungsaktivismus durch NGOs mit einer deutlichen Entradikalisierung von Forderungen und einer Verengung von Inhalten einher.

52 Fraser hatte mit ihrer 1997 erschienenen Studie *Justice Interruptus. Critical Reflections on the »Postsocialist« Condition* eigentlich den Versuch unternommen, das Schisma zwischen Identitäts- und Klassenpolitik zu überwinden, das den westlichen Sozialismus seit den 1970er Jahren prägte. Sie erarbeitet in dem Buch einen sozialdemokratischen Kompromissvorschlag, der die Kämpfe der Arbeiter*innenklasse als eine Politik der Umverteilung und die Kämpfe der Neuen Sozialen Bewegungen als Politik der Anerkennung charakterisiert. Während LGBT-Politik von Fraser ganz dem Bereich der Anerkennungskämpfe zugeordnet wird, sind Frauen und rassistisch diskriminierte Menschen ihr zufolge sowohl von Ausbeutung wie von kultureller Abwertung betroffen. Mehr noch, diese beiden Formen der Herrschaft verstärkten sich wechselseitig, so dass Feminismus und Antirassismus Kämpfe darstellten, in denen Forderungen nach Umverteilung und Anerkennung zusammenlaufen (müssten).

53 Es wird oft eingewendet, dass die Familie für bestimmte Bevölkerungsgruppen wie Menschen, die rassistisch diskriminiert werden, auch einen wichtigen Schutzraum vor dem Rassismus der Mehrheitsgesellschaft darstellt (vgl. 7.1). Das hier diskutierte Prinzip der Aufhebung steht dem nicht entgegen, vielmehr sind Kämpfe für einen besseren Schutz vor Diskriminierung außerhalb der privaten Familienform ein integraler Bestandteil des Familienabolitionismus. Nach allen empirischen Erkenntnissen, über die wir verfügen, stellt die Familie im Allgemeinen keinen guten Schutz vor Gewalt dar, sie ist insbesondere für Frauen, Kinder sowie queere und trans Menschen einer der unsichersten Orte in der Gesellschaft. Potenziell gilt das für jede Familie, auch für solche, die von Rassismus betroffen sind. Wie Weeks betont, liegt hier eine Dialektik vor, die ein intersektionaler Prozess des Familienabolitionismus theoretisch und politisch weiter durchdringen müsste, denn: »Das Modell der Kernfamilie, das unter-

geordneten Gruppen als Schutzwall gegen den Staat, die Gesellschaft, das Kapital diente, ist genau diejenige weiße, siedlerische, bürgerliche, heterosexuelle und patriarchale Institution, die Staat, Gesellschaft und Kapital den ehemals Versklavten, den Indigenen Bevölkerungen und den Migrant*innen auferlegten, welche weiterhin ihres spärlichen Schutzes bedürfen und zugleich durch ihr Vermächtnis und ihre Vorgaben marginalisiert werden.« (Weeks 2021: 4)

54 Vgl. https://www.ngo-online.de/2006/02/03/politiker-unglaubwurdig/

55 Dass der Staat versuche, Frauen, Homosexuelle und die deutsche Verfassung vor »aggressiven« muslimischen Männern zu schützen, so Feddersen, beruhe auf einer statistisch begründeten »Besorgnis«. So sei erwiesen, »dass ein Gros der Gewaltdelikte gegen Schwule und Lesben sowie Frauen ohne Kopftuch auf das Konto von jungen Männern gehen, deren Prägung eine muslimisch-patriarchale ist. Es sind Aggressionen von Männern, die um ihre Rolle als Familienprinzen fürchten: Der Westen, zumal Deutschland, kennt jedoch keine rechtliche oder sittlich kodierte Privilegierung des Mannes – und das ist das Problem, um das es hier geht.« (Feddersen 2006: 11) Wie der Soziologie Eberhard Seidel am Folgetag in derselben Zeitung richtigzustellen versucht, beruhten Feddersens Angaben über vermeintlich gesicherte statistische Erkenntnisse auf »Halbwahrheiten« und einer »selektiven Wahrnehmung«. Indem von der statistisch dokumentierten, mit körperlicher Gewalt einhergehenden Misogynie und Homosexualitätsfeindlichkeit (ganz zu schweigen vom Rassismus, Antisemitismus und Rechtsextremismus) außerhalb von muslimischen Communitys geschwiegen werde, beteilige sich Feddersen an der Konstruktion des Feindbilds »muslimischer Mann«, mit dessen Hilfe in kulturalistischer Manier »ganze Problemfelder«, die gesamtgesellschaftlicher Natur seien, »auf Muslime verlagert werden« (Seidel 2006: 11).

56 Diese Logik steht in einem Spannungsverhältnis zu Puars eigenen Beteuerungen, den identitäts- und gruppenbezogenen Lesarten von Homonationalismus zu widersprechen, die in der Rezeption und aktivistischen Adaption des Begriffs teilweise zu beobachten gewesen sind. Homonationalismus sei eine »Assemblage von de- und reterritorialisierenden Kräften, Affekten, Energien und Bewegungen«, wie Puar im Anschluss an Deleuze und Guattari wolkig formuliert (ebd.: 25). Damit wird Homonationalismus auf der konzeptionellen Ebene al-

lerdings nicht nur schwammig und abstrakt, sondern gerät in einen direkten Widerspruch zu Puars konkreten Ausführungen in *Terrorist Assemblages*, die durchgängig am Schematismus der Nullsummenlogik orientiert sind. Ebendiese haben bis heute auch die Rezeption von *Terrorist Assemblages* bestimmt; Puars Assemblage-Konzept spielte in den Diskussionen zum Homonationalismus-Begriff hingegen kaum eine Rolle.

57 Der Name *Two-Spirit* ist eine Indigene Wortschöpfung, die geprägt wurde, um die anthropologische Kategorie *berdache* durch einen Begriff zu ersetzen, der aus dem Indigenen queeren Community-Aktivismus kommt (vgl. Scudeler 2020: 80). Die von europäischen Wissenschaftler*innen in Umlauf gebrachte Kategorie *berdache* bezeichnete in abwertender Weise geschlechtliche Ausdrucksweisen, Körper und Sexualitäten, die von europäisch-weißer, heteronormativer Zweigeschlechtlichkeit abwichen. Die verschiedenen Indigenen Sprachgruppen in den Amerikas haben jeweils ihre eigenen Bezeichnungen. *Two-Spirit* soll diese nicht ersetzen, aber eine Sammelkategorie darstellen, die – ähnlich wie ›queer‹, aber auf Indigene Gruppen beschränkt – gleichermaßen offen und flexibel genug bleibt, um andere Verortungen als LGBT zu ermöglichen. Zugleich wurde der Begriff aber auch kritisiert, unter anderem weil er Binarität aufruft.

58 Die Queer Indigenous Studies sind ein relativ junges Forschungsfeld, das sich in den 2010er Jahren zunächst mit einem Fokus auf die Amerikas herausbildete. Wegbereitende Publikationen waren das von Mark Rifkin, Daniel Heath Justice und Bethany Schneider herausgegebene Sonderheft *Sexuality, Nationality, Indigeneity* (2010) der Zeitschrift *GLQ: A Journal of Gay and Lesbian Studies* sowie die beiden 2011 erschienenen Textsammlungen *Queer Indigenous Studies: Critical Interventions in Theory, Politics, and Literature* und *Sovereign Erotics: A Collection of Two-Spirit Literature*, die erstmals eine größere Anzahl von queeren Indigenen Autor*innen in einer gemeinsamen Publikation versammelten.

Literatur

Adam, Barry D., Jan Willem Duyvendak und J.W. und André Krouwel (1999): Gay and Lesbian Movements Beyond Borders? National Imprints of a Worldwide Movement. In: Barry D. Adam, Jan Willem Duyvendak und André Krouwel (Hg.): The Global Emergence of Gay and Lesbian Politics. National Imprints of a Worldwide Movement. Philadelphia: Temple University Press.

Adamczak, Bini (2016): Come on. Über die Erfindung eines neuen Wortes, das sich aufdrängt – und unser Sprechen von Sex revolutionieren wird. In: Missy Magazine, 8.3.2016, https://missy-magazine.de/blog/2016/03/08/come-on/.

Adorno, Theodor W. (2003): Negative Dialektik. Frankfurt am Main: Suhrkamp.

Adorno, Theodor W. (2019): Aspekte des neuen Rechtsradikalismus. Berlin: Suhrkamp.

Allen, Amy (2019): Psychoanalyse, Kritik und Emanzipation. In: Ulf Bohmann und Paul Sörensen (Hg.): Kritische Theorie der Politik. Frankfurt am Main: Suhrkamp.

Althusser, Louis (1977): Ideologie und ideologische Staatsapparate. Hamburg: VSA.

Altman, Denis (1997): Global Gaze/Global Gays. In: GLQ. A Journal of Gay and Lesbian Studies 3(4),417–436.

Amin, Kadji (2020): Genealogies of Queer Theory. In: Siobhan Somerville (Hg.): The Cambridge Companion to Queer Studies. Cambridge: Cambridge University Press.

Anzaldúa, Gloria (1987): Borderlands/La Frontera. The New Mestiza. San Francisco: Aunt Lute Books.

Appadurai, Arjun (1996): Modernity at Large. Cultural Dimensions of Globalization. Minneapolis: University of Minnesota Press.

Badgett, M.V. Lee, Soon Kyu Choi und Bianca D.M. Wilson (2019): LGBT Poverty in the United States. Los Angeles: The Williams Institute.
Bailey, Moira und Trudy (2018): On misogynoir. citation, erasure, and plagiarism. In: Feminist Media Studies 18(4), 762–768.
Bailey, Marlon (2013): Butch Queens Up in Pumps. Gender, Performance, and Ballroom Culture in Detroit. Ann Arbor: University of Michigan Press.
Barnard, Ian (2004): Queer Race. Cultural Interventions in the Racial Politics of Queer Theory. New York: Peter Lang Verlag.
Barret, Michèle und Mary McIntosh (1991): The Anti-social Family. London: Verso.
Bauer, Robin (2014): Queer BDSM Intimacies. Critical Consent and Pushing Boundaries. New York: Palgrave Macmillan.
Benjamin, Walter (2010 [1940]): Über den Begriff der Geschichte. In: Kritische Gesamtausgabe Bd. 19, Suhrkamp: Berlin.
Berlant, Lauren (1997): Queen of America Goes to Washington City: Essays on Sex and Citizenship. Durham/London: Duke University Press.
Berlant, Lauren (2011): Cruel Optimism. Durham: Duke University Press.
Berlant, Lauren und Michael Warner (2005): Sex in der Öffentlichkeit. In: Matthias Haase, Marc Siegel und Michaela Wünsch (Hg.): Outside. Die Politik queerer Räume. Berlin: b_books.
Bersani, Leo (1986): The Freudian Body. Psychoanalysis and Art. New York: Columbia University Press.
Bersani, Leo (1995): Homos. Cambridge: Harvard University Press.
Bersani, Leo (2010a [1987]): Is the Rectum a Grave? In: Is the Rectum a Grave? and other Essays. Chicago: University of Chicago Press.
Bersani, Leo (2010b [2004]): Foucault and the End of Sex. In: Is the Rectum a Grave? and other Essays. Chicago: University of Chicago Press.
Betzler, Lukas und Hauke Branding (2019). Guy Hocquenghems radikale Theorie des Begehrens. Nachwort zur Neuherausgabe. In: Guy Hocquenghem: Das homosexuelle Begehren. Hamburg: Edition Nautilus.
BLM Statement (2017): https://blacklivesmatter.com/about/.
Bloch, Ernst (2000): Etwas fehlt ... Über die Widersprüche der utopischen Sehnsucht. Ein Gespräch mit Theodor W. Adorno. In: Rainer Traub und Harald Wieser (Hg.): Gespräche mit Ernst Bloch. Frankfurt am Main: Suhrkamp.

Bloch, Ernst (1980): Zum Begriff der Utopie. In: Abschied von der Utopie? Frankfurt am Main: Suhrkamp

Bojadžijev, Manuela und Serhat Karakayalı (2015): Autonomie der Migration. 10 Thesen zu einer Methode. In: TRANSIT MIGRATION (Hg.): Turbulente Ränder. Neue Perspektiven auf Migration an den Grenzen Europas. Bielefeld: transcript.

Boudry, Pauline, Brigitta Kuster und Renate Lorenz (Hg.) (1999): Reproduktionskonten fälschen! Heterosexualität, Arbeit & Zuhause. Berlin: b_books.

Brilmyer, Pearl, Trentin Filippo und Zairong Xiang (2019): Introduction. The Ontology of the Couple. In: GLQ. A Journal of Lesbian and Gay Studies 25(2), 223–255.

Brodersen, Folke (2020): Strategien des ›I _ gay‹. Coming-out und Politiken der Sichtbarkeit. In: Open Gender Journal, https://www.genderopen.de/handle/25595/2150.

Brown, Jayna (2021): Black Utopias. Speculative Life and the Music of Other Worlds. Durham/London: Duke University Press.

Butler, Judith (1991): Das Unbehagen der Geschlechter. Frankfurt am Main: Suhrkamp.

Butler, Judith (1994): Against Proper Objects. In: differences. A journal of Feminist Cultural Studies 6(2-3), 1-26.

Butler, Judith (1997a): Körper von Gewicht. Die diskursiven Grenzen des Geschlechts. Frankfurt am Main: Suhrkamp.

Butler, Judith (1997b): Merely Cultural. In: Social Text 52/53, 265–277.

Butler, Judith (2004): Undoing Gender. New York/London: Routledge.

Butler, Judith (2005): Gewalt, Trauer, Politik. In: Gefährdetes Leben. Politische Essays. Frankfurt am Main: Suhrkamp.

Butler, Judith (2015): Anmerkungen zu einer performativen Theorie der Versammlung. Frankfurt am Main: Suhrkamp.

Caserio, Robert L. (2006): The Antisocial Thesis in Queer Theory. In: PMLA 121(3), 819–828.

Castro Varela, María do Mar und Encarnación Gutíerrez Rodríguez (2000): Queer Politics im Exil und in der Migration. In: Quaestio (Hg): Queering Demokratie. Berlin: Querverlag.

Çetin, Zülfukar (2012): Homophobie und Islamophobie. Intersektionale Diskriminierungen am Beispiel binationaler schwuler Paare in Berlin. Bielefeld: transcript.

Chávez, Karma R. (2013): Queer Migration Politics. Activist Rhetoric and Coalitional Possibilities. Champaign: University of Illinois Press.
Cheng, Jih-Fei, Alexandra Juhasz und Nishant Shahani (Hg.) (2020): AIDS and the Distribution of Crises. Durham/London: Duke University Press.
Chitty, Christopher (2020): Sexual Hegemony. Statecraft, Sodomy, and Capital in the Rise of the World System. Durham/London: Duke University Press.
Clover, Joshua (2021): Riot. Strike.Riot. Die neue Ära der Aufstände. Hamburg: Galerie der abseitigen Künste.
Cohen, Cathy J. (1999): The Boundaries of Blackness. AIDS and the Breakdown of Black Politics. Chicago: University of Chicago Press.
Cohen, Cathy J. (1997): Punks, Bulldaggers, and Welfare Queens: The Radical Potential of Queer Politics?, in: GLQ 3(4), 437–465.
Cohen, Joni und Sophie Monk (2017): A Brief Theory of Queer Violence. Novara Media, https://novaramedia.com/2017/01/29/a-brief-theory-of-queer-violence/.
Colpani, Gianmaria (2017): Queer Hegemonies. Politics and Ideology in Contemporary Queer Debates. (Online: https://iris.univr.it/handle/11562/963338)
Combahee River Collective (1979 [1977]): Combahee River Collective Statement. In: Barbara Smith (Hg.): Home Girls. A Black Feminist Anthology. New York: Kitchen Table – Women of Color Press.
Connell, Raewyn (2006): Der gemachte Mann. Konstruktion und Krise von Männlichkeiten. Wiesbaden: Springer.
Cook, Matt (2014): Queer Domesticities. Homosexuality and Home Life in Twentieth-Century London. London: Palgrave Macmillan.
Cooper, Melinda (2017): Family Values. Between Neoliberalism and the New Social Conservatism. New York: Zone Books.
Crenshaw, Kimberlé W. (1989): Demarginalizing the Intersection of Race and Sex. A Black Feminist Critique of Antidiscrimination Doctrine, Feminist Theory and Antiracist Politics. In: University of Chicago Legal Forum 140, 139-167.
Crenshaw, Kimberlé W. (2010 [1989]: Die Intersektion von »Rasse« und Geschlecht demarginalisieren. Eine Schwarze feministische Kritik am Antidiskriminierungsrecht, der feministischen Theorie und der antirassistischen Politik. In: Lutz, Helma, Maria Teresa Herrera Vivar und

Linda Supik (Hg.): Fokus Intersektionalität. Wiesbaden: VS Verlag für Sozialwissenschaften.
Crenshaw, Kimberlé W. (1991): Mapping the Margins. Intersectionality, Identity Politics, and Violence Against Women of Color. In: Stanford Law Review 43(6), 1241–1299.
Crimp, Douglas (1993): Right On, Girlfriend. In: Michael Warner (Hg.): Fear of a Queer Planet. Minneapolis: University of Minnesota Press.
Crimp, Douglas (2002): Melancholia and Moralism. Essays on AIDS and Queer Politics. Cambridge: MIT Press.
Cruz-Malavé, Arnaldo und Martin F. Manalansan IV (2002): Queer Globalizations. Citizenship and the Afterlife of Colonialism. New York: New York University Press.
Cvetkovich, Ann (2003): An Archive of Feelings. Trauma, Sexuality, and Lesbian Public Cultures. Durham/London: Duke University Press.
Cvetkovich, Ann und Karin Michalski (2015): The Alphabet of Feeling Bad. In: Käthe von Bose, Ulrike Klöppel, Katrin Köppert, Karin Michalski und Pat Treusch (Hg.): I is for Impasse. Affektive Queerverbindungen in Theorie_Aktivismus_Kunst. Berlin: b_books.
Davis, Angela Y. (1981): Women Race, and Class. New York: Vintage.
Dean, Tim (2009): Unlimited Intimacy. Reflections on the Subculture of Barebacking. Chicago: University of Chicago Press.
D'Emilio, John (1983): Capitalism and Gay Identity. In: Ann Snitow, Christine Stansell und Sharan Thompson (Hg.): Powers of Desire. The Politics of Sexuality. New York: Monthly Review Press.
Delany, Samuel R. (1999): Times Square Red, Times Square Blue. New York: New York University Press.
Deleuze, Gilles und Félix Guattari (2000 [1972]): Anti-Ödipus. Kapitalismus und Schizophrenie. Frankfurt am Main: Suhrkamp.
de Lauretis, Teresa (1991): Queer Theory. Lesbian and Gay Sexualities: An Introduction. In: differences 3(2), iii–xviii.
de Lauretis, Teresa (2003a [1988]): Sexuelle Indifferenz und lesbische Repräsentation. In: Andreas Krass (Hg.): Queer Denken. Frankfurt am Main: Suhrkamp.
de Lauretis, Teresa (2003b): When lesbians were not women. In: labrys, études féministes, 9.2003, https://www.labrys.net.br/special/special/delauretis.htm

Dhawan, Nikita (2015): Homonationalismus und Staatsphobie. Queering Dekolonialisierungspolitiken, Queer-Politiken dekolonisieren. In: Femina Politica 24(1), https://www.budrich-journals.de/index.php/feminapolitica/article/view/21886.

Dietze, Gabriele (2019): Sexueller Exzeptionalismus. Überlegenheitsnarrative in Migrationsabwehr und Rechtspopulismus. Bielefeld: transcript.

Driskill, Qwo-Li (2011): The Revolution Is for Everyone. Imagining an Emancipatory Future Through Queer Indigenous Critical Theories. In: Qwo-Li Driskill, Chris Finley, Brian Joseph Gilley und Scott Lauria Morgensen (Hg.): Queer Indigenous Studies: Critical Interventions in Theory, Politics, and Literature. Tucson: University of Arizona Press.

Driskill, Qwo-Li, Chris Finley, Brian Joseph Gilley und Scott Lauria Morgensen (2011): Introduction. In: Qwo-Li Driskill, Chris Finley, Brian Joseph Gilley und Scott Lauria Morgensen (Hg.): Queer Indigenous Studies: Critical Interventions in Theory, Politics, and Literature. Tucson: University of Arizona Press.

Drucker, Peter (2000): Introduction. Remapping Sexualities. In: Peter Drucker (Hg.): Different Rainbows. London: Gay Men's Press.

Drucker, Peter (2015): Warped. Gay Normality and Queer Anticapitalism. Chicago: Haymarket Books.

Duggan, Lisa (2003): The Twilight of Equality. Neoliberalism, Cultural Politics, and the Attack on Democracy. Boston: Beacon Press.

Duggan, Lisa (2006): Making it Perfectly Queer. In: Lisa Duggan und Nan Hunter: Sex Wars. Sexual Dissent and Political Culture. New York/London: Routledge.

Duggan, Lisa (2021): Me Too Déjà Vu. In: Boston Review, 6.12.2021, https://bostonreview.net/articles/me-too-deja-vu.

Dworkin, Andrea (1987): Intercourse. New York: The Free Press.

van Dyk, Silke (2012): Poststrukturalismus. Gesellschaft. Kritik. Über Potenziale, Probleme und Perspektiven. In: PROKLA. Zeitschrift für Kritische Sozialwissenschaft, 42(167), 185–210.

Edelman, Lee (2004): No Future. Queer Theory and the Death Drive. Durham/London: Duke University Press.

Edelman, Lee (2019): Queerness, Afro-Pessimism, and the Return of the Aesthetic. In: REAL 35, 11–26.

El-Tayeb, Fatima (2015): Anders Europäisch. Rassismus, Identität und Widerstand im vereinten Europa. Münster: Unrast.

El-Tayeb, Fatima (2016): Undeutsch. Die Konstruktion des Anderen in der postmigrantischen Gesellschaft. Bielefeld: transcript.
Eng, David (2007): Feeling of Kinship. Queer Liberalism and the Racialization of Intimacy. Durham/London: Duke University Press.
Eng, David L., Jack Halberstam und José Esteban Muñoz (2005): What's Queer About Queer Studies Now? In: Social Text 25(3/4), 1–17.
Engel, Antke (2002): Wider die Eindeutigkeit. Sexualität und Geschlecht im Fokus queerer Politik der Repräsentation. Frankfurt am Main: Campus.
Engel, Antke (2009): Bilder von Sexualität und Ökonomie. Queere kulturelle Politiken im Neoliberalismus. Bielefeld: transcript.
Engels, Friedrich (1975 [1884]): Der Ursprung der Familie, des Privateigentums und des Staates. In: MEW 21. Berlin: Dietz Verlag.
Epstein, Steven (1996): Impure Science. AIDS, Activism, and the Politics of Knowledge. Berkeley: University of California Press.
Fausto-Sterling, Anne (2012): Sex/Gender. Biology in a Social World. New York/London: Routledge.
Feddersen, Jan (2006): Ein republikanisches Anliegen. In: taz. die tageszeitung, 13.1.2006, 11.
Ferguson, Roderick A. (2004): Aberrations in Black. Toward a Queer of Color Critique. Minneapolis: University of Minnesota Press.
Ferguson, Roderick A. (2015): Queer of Color Critique and the Question of the Global South. In: Ashley Tellis und Sruti Bala (Hg.): The Global Trajectories of Queerness. Leiden: Brill.
Ferguson, Roderick A. (2018): One-Dimensional Queer. Stafford: Polity.
Ferguson, Roderick A. (2018): Queer of Color Critique. In: Oxford Research Encyclopedia of Literature, 28.3.2018.
Fisher, Mark (2013): Kapitalistischer Realismus ohne Alternative? Eine Flugschrift. Hamburg: VSA.
Floyd, Kevin (2009): The Reification of Desire. Toward a Queer Marxism. Minneapolis: University of Minnesota Press.
Floyd, Kevin (2010): The Importance of Being Childish. Queer Utopians and Historical Contradiction. In: Cultural Logic. A Journal of Marxist Theory & Practice (17).
Foucault, Michel (1979): Der Wille zum Wissen. Sexualität und Wahrheit 1. Frankfurt am Main: Suhrkamp.

Foucault, Michel (2001): In Verteidigung der Gesellschaft. Vorlesungen am Collège de France (1975–76). Frankfurt am Main: Suhrkamp.

Foucault, Michel (2003 [1977]): Das Spiel des Michel Foucault. In: Michel Foucault: Dits et Ecrits Band 3. Frankfurt am Main: Suhrkamp.

Foucault, Michel (2005a): Gespräch mit M. Foucault. In: Michel Foucault: Dits et Ecrits Band 4. Frankfurt am Main: Suhrkamp.

Foucault, Michel (2005b): Sexuelle Wahl, sexueller Akt. In: Michel Foucault: Dits et Ecrits Band 4. Frankfurt am Main: Suhrkamp.

Foucault, Michel (2005c): Foucault: Keine Kompromisse! In: Michel Foucault: Dits et Ecrits Band 4. Frankfurt am Main: Suhrkamp.

Fraser, Nancy (1992): Rethinking the Public Sphere. A Contribution to the Critique of Actually Existing Democracy. In: Craig Calhoun (Hg.): Habermas and the Public Sphere. Cambridge: MIT Press.

Fraser, Nancy (1997a): Justice Interruptus. Critical Reflections on the »Postsocialist« Condition. New York/London: Routledge.

Fraser, Nancy (1997b): Heterosexism, Misrecognition, and Capitalism: A Response to Judith Butler. In: Social Text 52/53, 279–289.

Fraser, Nancy (2017): Für eine neue Linke oder: Das Ende des progressiven Neoliberalismus. In: Blätter für deutsche und internationale Politik, 2.2017, https://www.blaetter.de/ausgabe/2017/februar/fuer-eine-neue-linke-oder-das-ende-des-progressiven-neoliberalismus/.

Freeman, Elizabeth (2010): Time Binds. Queer Temporalities, Queer Histories. Durham/London: Duke University Press.

Freud, Sigmund (2000 [1905]): Drei Abhandlungen zur Sexualtheorie. Frankfurt am Main: Fischer.

Fric, Karel (2016): Working life experiences of LGBT people and initiatives to tackle discrimination. Dublin: Eurofound Report.

Frohn, Dominic, Michael Wiens und Sarah Buhl (2019): Spezifika der Arbeitssituation von Inter*-Beschäftigten in Deutschland auf Grundlage von qualitativen Interviews mit inter* Experten_innen. Institut für Diversity-Antidiskriminierungsforschung, Köln, https://www.diversity-institut.info/downloads/IDA_Ergebnisbericht_Qual-Teilprojekt_Inter_200115.pdf

Fuss, Diana (1991): Inside/Out. In: Diana Fuss (Hg.): Inside/Out. Lesbian Theories, Gay Theories. New York/London: Routledge.

Fütty, Tamás Jules (2019): Gender und Biopolitik. Normative und intersektionale Gewalt gegen Trans*Menschen. Bielefeld: transcript.

Gabriel, Kay (2019): Gender as Accumulation Strategy. In: Invert Journal 1, https://invertjournal.org.uk/articles.

Garber, Linda (2001): Identity Poetics. Race, Class, and the Lesbian-Feminist Roots of Queer Theory. New York: Columbia University Press.

Genschel, Corinna (2003): Queer Meets Trans Studies. Über den problematischen Stellenwert geschlechtlicher Transgressionen in Queer Theorie. In: Freiburger FrauenStudien 12, 163-185.

Di Giacoma, Ester (2018): Estimating the Risk of Attempted Suicide Among Sexual Minority Youths. In. JAMA Pediatrics 172(12): 1145–1152.

Gildemeister, Regine und Angelika Wetterer (1992): Wie Geschlechter gemacht werden. Die soziale Konstruktion der Zweigeschlechtlichkeit und ihre Reifizierung in der Frauenforschung. In: Gudrun-Axeli Knapp und Angelika Wetterer (Hg.): Traditionen Brüche. Entwicklungen feministischer Theorie. Freiburg: Kore.

Gilmore, Ruth Wilson (2008): Golden Gulag. Prisons, Surplus, Crisis, and Opposition in Globalizing California. Berkeley: University of California Press.

Gleeson, Jules Joanne (2017): Abolitionism in the 21st Century. From Communization as the End of Sex to Revolutionary Transfeminism. In: Blind Field. A Journal of Cultural Inquiry, 7.8.2017.

Gleeson (2021): https://www.huckmag.com/article/why-trans-liberation-means-abolishing-capitalism

Gleeson, Jules Joanne und Elle O'Rourke (Hg.) (2021): Transgender Marxism. London: Pluto Press.

Gopinath, Gayatri (2005): Impossible Desires. Queer Diasporas and South Asian Public Cultures. Durham/London: Duke University Press.

Gould, Deborah (2009): Moving Politics. Emotion and ACT UP's Fight against AIDS. Chicago: University of Chicago Press.

Gramsci, Antonio (1967): Gefängnishefte H.3, §34. Hamburg: Argument Verlag.

Griffin Crowder, Diane (2007): From the straight mind to queer theory: Implications for political movement. In: GLQ. A Journal of Lesbian and Gay Studies 13(4), 489–503.

Gutterman, Lauren Jae (2012): The House on the Borderland. Lesbian Desire, Marriage, and the Household, 1950–1979. In: Journal of Social History 46(1): 1–22.

Haberler, Helga, Katharina Hajek, Gundula Ludwig und Sara Paloni (Hg.) (2012): Que[e]r zum Staat. Heteronormativitätskritische Perspektiven auf Staat, Macht und Gesellschaft. Berlin: Querverlag.

Halberstam, Jack (1998): Female Masculinities. Durham/London: Duke University Press.

Halberstam, Jack (2005): In a Queer Time and Place. Transgender Bodies, Subcultural Lives. New York: NYU Press.

Halberstam, Jack (2008): The Anti-Social Turn in Queer Studies. In: Graduate Journal of Social Science 5(2), 140–156.

Halberstam, Jack (2011): The Queer Art of Failure. Durham/London: Duke University Press.

Hall, Stuart (1983): Thatcherism. Rolling Back the Welfare State. In: Thesis Eleven 7(1), 6-19.

Hall, Stuart (1992): The West and the Rest. Discourse and Power. In: Stuart Hall und Bram Gieben (Hg.): Formations of Modernity. Cambridge: Polity.

Hall, Stuart (2000): Das theoretische Vermächtnis der Cultural Studies. In: Stuart Hall: Cultural Studies. Ein politisches Theorieprojekt. Ausgewählte Schriften 3. Hamburg: Argument Verlag.

Hall, Stuart (2003): Cultural Identity and Diaspora. In: Jana Evans Braziel und Anita Mannur (Hg.): Theorizing Diaspora. Oxford: Blackwell.

Halperin, David (1995): Saint=Foucault: Towards a Gay Hagiography. New York/Oxford: Oxford University Press.

Haritaworn, Jin (2005): Am Anfang war Audre Lorde. Weißsein und Machtvermeidung in der queeren Ursprungsgeschichte. In: Femina Politica 14(1), 23–36.

Haritaworn, Jin (2015): Queer Lovers and Hateful Others. Regenerating Violent Times and Places. Chicago: University of Chicago Press.

Hark, Sabine (1989): Eine Lesbe ist eine Lesbe, ist eine Lesbe ... oder? Notizen zu Identität und Differenz. In: Beiträge zurfeministischen Theorie und Praxis 12(25/26), 59–70.

Hark, Sabine (1993): Queer Interventionen. In: Feministische Studien 11(2), 103–109.

Hark, Sabine (1996): Deviante Subjekte. Die paradoxe Politik der Identität. Opladen: Leske + Budrich.

Hark, Sabine und Mike Laufenberg (2013): Sexualität in der Krise. Heteronormativität im Neoliberalismus. In: Erna Appelt, Brigitte Aulenbacher und Angelika Wetterer (Hg.): Gesellschaft. Feministische Krisendiagnosen. Münster: Westfälisches Dampfboot.

Hark, Sabine und Paula-Irene Villa (2017): Unterscheiden und herrschen. Ein Essay zu den ambivalenten Verflechtungen von Rassismus, Sexismus und Feminismus in der Gegenwart. Bielefeld: transcript.

Harper, Philip Brian, Anne McClintock, José Esteban Muñoz und Trish Rosen. (1997): Queer Transexions of Race, Nation, and Gender. An Introduction. In: Social Text 52/53, 1–4.

Hartmann, Jutta, Christian Klesse, Peter Wagenknecht, Bettina Fritsche und Kristina Hackmann (Hg.) (2007): Heteronormativität. Empirische Studien zu Geschlecht, Sexualität und Macht. Wiesbaden: VS Verlag für Sozialwissenschaften.

Has, Ron (2004): Utopia Aborted. May '68 in the Philosophy of Guy Hocquenghem. In: Journal of the Western Society for French History 32(2004), 404–424.

Hennessy, Rosemary (1993): Queer Theory. A Review of the »Differences« Special Issue and Wittig's »The Straight Mind«. In: Signs 18(4), Theorizing Lesbian Experience, 964–973.

Hennessy, Rosemarie (2000): Profit and Pleasure. Sexual Identities in Late Capitalism. New York/London: Routledge.

Hocquenghem, Guy (2019): Das homosexuelle Begehren. Hamburg: Edition Nautilus.

Hong, Grace Kyungwon und Roderick Ferguson (2011): Strange Affinities. The Gender and Sexual Politics of Comparative Racialization. Durham/London: Duke University Press.

Herrera Vivar, Teresa María, Petra Rostock, Uta Schirmer und Karen Wagels (Hg.) (2016): Über Heteronormativität. Auseinandersetzungen um gesellschaftliche Verhältnisse und konzeptuelle Zugänge. Münster: Westfälisches Dampfboot.

Hill Collins, Patricia (1990): Black Feminist Thought: Knowledge, Consciousness and the Politics of Empowerment. Hyman.

Hill Collins, Patricia (1996): Ist das Persönliche politisch genug? Afrikanisch-amerikanische Frauen und feministische Praxis. In: Brigitte Fuchs und Gabriele Habinger (Hg.): Rassismen & Feminismen. Wien: Promedia.

Hocquenghem, Guy (2019 [1972]): Das homosexuelle Begehren. Hamburg: Edition Nautilus.

hooks, bell (1991) Homeplace, in: Dies.: Yearning. Race, gender, and cultural politics. Boston: South End Press.
Hull, Gloria T., Patricia Bell-Scott und Barbara Smith (Hg.) (1982): But Some Of Us Are Brave. All the Women Are White, All the Blacks Are Men. Black Women's Studies. New York: The Feminist Press at CUNY.
ILGA World - the International Lesbian, Gay, Bisexual, Trans and Intersex Association: Annual Report 2020, https://ilga.org/downloads/ILGA_World_Annual_Report_2020.pdf
INCITE! Women of Color Against Violence (2017): The Revolution Will Not Be Funded. Beyond the Non-Profit Industrial Complex. Durham/London: Duke University Press.
Irigaray, Luce (1979): Das Geschlecht das nicht eins ist. Berlin: Merve.
Jaffe, Aaron (2020): Social Reproduction Theory and the Socialist Horizon. London: Pluto.
Jagose, Annamarie (2001 [1996]): Queer Theory. Eine Einführung. Berlin: Querverlag.
Jeffreys, Sheila (1994): The Queer Disappearance of Lesbians. Sexuality in the Academy. In: Women's Studies International Forum 17(5), 459–472.
Johnson, Patrick E. und Mae G. Henderson (Hg.) (2005): Black Queer Studies. A Critical Anthology. Durham/London: Duke University Press.
Joseph, Miranda (2002): Against the Romance of Community. Minneapolis: University of Minnesota Press.
Keeling, Kara (2019): Queer Times, Black Futures. New York: NYU Press.
Kitchen Politics (Hg.) (2021): Mehr als Selbstbestimmung! Kämpfe für reproduktive Gerechtigkeit. Münster: edition assemblage.
Klöppel, Ulrike (2010): XX0XY ungelöst. Hermaphroditismus, Sex und Gender in der deutschen Medizin. Bielefeld: transcript.
Kollontai, Alexandra (1977): Communism and the Family. In: Selected Writings of Alexandra Kollontai. New York: W.W. Norton.
Kosnick, Kira (2016): Aus westlicher Sicht: Das ›Ereignis Köln‹ und Perspektiven transnationaler feministischer Solidarität. In: FEMINA POLITICA 25(2), 147-155.
Laufenberg, Mike (2014): Sexualität und Biomacht. Vom Sicherheitsdispositiv zur Politik der Sorge. Bielefeld: transcript.
Laufenberg, Mike und Susanne Schultz (2021): The Pandemic State of Care. Care Familialism and Care Nationalism in the COVID-19-Crisis. The Case of Germany. In: Historical Social Research 46(4), 72–99.

Lewis, Holly (2022): The Politics of Everybody. Feminism, Queer Theory, and Marxism at the Intersection. A Revised Edition. London: Bloomsbury.

Lewis, Sophie (2019): Full Surrogacy Now. Feminism Against the Family. London/New York: Verso Books.

Liu, Petrus (2015): Queer Marxism in Two Chinas. Durham/London: Duke University Press.

Loick, Daniel (2020): Subalterne Sozialität. Zur normativen Struktur von Gegen-Gemeinschaften. In: Michael Reder, Mara-Daria Cojocaru, Alexander Filipovic, Dominik Finkelde und Johannes Wallacher (Hg.): Jahrbuch Praktische Philosophie in globaler Perspektive 4. Baden-Baden: Verlag Karl Alber.

Loick, Daniel (2021): Das Grundgefühl der Ordnung, das alle haben. Eine sozialphilosophische Kritik von Sicherheit. In: Mike Laufenberg und Vanessa Thompson (Hg.): Sicherheit. Rassismuskritische und feministische Debatten. Wiesbaden: Springer.

Lorenz, Renate (2009): Aufwändige Durchquerungen. Subjektivität als sexuelle Arbeit. Bielefeld: transcript.

Lloyd, David und Lisa Lowe (1997): Introduction. In: David Lloyd und Lisa Lowe (Hg.): The Politics of Culture in the Shadow of Capital. Durham/London: Duke University Press.

Lorde, Audre (1982): Zami. A New Spelling of My Name. New York: Crossing Press.

Lorde, Audre (1984): Sister Outsider. Essays and Speeches. New York: Crossing Press.

Love, Heather (2007): Feeling Backward. Loss and the Politics of Queer History. Cambridge: Harvard University Press.

Ludwig, Gundula (2011): Geschlecht regieren. Zum Verhältnis von Staat, Subjekt und heteronormativer Hegemonie. Frankfurt am Main: Campus.

Luibhéid, Eithne (2005): Introduction. Queering Migration and Citizenship. In: Eithne Luibhéid und Lionel Cantú Jr. (Hg.): Queer Migrations. Sexuality, U.S. Citizenship, and Border Crossings. Minneapolis: University of Minnesota Press.

Luibhéid, Eithne (2014): Sexuality and International Migration. In: Robert M. Buffington, Eithne Luibhéid und Donna J. Guy (Hg.): A Glo-

bal History of Sexuality. The Modern Era. Hoboken: Blackwell Publishing.
Macharia, Keguro (2020): Queer Writing, Queer Politics. In: Siobhan B. Somerville (Hg.): The Cambridge Companion to Queer Studies. Cambridge: Cambridge University Press.
MacKinnon, Catharine A. (1987): Feminism Unmodified. Discourses on Life and Law, Cambridge: Harvard University Press.
Makarem, Ghassan (2009): We are not agents of the West. In: Reset DOC, 14.12.2009, https://www.resetdoc.org/story/we-are-not-agents-of-the-west/.
Manalansan IV, Martin F. (2003): Global Divas. Filipino Gay Men in the Diaspora. Durham/London: Duke University Press.
Manalansan IV, Martin F. (2005): Race, violence, and neoliberal spatial politics in the global city. In: Social Text 23(3/4), 141–156.
Manalansan, Martin F. (2006): Queer Intersections. Sexuality and Gender in Migration Studies. In: International Migration Review, 40(1), 224–249.
Marcus, Sharon (2005): Queer Theory is for Everyone. In. Signs 31(1), 191–218.
Marcuse, Herbert (1994 [1964]): Der eindimensionale Mensch. Studien zur Ideologie der fortgeschrittenen Industriegesellschaft. München: dtv.
Martin, Biddy (1994): Sexualities without Genders and Other Queer Utopias. In: Diacritics 24(2/3), 104–121.
Marx, Karl (1972 [1867]): Das Kapital. In: MEW 23. Berlin: Dietz Verlag.
Marx, Karl (1990 [1845]): Thesen über Feuerbach. In: MEW 3. Berlin: Dietz Verlag.
Marx, Karl und Friedrich Engels (1990 [1848]): Manifest der Kommunistischen Partei. In: MEW 4. Berlin: Dietz Verlag.
Massad, Joseph A. (2002): Re-Orienting Desire. The Gay International and the Arab World. In: Public Culture 14(2), 361–385.
Massad, Joseph A. (2007): Desiring Arabs. Chicago: The University of Chicago Press.
Mbembe, Achille (2011): Nekropolitik. In: Marianne Pieper, Thomas Atzert, Serhat Karakayalı und Vassilis Tsianos (Hg.): Biopolitik – in der Debatte. Wiesbaden: Springer.
McKee, Alan (1999): Resistance is hopeless. Assimilating queer theory. In: Social Semiotics 9(2), 235–249.

McRuer, Robert (1997): The Queer Renaissance. Contemporary American Literature and the Reinvention of Lesbian and Gay Identities. New York: New York University Press.
McRuer, Robert (2006): Crip Theory. Cultural Signs of Queerness and Disability. New York: NYU Press.
Mesquita, Sushila (2016): Eine ›Ein-Thema-Methodologie‹? Epistemologische Überlegungen zum Heteronormativitätskonzept. In: Vivar Herrera, Teresa María Teresa, Uta Schirmer und Karen Wagels (Hg.): Über Heteronormativität. Auseinandersetzungen um gesellschaftliche Verhältnisse und konzeptuelle Zugänge. Münster: Westfälisches Dampfboot.
Mieli, Mario (2018 [1977]): Towards a Gay Communism. Elements of a Homosexual Critique. London: Pluto Press.
Moraga, Cherríe und Gloria Anzaldúa (Hg.) (1981): This Bridge Called My Back. New York: University of New York Press.
Muñoz, José Esteban (1999): Disidentifications. Queers of Color and the Performance of Politics. Minnesota: University of Minnesota Press.
Muñoz, José Esteban (2009): Cruising Utopia. The Then and There of Queer Futurity. New York: New York University Press.
Musser, Amber Jamilla (2018): Sensual Excess. Queer Femininity and Brown Jouissance. New York: NYU Press.
Namaste, Ki (1994): The politics of inside/out: Queer theory, poststructuralism, and a sociological approach to sexuality. In: Sociological Theory 12 (2), 220–231.
Nay, Yv E. (2017): Feeling Family. Affektive Paradoxien der Normalisierung von »Regenbogenfamilien«. Zürich: zaglossus.
Nelson, Cary (2019): Israel Denial: Anti-Zionism, Anti-Semitism, & the Faculty Campaign Against the Jewish State. Bloomington: Indiana State University.
Nestle, Joan (2003): Wars and Thinking. In: Journal of Women's History 15 (3), 49–57.
O'Brien, Michelle (2021): Trans Work. Employment Trajectories, Labour Discipline and Gender Freedom. In: Transgender Marxism. London: Pluto Press.
O'Brien, Michelle (2019): Communizing Care. In: Pinko 1, 15.10.2019, https://pinko.online/pinko-1/communizing-care.

Palm, Kerstin (2017): Ist Geschlecht naturgegeben oder konstruiert? Warum diese Frage aus aktueller biologischer Sicht keinen Sinn ergibt. In: Thomas Laubach (Hg.): Gender – Theorie oder Ideologie? Freiburg: Herder.

Perreau, Bruno (2016): Queer Theory. The French Response. Standford: Standford University Press.

Pinko (2019): https://pinko.online/assets/pinko.pdf

Preciado, Paul B. (2003): Kontrasexuelles Manifest. Berlin: b_books.

Prosser, Jay (1998): Second Skins. The Body Narratives of Transsexuality. New York: Columbia University Press.

Puar, Jasbir K. (2007): Terrorist Assemblages. Homonationalism in Queer Times. Durham/London: Duke University Press.

Puar, Jasbir K. (2013): Rethinking Homonationalism. In: International Journal of Middle East Studies 45(2), 336–339.

Puar, Jasbir K. und Amit S. Rai (2002): Monster, Terrorist, Fag. The War on Terrorism and the Production of Docile Patriots. In: Social Text 20(3), 117–148.

Quaestio (Hg.) (2000): Queering Demokratie. Sexuelle Politiken. Berlin: Querverlag.

Raab, Heike (2007): Intersektionalität in den Disability Studies. Zur Interdependenz von Disability, Heteronormativität und Gender. In: Anne Waldschmidt und Werner Schneider (Hg.): Disability Studies, Kultursoziologie und Soziologie der Behinderung. Bielefeld: transcript.

Race, Kane (2017): The Gay Science. Intimate experiments with the problem of HIV. New York/London: Routledge.

Radicallesbians (1970): The woman-identified woman. Flugschrift, https://repository.duke.edu/dc/wlmpc/wlmms01011

Rao, Rahul (2010): Third World Protest: Between Home and the World. Oxford: Oxford UP.

Rao, Rahul (2020): Out of Time. The Queer Politics of Postcoloniality. Oxford: Oxford University Press.

Reddy, Chandan (2020): Convergence, Dissymmetry, Duplicities. Enactments of Queer of Color Critique. In: Siobhan B. Somerville (Hg.): The Cambridge Companion to Queer Studies. Cambridge: Cambridge University Press.

Rehberg, Peter (2018): Hipster Porn. Queere Männlichkeiten und affektive Sexualitäten im Fanzine Butt. Berlin: b_books.

Reuschling, Felicita (2015): Kapitalistischer Realismus, Postutopie und die heilige Familie. In: Kitchen Politics (Hg.): Sie nennen es leben, wir nennen es Arbeit. Münster: edition assemblage.
Rich, Adrienne (1989 [1980]): Zwangsheterosexualität und lesbische Existenz. In: Elisabeth List und Herlinde Studer (Hg.): Denkverhältnisse. Feminismus und Kritik. Frankfurt am Main: Suhrkamp.
Richardson, Diane (2006): Bordering Theory. In: Dies., Janice McLaughlin und Mark Casey (Hg.): Intersections between Feminist and Queer Theory. New York: Palgrave MacMillan.
Robinson, Cedric J. (2000 [1983]): Black Marxism: The Making of the Black Radical Tradition. Chapel Hill: The University of North Carolina Press.
Rodríguez, Juana María (2014): Sexual Futures, Queer Gestures, and Other Latina Longings. New York: NYU Press.
Rosenberg, Jordana und Amy Villarejo (Hg.) (2012): Queer Studies and the Crises of Capitalism. In: GLQ. A Journal of Lesbian and Gay Studies 18(1).
Rubin, Gayle S. (2003 [1984]): Sex denken. Anmerkungen zu einer radikalen Theorie der sexuellen Politik. In: Andreas Kraß (Hg.): Queer Denken. Gegen die Ordnung der Sexualität. Frankfurt am Main: Suhrkamp.
Ruti, Mari (2017): The Ethics of Opting Out Queer Theory's Defiant Subjects. New York: Columbia University Press.
Said, Edward (2009): Orientalismus. Frankfurt a.M.: Fischer.
Sandoval, Chela (1991): U.S. Third World Feminism. The Theory and Method of Oppositional Consciousness in the Postmodern World. In: Genders 10, Spring 1991, 1–24.
Schirmer, Utan (2010): Geschlecht anders gestalten. Drag Kinging, geschlechtliche Selbstverhältnisse und Wirklichkeiten. Bielefeld: transcript.
Schubert, Karsten (2020): Queere und schwule Theorie. In: Clemens Kammler, Rolf Parr und Ulrich Johannes Schneider (Hg.): Foucault-Handbuch. Leben – Werk – Wirkung. Stuttgart: J.B. Metzler.
Schubert, Karsten (2022): New Era of Queer Politics? PrEP, Foucauldian Sexual Liberation, and the Overcoming of Homonormativity. In: Body Politics 8(12), 214–61.
Schulman, Sarah (2012): The Gentrification of the Mind. Berkely: University of California Press.
Schuster, Nina (2010): Andere Räume. Soziale Praktiken der Raumproduktion von Drag Kings und Transgender. Bielefeld: transcript.

Scudeler, June (2020): Queer Indigenous Studies, or Thirza Cuthand's Indigequeer Film. In: Siobhan Somerville (Hg.): The Cambridge Companion to Queer Studies. Cambridge: Cambridge University Press.

Sears, Alan (2015): The Social Reproduction of Sexuality. In: Viewpoint Magazine, 31.10.2015.

Sedgwick, Eve Kosofsky (1985): Between Men. English Literature and Male Homosocial Desire. New York: Columbia University Press.

Sedgwick, Eve Kosofsky (1990): Epistemology of the Closet. Berkeley: University of California Press.

Sedgwick, Eve Kosofsky (1991): How to Bring Your Kids up Gay. In: Social Text 29, 18–27.

Sedgwick, Eve Kosofsky (1993): Tendencies. Durham/London: Duke University Press.

Seeck, Francis (2021): Care trans_formieren. Eine ethnographische Studie zu trans und nicht-binärer Sorgearbeit. Bielefeld: transcript.

Seidel, Eberhard (2006): Selektive Wahrnehmung. In: taz. die tageszeitung, 14.1.2006, 11.

Smith, Andrea (2010): Queer Theory and Native Studies: The Heteronormativity of Settler Colonialism. In: GLQ. A Journal of Lesbian and Gay Studies 16(1/2), 42–68.

Smyth, Cherrie (1992): Lesbians Talk Queer Notions. London: Scarlett Press.

Somerville, Siobhan B. (2000): Queering the Color Line. Race and the Invention of Homosexuality in American Culture. Durham/London: Duke University Press.

Sontag, Susan (1989): AIDS and its Metaphors. New York: Farrar, Straus and Giroux.

Spade, Dean (2015): Normal Life. Administrative Violence, Critical Trans Politics, and the Limits of Law. Durham/London: Duke University Press.

Speck, Sarah (2022): Vom Umschlag der Emanzipation. Wandel und Fortbestand der Geschlechter- und Reproduktionsverhältnisse. In: Karin Stögner und Alexandra Colligs (Hg.): Kritische Theorie und Feminismus. Suhrkamp: Berlin.

Spivak, Gayatri Chakravorty (1991): Neocolonialism and the Secret Agent of Knowledge. In: Oxford Literary Review 13(1/2), 220–251.

Stanley, Eric A. (2021): Atmospheres of Violence. Structuring Antagonism and the Trans/Queer Ungovernable. Durham/London: Duke University Press.

Stanley, Eric A. und Nat Smith (2015): Captive Genders. Trans Embodiment and the Prison Industrial Complex. Chico: AK Press.

Stoler, Ann Laura (1995): Race and the Education of Desire. Foucault's History of Sexuality and the Colonial Order of Things. Durham/London: Duke University Press.

Stryker, Susan (2008): Transgender History, Homonormativity, and Disciplinarity. In: Radical History Review 100, 144–157.

Taylor, Keeanga-Yamahtta (Hg.) (2017): How We Get Free: Black Feminism and the Combahee River Collective. Chicago: Haymarket Books.

Telis, Ashley/Bala, Sruti (2015): Introduction: The Global Careers of Queerness. In: Dies. (Hg.): The Global Trajectories of Queerness. Re-thinking Same-Sex Politics in the Global South. Leiden: Brill.

Treichler, Paula A. (1987): AIDS, Homophobia, and Biomedical Discourse. An Epidemic of Signification. In: October 43, 31–70.

Trott, Ben (2019): »Etwas Begehrenswertes«. Zur Reproduktion queerer Lebensweisen. In: PROKLA. Zeitschrift für Kritische Sozialwissenschaft, 49(197), 569–584.

Vance, Carole S. (Hg.) (1984): Pleasure and Danger. Exploring Female Sexuality. Boston: Routledge & Kegan Paul.

Vogel, Lise (2019): Marxismus und Frauenunterdrückung. Auf dem Weg zu einer umfassenden Theorie. Münster: Unrast.

Voß, Heinz-Jürgen (2011): Making Sex Revisited. Dekonstruktion des Geschlechts aus biologisch-medizinischer Perspektive. Bielefeld: transcript.

Warner, Michael (Hg.) (1993): Fear of a Queer Planet. Queer Politics and Social Theory. Minneapolis: University of Minnesota Press.

Warner, Michael (2000): Queer World Making. Annamarie Jagose interviews Michael Warner. In: Genders (31), https://web.archive.org/web/20130512201335/http://www.genders.org/g31/g31_jagose.html

Warner, Michael (2005): Publics and Counterpublics. New York: Zone Books.

Weeks, Kathi (2021): Abolition of the family. The most infamous feminist proposal. In: Feminist Theory, 18.5.2021, OnlineFirst.

West, Isaac (2014): Transforming Citizenships. Transgender Articulations of the Law. New York: New York University Press.
Weston, Kath (1991): Families we choose. Lesbians, gays, kinship. New York: Columbia University Press.
Wittig, Monique (1992): The Straight Mind and Other Essays. New York: Beacon Press.
Woltersdorff, Volker (2016): Das gouvernementale Projekt der Prekarisierung von Heteronormativität. In: Vivar Herrera, Teresa María Teresa, Uta Schirmer und Karen Wagels (Hg.): Über Heteronormativität. Auseinandersetzungen um gesellschaftliche Verhältnisse und konzeptuelle Zugänge. Münster: Westfälisches Dampfboot.
Woltersdorff, Volker (2019): Heteronormativitätskritik. In: Beate Kortendiek, Birgit Riegraf, Katja Sabisch (Hg.): Handbuch Interdisziplinäre Geschlechterforschung. Wiesbaden: Springer.
Yilmaz-Günay, Koray (2012): Karriere eines konstruierten Gegensatzes: Zehn Jahre »Muslime versus Schwule«. Sexualpolitiken seit dem 11. September 2001. Bielefeld: edition assemblage.
Žižek, Slavoj (2008): Lacan. Eine Einführung. Hamburg: Fischer.

Personenregister

Sachregister

Mike Laufenberg arbeitet am Institut für Soziologie der Friedrich-Schiller-Universität Jena. Von ihm erschien u.a. *Sicherheit. Rassismuskritische und feministische Beiträge*, Münster 2021 (hrsg. mit Vanessa E. Thompson) und *Queer Studies. Schlüsseltexte*, Berlin 2023 (hrsg. mit Ben Trott).